河北地质大学学术著作出版基金项目（编号：CB2023015）
河北省高校一流学科工商管理建设项目资助
2018年度河北省高等教育教学改革研究与实践项目（编号：2018GJJG286）
2020年度河北省科技计划项目（编号：205576106D）
2020年度河北省一流本科专业建设点市场营销专业建设项目
河北省高校重点学科企业管理建设项目资助

本立道生：
习弟子规做新儒商

苗泽华　赵现锋　编著

图书在版编目（CIP）数据

本立道生：习弟子规做新儒商 / 苗泽华，赵现锋编著 . —北京：中国轻工业出版社，2024.1
　ISBN 978-7-5184-4353-6

　Ⅰ.①本⋯　Ⅱ.①苗⋯ ②赵⋯　Ⅲ.①儒学—商业文化—研究—中国　Ⅳ.①F729

　中国国家版本馆 CIP 数据核字（2023）第 199196 号

责任编辑：张　弘
文字编辑：谢　兢　　责任终审：劳国强　　封面设计：锋尚设计
版式设计：华　艺　　责任校对：晋　洁　　责任监印：张京华

出版发行：中国轻工业出版社（北京鲁谷东街 5 号，邮编：100040）

印　　刷：北京君升印刷有限公司

经　　销：各地新华书店

版　　次：2024 年 1 月第 1 版第 1 次印刷

开　　本：710×1000　1/16　印张：16

字　　数：250 千字

书　　号：ISBN 978-7-5184-4353-6　　定价：49.80 元

邮购电话：010-85119873

发行电话：010-85119832　010-85119912

网　　址：http://www.chlip.com.cn

Email：club@chlip.com.cn

如发现图书残缺请与我社邮购联系调换

221699W6X101ZBW

河北省正定县正定府文庙孔子圣像（2022年5月4日拍摄）

中华优秀传统文化是中华民族的精神命脉，是涵养社会主义核心价值观的重要源泉，也是我们在世界文化激荡中站稳脚跟的坚实根基。

——摘自 2014 年 10 月 15 日，习近平总书记在文艺工作座谈会上的讲话

人类要生存下去，就必须回到 25 个世纪以前，去汲取孔子的智慧[①]。

——汉内斯·阿尔文

[①] 引自 1988 年在巴黎召开的主题为"面向 21 世纪"的第一届诺贝尔奖获得者国际大会上瑞典科学家汉内斯·阿尔文的精彩发言。这里所谓"孔子的智慧"是指孔子倡导的"仁爱"与"德治"。汉内斯·阿尔文（Hannes Alfvén, 1908 年 5 月 30 日—1995 年 4 月 2 日），瑞典著名等离子体物理学家、天文学家，致力于磁流体动力学领域的研究，其成果被广泛应用于天体物理学、地质学等学科。1970 年获得诺贝尔物理学奖。

前　言

尽孝道，全悌道，崇学弟子规，人生最紧要，生生笃行为人之道；
讲仁德，重义德，勇做新儒商，事业难舍得，世世弘扬处世之德①。

在传统儒家文化中，仁义是核心思想。在《论语》和《孟子》中，仁义是孔子和孟子推崇的重要思想。"仁"的核心是"孝"，"义"的核心是"悌"。孝从仁爱生，没有仁爱之心，很难尽孝道；悌自义务成，没有义务之念，很难立悌德。因此，崇仁尚义最关键、最重要的就是笃行孝悌。孝悌是做人之本，仁义之根！《弟子规》上说："首孝弟，次谨信。"这是把孝悌放在了人生首位，也是人弘道积德的基础。

晚清学者金缨在《格言联璧》中有一副佳联："至乐无如读书，至要莫如教子。"不尽孝，不行悌，又如何教子？不正己，不读书，又怎能教子成人？不问良心，不致良知，又岂能育子作善？"孝悌"不能只挂在嘴上，必须把父母的恩德时刻铭记在心上，把"孝悌"二字落实在行动中。《弟子规》就是正己心、尽孝悌、致良知的一面镜子，尊崇、学习、笃行弟子规必然收获孝悌和仁义！

仁是天道，天道生生，这是仁爱和平的根本；义是地德，地德载物，这是担当尽责的灵魂。做事要有舍有得，经商要实现大成，需要领悟"舍得"二字。俗话说："舍得，舍得，舍了才能得！"不舍不得，舍了也未必马上就

---

① 2014年1月29日（农历癸巳年腊月二十九）晚饭后，我出门购物，因商家关门空手而回。在回来的路上，偶有顿悟，思如泉涌，于是编写了这副对联。上联三个"道"，下联三个"德"，合为"道德，道德，道德！"为人处世，道德尤为重要。孝悌则是道德的核心，齐家的根本。

得。因此，人生与事业中最难的就是"舍得"二字。舍，能生仁义心；舍，能生清净心；舍，能生慈悲心。得者，德也。舍了财富，得了道德；舍了私心，得了公心；舍了贪心，得了良心；舍了身外之物，得了身心安康。

随着中国特色社会主义事业的蓬勃发展，以及全球社会经济格局的重大变化，包括商业在内的第三产业正在成为拉动经济增长与社会发展的"火车头"。因此，培养德才兼备、韬略超群的企业家至关重要。俗话说"火车跑得快，全靠车头带"，其中火车司机至关重要，既要技术过硬，更要品行优良。商业作为社会经济发展的"火车头"，企业家就是"司机"，普通商人就是"司乘人员"。

当今世界"逆全球化"凸显，家庭伦理与社会道德面临着严峻挑战。汤因比博士曾经指出："自从人类在大自然中的地位处于优势以来，人类的生存没有比今天再危险的时代了。"他还指出："不道德程度已近似悲剧，而且社会管理也很糟糕。"因此，在新时代培养什么样的商人，造就什么样的企业家，是一个关系经济繁荣昌盛，社会长治久安，民族伟大复兴的重要问题。

20世纪90年代以来，儒商一词不断地出现在报纸、杂志、电视和互联网等媒体上，尤其近年来，儒商受到社会各界的关注。儒商的出现，是改革开放不断深入和中国社会经济不断发展的需要。尽管其概念与理论在学术界还有诸多争议，但儒商作为中华文明与社会进步的历史现象，对培养造就具有中国特色的企业家、提升中国企业核心竞争力意义深远。事实上，儒商是历史产物，孔门弟子子贡就是最早的"儒商"，儒家文化在自给自足的封建社会中，一直与商业、商人结合在一起。后来产生的晋商、徽商、甬商、粤商、客商、豫商、冀商等都有"儒商"的烙印。

在漫长的封建社会，中国商人的地位相对低下。在传统的"士农工商"四民阶层中，商及商人排在末位。尽管，人们提倡儒商，试图把"儒"与"商"有机结合起来，但儒商并不是普遍现象。随着社会发展，"商"的地位与重要性提高了，但如何经商，以什么样的精神经商，是非常值得深入研究的。为了与传统儒商加以区分，我们把适应全球化与中国特色社会主义市场经济发展的新时代儒商简称为"新儒商"。

中国古籍《礼记·学记》有云："玉不琢，不成器；人不学，不知道。是故古之王者建国君民，教学为先。"教育是富民强国之本，是人生事业之基。《易经》里也有一句很重要的话："蒙以养正，圣功也。"教育应从儿童抓起，关键是培养孩子的孝悌观念，培育孩子满身正气，养成良好的学习与生活习惯。百年大计，树人为本。因此，培养孩子德行最为重要。一个人若忘记了孝悌忠信，漠视了礼义廉耻，就无法正己化人，也无法和睦家庭，更难以立足于天地之间!

《弟子规》原名《训蒙文》,为清朝康熙年间李毓秀①所作。其内容采用《论语·学而》第六条"弟子入则孝,出则弟,谨而信,泛爱众,而亲仁,行有余力,则以学文"及朱熹《小学》中的文义,以三字一句,两句一韵编纂而成。这个《小学》是《三字经》中"为学者,必有初。小学终,至四书"的《小学》,专门教导做人做事,洒扫应对,进退之礼,强调做人要以"孝悌"为根本。但《小学》这本书毕竟有几百年的历史了,内容当中有些用词不太适合时代变化及社会发展需要。因此,清朝李毓秀重新以《小学》为基础,编写出《训蒙文》,具体列举出为人子弟在家、出外、待人、接物、求学等应有的礼仪与规范,特别讲求家庭教育与生活教育。李毓秀的《训蒙文》对一代又一代的家庭教育产生了积极而重要的作用。大概过了近百年,清朝的贾存仁②对《训蒙文》进行了修订改编,才形成了现在的《弟子规》。这是一本启蒙养正、教育子弟"敦伦尽分,闲邪存诚",养成忠厚家风的读物。

要培养新儒商,做人是根本,做事是途径。《弟子规》中有些内容不一定适合当今社会,但其中诸多为人处世的道理仍具有借鉴价值。如今,很多大学生没有学过《弟子规》,甚至一些老师、学者、官员、商人恐怕也没能很好地学过《弟子规》。可能有人认为,《弟子规》是儿童读物,不值得一读。还有些学者瞧不起《弟子规》这类儿童读物,感觉"不就是个顺口溜吗?"事实上,《三字经》《百家姓》《弟子规》这类世代传颂的读物,若是作者没有高尚的道德、博大的胸怀、真挚的感情、卓越的才华,以及奉献精神,是写不出来的。在长期学习中,我们感到《弟子规》不仅适合小孩子学习,也适合家长阅读。

教书是教师的本分,育人是教师的责任,做学问是教师的大道。立志教书育人,才有可能做好学问,而做好学问又有助于教书育人!天赋予人的性,地赋予人的命,父母赋予人的身。尽本分、负责任、探究学问,做个好老师,才可能激活学生的慧命。立志担当,笃行某事某业,可谓使命。学习《弟子

---

① 李毓秀(公元1647年—公元1729年),字子潜,号采三,清代康熙时山西绛州人,生于清代顺治年间,卒于雍正年间。清初著名学者、教育家。他的著作有《弟子规》《四书正伪》《四书字类释义》《学庸发明》《读大学偶记》《宋孺夫文约》《水仙百咏》等,分别藏于山西省图书馆和北京大学图书馆。因撰写《弟子规》,去世后他的牌位被供奉在绛州先贤祠。

② 《浮山县志》记载:贾存仁(公元1724年—公元1784年),字木斋,清朝乾隆辛卯科副榜,事亲至孝,朝夕承欢,不乐仕进。著有《等韵精要》及《弟子规正字略》诸书行世。贾存仁将《训蒙文》修订为《弟子规》,辗转翻印,流传甚广,成为清代至民国年间通用的儿童启蒙读物。

规》，不仅要时常温习《弟子规》全文，还要揣摩其中的道理，领悟其中的思想，以身作则，身体力行。当今社会，日益浮躁，急功近利，"孝悌忠信礼义廉耻"受到冲击，做新儒商恐怕还让人不理解。子曰："知耻近乎勇。"做新儒商贵在知耻而后勇，敢于担当，善于担当，切实履行个人义务与企业社会责任。

有子曰："其为人也孝弟，而好犯上者，鲜矣；不好犯上，而好作乱者，未之有也。君子务本，本立而道生。孝弟也者，其为仁之本与？"有若，春秋末年鲁国人。字子有，后被尊称为"有子"。有若是孔子的学生，比孔子小33岁。有若勤奋好学，能够全面深刻地理解孔子的学说，尤其重视"孝"道。他主张藏富于民，称"百姓足，君孰与不足？百姓不足，君孰与足？"因他品学兼优，且"状似孔子"，孔子死后，曾一度被孔门弟子推举为"师"。有若所说这段话，其意思为："一个孝敬父母、尊敬兄长的人，是很少会犯上的。不喜欢犯上而却喜欢作乱的人，还没见过。君子专心致力于根本的事务，根本建立了，治国做人的原则也就有了。孝敬父母、顺从兄长，这就是仁的根本啊！""仁"是孔子思想中的道德境界，在儒学中"仁"是做人的根本，而"孝悌"又是"仁义"的根本。在所有仁德中，孝居首位，故称"百善孝为先"。

本书汲取了有子"君子务本，本立而道生"的大智慧，以《本立道生——习弟子规做新儒商》为书名。子曰："学而时习之，不亦说乎？"《弟子规》不仅仅是少年儿童学习的读物，也是成年人可以时常习练的规矩。习惯是从小到大，从大到老，逐渐养成的。有了规矩，遵守规矩，才能养成良好的习惯。有了好习惯，才能成就幸福的人生。

我们怀着一颗真诚的心，悉心揣摩，反复推敲，力求推陈出新，写出一部让读者满意的作品来。行文至此，本人兴致勃发，特赋小诗一首，祝愿读者开卷有益：

孝从仁爱生，悌自义务成。
仁义行天下，孝悌养家风。
尊师弘儒道，立言规矩成。
开卷有裨益，真诚在心中。

苗泽华
2020年4月30日（庚子年四月初八）写于石家庄市卓达书香园

目　录

《弟子规》总叙　/　11

第一章　入则孝　/　22

第二章　出则弟　/　71

第三章　谨　/　97

第四章　信　/　136

第五章　泛爱众　/　163

第六章　亲仁　/　196

第七章　余力学文　/　205

附录1：《弟子规》全文　/　231

附录2：《陶朱公生意经》　/　235

附录3：《朱熹家训》　/　236

附录4：《朱柏庐治家格言》　/　238

后记　/　240

参考文献　/　244

《弟子规》总叙

弟子规,圣人训。首孝弟,次谨信。

【译文】

《弟子规》这本书,是依据至圣先师孔子的教诲而编成的生活规范。首先,在日常生活中,要做到孝顺父母,友爱兄弟姐妹。其次,在日常生活言语行为中,要谦虚谨慎,讲求信用。

【注释】

"首孝弟"中的"弟"字读音 tì,通"悌"。

《说文解字》上说:"悌,善兄弟也。从心,弟声。经典通用弟。"

【解析】

《弟子规·总叙》共24个字,出自《论语·学而篇》。

子曰:"弟子入则孝,出则弟,谨而信,泛爱众,而亲仁,行有余力,则以学文。"

这段话的意思是:诸位弟子,进家要孝顺父母,出外要顺从兄长,言语与行为一定要谨慎,一定要守住信用,博爱大众,而且要多亲近有仁德的人。在上述几点全部做到之后,若有余力,才可以研习六艺等学问与技能。

"弟子"一般是指学生。父母是孩子的第一任老师,孩子也是父母的"弟子"。俗话说:"活到老,学到老。"广义上说,每一个人都是弟子,一辈子都要学习。在人生不同阶段,有不同的师承。在当今学习型社会,更要终生学习。

《弟子规》一书是按照圣人孔子的教导编写而成的,强调做人做事的根本在于"孝悌"。这个"首"就是首位,也是第一,还是人生至要之务。"首孝弟"就是把"孝悌"放在人生的第一位。这是做人的根本,也是事业成功的根本!"弟"通"悌",有"长幼"和"次第"的意思。因此,"弟"里面包含做人的态度问题,这就是恭敬之心。

一个人不仅要孝敬自己的父母,还要尊敬诸多长辈,就是同辈,如兄弟姐妹中,哥哥姐姐要关心爱护弟弟妹妹,弟弟妹妹也要敬重哥哥姐姐。在同学、同事、朋友等同龄人中,也有长幼,长要爱幼,幼要敬长。一个人的道德与学问皆从"孝悌"中来，只要做到了"孝"和"悌"，就能回归良善，就能滋生涵养、学养、教养与修养，修身与学问也就有了根基。只要做到了"孝"和"悌"，激活了良知与良能，心胸就会不断拓展，福田就会逐渐增大，"齐家、治国、平天下"也就有了根基。《弟子规》一书阐述了诸多做人的行为规范，为人生事业立了规矩，树了标杆，点亮了心灯。做人是做事的基础，也是经商的基础，而做人最重要的就是孝悌。

"次"就是"其次"，也是"次要""第二"的意思。"次谨信"是说，作为人在尽到孝悌之后，第二重要的就是为人处事要谨慎，要讲信用。《说文解字》上说："谨，慎也。""谨"就是谨慎，谨言慎行，"谨"还表示言语及行为等方面的恭敬。"谨"是为人处事的一种态度，也是一种智慧与德行。"信"是"人言"，意为诚实、讲信用、不虚伪、不欺诈。也就是说，一个堂堂正正立着的人，郑重其事地说话或表态，才是可以听信的。你说的话算数，人们才相信你，为人处事才能得到信任。关于"信"的组词有：诚信、信任、信誉、信用等。

孔子说："自古皆有死，民无信不立。""信"是做人的大智慧，也是儒家五常之一。"信"是人生必修的德行，也是做人做事成功的基础。在做事方面，谨慎与诚信都很重要。做人不仅要勤谨，还要慎言。多做事，少说话，不废话，常替人着想，才招人喜爱。做人做事要诚实守信，取信于人，以信立德。做人公正，做事廉洁，就能取信于人，从而提高信任度。

《弟子规》一书的核心思想是孝悌，经商却是以营利为目的的事业，似乎经商与《弟子规》风马牛不相及。日本的涩泽荣一精通汉学，从小就熟读《论语》。他一生为官当道、经商从业皆以《论语》的思想与智慧为指引，形成了"义利合一"的经营思想与管理哲学。他一生创办了五百多家企业，在经营实践中不断地走向成功与辉煌。涩泽荣一曾经说过："我的算盘打得精，是因为有《论语》；《论语》又因为藉着算盘，替我攒下了不少财富。《论语》跟算盘看起来是八竿子打不到一块的两件事，实际上却可以以《论语》为体、算盘为用，相辅相成。"

古今中外，商业由来已久。事实上，商业皆是由人所做的事业。经商之人也是人，也有常人之初心。谁无父母？谁又无妻儿老小呢？商人也有那颗孝敬父母的良心啊！商人要把事业由小做大、做强、做成功，重要根基仍是做人。一个不能笃行"孝悌"的商人，不能和睦家庭的商人，即便财富再多，也是行尸走肉，离身败名裂也就不远了，又何谈人生事业的成功呢？

事实上，"孝悌"不仅是一种态度，也是一种能力，还是一种素质。商人由于财富的增多，在孝悌方面有较好的物质基础，有孝养父母的财力，"尽孝道,全悌道"会更加容易些。商人若能把"孝悌"放在人生的首位,毕生笃行之,必有后福,荫及子孙,事业有成,立德于天下,造福于人类,奉献于社会。这是做新儒商的基础,也是走向人生事业成功的基石!

【人物】

孔 子

孔子(公元前551年—公元前479年),名丘,字仲尼,鲁国人。中国春秋末期伟大的思想家、政治家和教育家,儒家学派的创始人。

《三国志·魏志·文帝纪》载:"昔仲尼大圣之才,怀帝王之器,……可谓命世之大圣,亿载之师表者也。"称赞孔子是千秋万代的表率。到清朝时,康熙皇帝亲自写下匾额"万世师表"。《礼记·中庸》上说:"唯天下至圣,为能聪明睿智,足以有临也。"后人还称孔子为大成至圣先师。

孔子祖上是宋国的贵族,殷王室的后裔。据说商朝灭亡后,周武王封纣王庶兄微子启为宋国国王,后微子启传位于微仲(名衍,又称仲衍,微子启之弟,纣王之兄)。孔子是微仲第十五代孙。孔子的父亲名纥,字叔,又称叔梁纥,是鲁国三大武将之一,身材高大,力大无穷,以勇猛著称。孔子的母亲姓颜名徵在。由于父母为生孔子曾在尼丘山祈祷,故孔子名丘,字仲尼。

孔子在鲁国出生,鲁国是周公旦的封地(实为其长子伯禽世袭),对周代文物典籍保存完好,素有"礼乐之邦"的盛誉。鲁国文化传统与当时学术下移的形势对孔子思想的形成有很大影响。孔子幼年丧父,家境贫寒。孔子曾说过:"吾少也贱,故多能鄙事。"年轻时他曾经作过"委吏"(管理仓库),"乘田"(管理畜牧)。孔子年少时,虽然生活清贫,但他却敏而好学。从十五岁时,他就"志于学"。他善于向他人学习,曾说:"三人行,必有吾师焉。择其善者而从之,其不善者而改之。"他学无常师,好学不厌,同乡人都称赞他"博学"。孔子三十而立,开办私学,授徒讲学。孔子广纳学子,但凡有"束修"的,都收为学生,如颜路、曾点、子路、伯牛、冉有、子贡、颜回等,是较早的一批弟子。孔子创设私学,打破了"学在官府"的传统,进一步促进了学术文化的下移。

后来鲁国发生内乱,孔子便去了齐国,齐景公向孔子问政,孔子说:"君君,臣臣,父父,子子。"又说:"政在节财。"齐政权被大夫陈氏操控,故景公虽然欣赏孔子的言行,却不能付诸实践。孔子在齐不得志,遂又返鲁,潜心研习诗书礼乐。他创立的私学已经很有名气,弟子几乎来自各个诸侯国。当时鲁政权由季氏操纵,而季氏又受制于其家臣阳货。孔子因不满鲁国"陪臣执国命"的状况，便不出来做官。他说："不义而富且贵，于我如浮云。"鲁定公九年（公元前501年），阳货被驱逐，孔子出任鲁国的中都宰，是年孔子五十一岁。出任中都宰一年，四方安定。遂由中都宰迁至司空，再升为大司寇摄相事。鲁定公十年（公元前500年），齐国和鲁国在夹谷相会，鲁国派孔子与之交涉。孔子认为"有文事者必有武备，有武事者必有文备。"孔子积极防范，使齐君想用武力劫持鲁君的阴谋未能得逞，他还运用外交手段收回了被齐侵占的郓、灌、龟阴之地。孔子为鲁国效劳，齐国听说之后感到非常恐惧，担心鲁国强大后会兼并自己。齐国便将漂亮的女子及宝马送与鲁定公与鲁国的执政官季桓子。季桓子沉迷于女色，三日不听朝政。孔子的政治抱负难以施展，遂带领颜回、子路、子贡、冉有等十余弟子离开"父母之邦"，开始了长达十四年之久的周游列国的颠沛流离生涯。

孔子在离开鲁国时已经五十五岁，他先到达卫国。起初，卫灵公以礼相待，后来却派人监视，孔子担心卫国降罪，便前往陈国。在前往陈国的路上，不幸被围困五天五夜，获救后本打算去晋国，但由于晋国发生内乱，无奈只好又返回卫国。卫灵公疏于朝政，不曾用孔子，孔子说："苟有用我者，期月而已可也，三年有成。"后来，卫国发生内乱，孔子离开卫国前往宋国。宋司马桓魋欲杀孔子，孔子微服过宋国经郑国之后才到达陈国，是年孔子六十岁。其后，孔子多次往返陈蔡，曾"厄于陈蔡之间"。据《史记》记载，楚昭王要聘请孔子，陈、蔡两国的大夫便围困孔子，使之断粮七日。孔子被解救后，到达楚国，不久楚昭王驾崩。卫出公也想用孔子，于是孔子又去了卫国。在卫国，孔子虽然受到"养贤"的礼遇，却始终没有得到重用。

鲁哀公十一年，齐国讨伐鲁国，孔子的弟子冉有挥师出征，大败齐国。季康子问冉有的指挥才能从何而来，冉有说是跟随老师孔子学习的。季康子派人迎孔子回到鲁国，孔子周游列国十四年，到此画上了句号。回到鲁国后，孔子晚年致力于整理文献，并继续从事教育工作。孔子一生从事教育事业，相传有弟子三千，通晓六艺的贤弟子七十二人。在德行方面表现突出的有颜回、闵子骞、冉伯牛、仲弓；在语言方面表现突出的有宰我、子贡；办理政事能力较强的有冉有、子路；熟悉古代文献的有子游、子夏。在孔子的弟子中，有不少人都干出了一番成就。其弟子对孔子思想的传播，以及儒家学派的形成与发展，起到了重要作用。

孔子的思想是中华民族传统文化的瑰宝，他创立的儒学，也是几千年封建社会颇具影响的学说，并成为统治阶级的正统思想。他对后人的影响是无法估量的。孔子也留下了许多名言名句，鞭策和激励着一代又一代人。其中，为大家所熟知的有："学而时习之""温故而知新""敏于事而慎于言""学而不思则罔，思而不学则殆""听其言而观其行""敏而好学，不耻下问""己所不欲，勿施于人""己欲立而立人，己欲达而达人""默而识之，学而不厌，诲人不倦""三人行必有我师焉""岁寒，然后知松柏之后凋""人无远虑，必有近忧"等。

鲁哀公十六年四月，孔子患病，不治身亡，是年七十三岁。被安葬于鲁国城北泗水之上。弟子们以对父亲的礼仪对待孔子，为其服丧三年。子贡在孔子的墓前结庐而居，为孔子守墓长达六年之久。孔子虽然与世长辞了，但他的学生却将他的思想发扬光大，并逐渐壮大了"士"这个阶层，"士"也成为历朝历代治国理政的中流砥柱。儒家思想吸引着更多的有识之士去钻研、传承、弘扬。儒家思想对中华民族及东南亚诸国产生了重要而深远的影响。

【嘉言】

子曰："夫孝，德之本也，教之所由生也。"

出自《孝经》开宗明义章第一。

原文为：仲尼居，曾子侍。子曰："先王有至德要道，以顺天下，民用和睦，上下无怨。汝知之乎？"曾子避席曰："参不敏，何足以知之？"子曰："夫孝，德之本也，教之所由生也。复坐，吾语汝。"这句话的意思为：孝是德行之根本，人间一切美好德行都是从孝行中延伸出来的，王道教化也正是由此而产生的。

俗话说："百善孝为先。"孝是百善之本，万行之源，是道德的根本。孝是良善价值观的核心，也是中华传统伦理与文化所提倡的道德与行为。孝悌不仅是一种基于道德层面的价值取向，更是一条应该终生奉守的做人准则，需要坚持不懈、持之以恒地贯彻到日常生活中，落实到行为举止上。

【故事】

贤哉孔母

颜徵在（公元前568年—公元前537年），又作"颜征在"，中国伟大的思想家、教育家孔子的母亲。她被后人加封为启圣王夫人。颜徵在的先祖伯禽是鲁国的始祖、周公旦的长子、周朝先王周文王的孙子。她教子的故事至今仍有重要的借鉴价值。

据说孔子的父亲当年娶孔子母亲的时候，已经六十六岁了，而颜氏女十六七岁。因为年龄悬殊，不合当时礼仪，故《史记·孔子世家》记载："孔子生鲁昌平乡陬邑①。其先宋人也，曰孔防叔。防叔生伯夏，伯夏生叔梁纥。纥与颜氏女野合而生孔子，祷于尼丘得孔子，鲁襄公二十二年而孔子生。生而首上圩顶，故因名曰丘云。字仲尼，姓孔氏。"

关于颜氏女，史料记载甚少，出现很晚的《孔子家语本姓解》是这样说的："孔子之先，宋之后也。……伯夏生叔梁纥。纥虽有九女而无子。其妾生孟皮，孟皮一字伯尼，有足病。于是乃求婚于颜氏。颜氏有三女，其小曰徵在。颜父问三女曰：陬大夫虽父祖为士，然其先圣王之裔。今其人身长十尺，武力绝伦，吾甚贪之。虽年长性严，不足为疑。三子孰能为之妻？二女莫对。徵在进曰：从父所制，将何问焉？父曰：即尔能矣。遂以妻之。徵在既往，庙见。以夫之年大，惧不时有男，而私祷尼丘之山以祈焉。生孔子，故名丘而字仲尼。"当时，孔子的父亲与颜氏女相差四十几岁，让她心动的原因，除了孔父的"圣王后裔""身材魁梧""武力绝伦"之外，更为重要的原因是，孔母贤惠，为解父之忧，宁愿牺牲自己的青春年华。由于孔父叔梁纥在孔子三岁时就去世了，孔母毅然承担起养教儿子的责任。由于颜徵在母子受到孔氏家族的排挤，不得已回到娘家生活，坚卓刚毅的母亲，在极为艰难困苦的情况下将儿子培养为身高九尺六寸、以博学闻名于世的英才。可以说，孔母在孔子幼年教育及成长过程中起着重要作用，她称得上孔子的第一位启蒙老师。她教子的故事令后人钦敬。

由于孔父去世，孔母失去了家庭依靠。大家庭中，各种关系非常复杂。据说孔父原配施氏不太贤良，徵在母子经常受气。这些家庭矛盾，对孔子的成长显然不利。于是，颜徵在便带着儿子和孟皮（字伯尼，孔父之妾所生）离开夫家鄹邑②，前去国都曲阜的阙里居住。徵在娘家颜氏是鲁国国都的大姓，大家族中的亲人对这位丈夫早死的孤儿寡母照顾有加。何况，鲁都是鲁国的政治、经济、文化中心，典籍丰富，名师众多，民风淳厚，这为孔子的日后成长创造了良好的学习环境。颜徵在深谙学习的最好导师在于兴趣。由于孔子住的地方与宗府相离不远，所以每到祭礼的时候，颜徵在都会想办法让孔子前往参观。所以，孔子自小就对祭礼看得烂熟，受此影响，他常常利用一切可利用之物来模仿祭礼，还模仿上香、献爵、祭酒、行礼、读祝等。颜徵在还让儿子学习周朝的各种礼仪，以便将来从政治国、辅佐明君。其实，小孩子很少会主动喜欢祭礼这种枯燥无味的活动，这主要是孔母让他经常观察贵族祭礼的活动，培养他对这种活动的兴趣，耳濡目染间，使他养成了良好

---

① 陬，读音 zōu。陬邑，古地名，为孔子出生地，今山东省曲阜市东南的南辛镇鲁源村。

② 鄹，读音 zōu。鄹通陬，今同邹。鄹邑就是陬邑，古地名，孔子的出生地。

的习惯。

　　颜徵在的父亲是一位饱学之士，自幼受父亲的直接传授，她积累了丰富的见识和学养。回到鲁都后，孔母把三间房子中的一间作为书房，准备在儿子满五岁之时教他念书。她先收了几个小孩，在自己家教启蒙的书，并得到每位学生家的学资——五斗小米和一担干柴，这足以养活母子二人。在教几个小孩习字、算术和唱歌的同时，她也教孩子们学习礼仪。孔子不到六岁，就开始跟班学习。在孔母的苦心栽培和细心教育下，小孔丘还不到十岁，就已经学会了全部的启蒙功课。孔母这一段家教生涯，对孔子以后办私学、兴教育，产生了直接影响。按照当时的规矩，童子十岁就要外傅（跟别的老师去念书）。孔母关闭了她的学堂，把小孔丘送到城内最好的学堂，学习诗歌、典籍、历史、音乐等功课，即被后世称为《诗》《书》《礼》《乐》[①]等内容。当时学堂称为"庠"，属于官办学府。在"庠"这类学堂中，集中了鲁国最优秀的老师，并实施非常严格的教育。因颜氏家族与鲁国国君是同宗关系，孔子仍以一个贵族子弟的身份，在学堂里接受贵族式教育。

　　在孔子十四岁之时，其母颜徵在因操劳过度而逝，终年三十二岁。孔母颜徵在是我国古代伟大教育家孔子的第一位启蒙老师，与孟母教子相比，孔母虽然少了些经典的故事，但她作为一个年轻守寡的女人，能够择良而居、亲临授教、外傅佳堂，成就了中国最伟大的教育家、思想家。她的贤良淑德令人钦敬。她教育培养儿子成才的行为，激励着天下的众多母亲。

泛爱众，而亲仁。有余力，则学文。

【译文】

　　和大众相处时要平等博爱，并且亲近有仁德之人，虚心向仁者学习。这些都是很重要的事，如果做了之后，还有多余的时间与精力，就应该好好学习六艺等其他有益的学问与技能。

【注释】

　　泛，读音 fàn。"泛"在这里是广泛、普遍的意思。泛爱是指广博的爱，简称博爱。

[①] 古代非常重视音乐教育，认为"乐者，通伦理也"。当今，音乐在人们学习、工作和生活中仍发挥着不可替代的作用。

【解析】

"泛爱众"就是以仁爱之心敬爱亲人、关爱众人、慈爱众生。儒家讲仁爱,墨家讲博爱,佛家讲慈爱。仁爱、博爱、慈爱皆要有一颗良善爱人之心。"泛爱众"是一种修养,也是一种胸怀。仁人爱物是人的本性,以敬爱亲人为核心,把仁爱由大众至众生,就能养成博爱的胸怀。

俗话说:"量大福也大,机深祸亦深。"一个真正的仁者,其仁爱之心,定能致良知,生良能,并形成巨大的能量,感化众人与众生!仁爱就要坚持忠恕,慈爱就要心怀慈悲。"忠"是心口如一,"恕"是将心比心;"慈"是给予快乐,"悲"是拔出痛苦。

作为人要多亲近仁者,见贤思齐,时时刻刻学习并体会圣贤的仁心,领悟圣贤的智慧;时时刻刻学习仁人志士,在人生事业中有所作为。一旦明白了做人的道理,就要遵循道理做事,在做人做事中不断修养自身。在此基础上,再不断提高自己的学问,掌握谋生的技能与手段,就能成为一个德才兼备的人,成为一个受社会欢迎的人。

一个人,只要坚持不懈、持之以恒,成圣成贤都是可能的。只有加强学习,不断实践,我们才能不断提高觉悟,激发能量,拓宽心胸,扩大格局,放眼世界,从而提高道德修养与才能,为人生事业奠定坚实的基础。

【人物】

伏　羲

伏羲,华夏民族人文先始,三皇之一,亦是与女娲同为福佑社稷之正神。楚帛书记载其为创世神,是中国最早的有文献记载的创世神。伏羲,风姓,又名宓羲、庖牺、包牺、伏戏,亦称牺皇、皇羲。

伏羲在后世与太昊、青帝等诸神合并,被称为"太昊伏羲氏"。伏羲为燧人氏之子,生于成纪,定都在陈地。传说,伏羲所处时代为旧石器时代中晚期,距今大约8500年至7800年。

伏羲是古代传说中的中华民族人文始祖,是中国古籍中记载的最早的王,是中国医药鼻祖之一。伏羲生于天水,传说其母华胥氏曾到雷泽游玩,踩雷公之足迹(一个巨大的脚印)而受孕,生下来的伏羲却是人首龙身,亦有说人首蛇身。

自古就有三皇五帝的传说。俗话说:"自从盘古开天地,三皇五帝到于今。"三皇一般是指天皇、人皇、地皇。天皇为伏羲,对应龙。伏羲氏族号曰龙师。因此,中华民族才自称为龙的传人。人皇为女娲,自古就有女娲抟土造人的神话传说。传说女娲是人首蛇身，女娲作为人皇对应蛇。

传说伏羲是文字始祖，一画开天，以阴阳符号代替"结绳记事"，伏羲仰天俯地，根据天地万物的变化，开创了先天八卦，肇始中华文明。《尚书·序》记载："古者伏牺氏之王天下也，始画八卦，造书契，以代结绳之政，由是文籍生焉。"伏羲教民结绳为网，用来捕鸟网鱼打猎。伏羲建古代历法，改婚姻制度，主张非同族之间通婚。据说伏羲发明了瑟，创作了最早的音乐曲子。相传伏羲称王一百一十一年后去世，为后人留下了大量的神话传说。《帝王世纪》将伏羲列为三皇之首，《吕氏春秋》又将伏羲列为五帝之首，故伏羲为三皇五帝之首。

伏羲尊道而修身，达到了天人合一的境界，内心修为与智慧卓识皆已达止境，他具有丰富的创造力，最早演画出先天八卦，成为易经的创始者。

【嘉言】

子曰："身体发肤，受之父母，不敢毁伤，孝之始也。立身行道，扬名于后世，以显父母，孝之终也。夫孝，始于事亲，忠于事君，终于立身。"

出自《孝经》开宗明义章第一。

这段话的大致意思为：我们身体的毛发、皮肤皆是父母给予我们的，我们必须珍惜它、爱护它，不敢轻易毁伤，这是行孝尽孝的开始。通过行孝尽孝的德行修养自己，从而立身行道。坚持按正确的道理做人做事，扬美名于后世，让后人敬仰自己，知道父母教子有方，培养了一个优秀子女，这是孝的终点。

总的来讲，行孝尽孝的开始就是孝顺父母，长大成人就要忠于国家，要对家庭和社会有所贡献，从而实现自己的人生价值。人为什么要珍惜自己的身体呢？因为健康的身心是做人做事的基本条件，也是尽孝尽忠所必备的。不论成功与失败，都要有一个好身体，有一颗良善之心。身体都垮了，何谈事业成功？良心都丢了，又何谈人生大成？

当今是竞争愈加激烈的时代，尤其是商业竞争日趋激烈，做商人更加不易。如果连自己的身心都让父母担忧，自己不仅失去了尽孝的体力与能力，也很难在竞争中把事业做大做强。何况，爱惜自己的身体，也是对父母生养自己的敬重。要立身，必先在家庭中有立足之地，孝子是受家庭欢迎的，也是备受社会推崇的。能尽孝，就能赢得别人的尊敬与推崇。

前几年，笔者听说有一个中年商人，父亲去世了，母亲又得了老年痴呆症。老母亲只认得儿子，认不得其他人。这个商人曾雇人伺候母亲，可母亲却一直念叨儿子，四处寻找儿子，还差点走丢了。后来，这个商人不论是谈生意，还是出门应酬，都将母亲带在身边。母亲只要能看到儿子，和儿子在一起，就安静下来了。这个儿子的孝心孝行，赢得了同行朋友的敬重，生意也越做越好了。

人生道路有千条万条，孝敬父母是第一条！孝亲敬亲，做好为人子女的本分，就是做人的第一善行。俗话说："善有善报，恶有恶报。"做孝子，做好人，自有好报。

【故事】

抟①土造人

人是如何产生，又是如何进化的？是先有男人，还是先有女人呢？这恐怕是至今难以破解之谜！在我国传统文化中流传着女娲造人的神话故事。女娲是我国上古神话中的创世女神，长的是人首蛇身。在邯郸涉县的娲皇宫记载中，女娲是母系氏族首领。东汉许慎在《说文解字》上说："娲，古之神圣女，化育万物者也。"传说女娲在正月初一至初六，分别造出了鸡狗猪羊牛马等动物后，于正月初七造出了人。所以正月初七被称为"人日"，又称人节、人庆节、人口日、人七日等。

据说，女娲用泥土仿照自己创造了人，一日之中，七十化变，所捏的泥人，栩栩如生，皆不相同。女娲每造一人，取一粒沙作计，终成一硕石，并将其立于西天灵河之畔。也有传说，女娲先仿照自己抟土造了个女人，随后又造了个男人。女娲不辞辛苦，一对一对地造人。可是一刮风下雨，泥人经雨水一泡，又变成了泥土。女娲苦思冥想，终于想出了一个好法子。她用火烧制泥人，而造出的泥人再也不怕风吹雨淋了。传说女娲还为人类建立了婚姻制度，使青年男女婚配，繁衍后代。

因此，女娲也被后人奉为婚姻女神。据传，有很多婚后不生育者，络绎不绝地来到邯郸涉县娲皇宫，求娲皇娘娘赐子赐福。

【附记】

伏羲创建的先天八卦囊括了天地万物的纹路与轨迹，是我国古人对天地万物大道的朴素认识。伏羲八卦，即乾、坤、震、巽、坎、离、艮、兑，分别代表了天、地、雷、风、水、火、山、泽。伏羲八卦是乾坤定南北，乾位南，坤位北，这也是成语"天南地北"的由来；坎离定东西，坎位西，离位东，水火相济不相容。一个人若面南背北，其定位为：上为天为乾位南，下

---

① 抟，读音 tuán。本义，把东西捏聚成团。《说文解字》："抟，圜也。"《韵会》引《说文》："抟，以手圜之也。"圜，读音 huán。本义：围绕或环绕。

为地为坤位北,左为离为火位东,右为坎为水位西。故先天八卦数为:乾一、兑二、离三、震四、巽五、坎六、艮七、坤八。

先天八卦的数是先天存在的,是被后人发现并推演出的,遵循"太极生两仪,两仪生四象,四象生八卦,由下往上,先阳后阴"的规律。先天八卦也代表八个方位,即天南、地北、雷东北、风西南、水西、火东、山西北、泽东南。伏羲先天八卦将天地阴阳变化之道与时间、空间相结合,从而达到尽览物性、穷究天理、洞悉人事、利益族群。伏羲先天八卦探索了宇宙万物的生命规律,囊括了修身养性、弘道立德、安邦治国的道理与方略。

第一章　入则孝

父母呼，应勿缓。父母命，行勿懒。

【译文】

父母呼唤，子女应及时应答，不要迟缓。父母交代的事情，子女要立刻动身去做，不可拖延，也不可推辞，更不可偷懒。

【注释】

懒，读音 lǎn。懒就是松懈、怠惰、疲倦的意思。懒的反义词是勤。

《说文解字》上说："懒，懈也。怠也。一曰卧也。"

【解析】

"入则孝"是学生学习的第一课，也是做人做事、成人成才的根基。"孝"是会意字，一个"老"字，加一个子女的"子"字，合而为一，则构成了一个"孝"字。"老"是指上一代，"子"是指下一代，上一代跟下一代融合为一体则为"孝"。

俗话说："先有慈父，后有孝子。"《尔雅》上说："善事父母为孝。"东汉许慎在《说文解字》上说："孝，善事父母者，从老省，从子，子承老也。"许慎认为，"孝"字是由"老"字省去了右下角的形体"匕"，并与"子"字组合而成的一个会意字。"匕"的本义是汤匙，用于在碗里搅和药的小勺子。引申义为尖锐锋利的东西，如匕首。人老了，离不开药，身心难受，就像坐在匕首上，正是如坐针毡。孝字将"子"替换老字之"匕"，可谓造字之神奇！正是亲子和睦，其乐融融。

西汉贾谊《新书·道术》上说："亲爱利子谓之慈，反慈为嚚；子爱利亲谓之孝，反孝为孽。"嚚，读音 yín，意思是暴虐而顽固。孽，读音 niè，意思是邪恶或罪恶。《庄子·天地》上说："孝子操药以修慈父。"我们做子女的必须先做孝子，才能修成慈父。《史记·日者列传》上说："言而鬼神或以飨，忠臣以事其上，孝子以养其亲，慈父以畜其子，此有德者也。"要想人生事业一帆风顺，在家就要孝顺父母。

当今社会，若父母比较宽宏大量，在生活中讲求民主，尊重孩子的志向与选择，孩子对父母孝顺还比较容易做到。如果父母心量狭小，独断专行，父母与孩子的意见相悖时，做到孝顺就更难了。当然，孝顺也不是什么事都迁就父母，无条件妥协，完全顺着父母的想法来。这种"愚孝愚顺"培养不出孩子的独立人格，倒能养成唯唯诺诺的"小奴才"。"愚孝愚顺"不利于孩子的身心健康，也不利于孩子的人生抉择。

【人物】

炎 黄 二 帝

炎帝，是中国上古时期姜姓部落首领的尊称，号神农氏，又号魁隗（读音 wěi）氏、厉山氏、烈山氏等。传说姜姓部落的首领由于懂得用火而得到王位，所以称为炎帝。从神农起，姜姓部落共有九代炎帝，神农生帝魁，魁生帝承，承生帝明，明生帝直，直生帝牦，牦生帝哀，哀生帝克，克生帝榆罔，传位五百三十余年。

炎帝是古代五帝之一。据说，炎帝为伏羲氏的后裔。相传炎帝牛首人身，他遍尝百草，发明用草药为人治病。他发明刀耕火种，创造了翻土农具，并教民垦荒种植粮食作物。炎帝以日中为市，创建了以物易物的集市。他还为其部落人群制造出了饮食用的炊具和陶器。传说炎帝作为我国古代教育的始祖，他教民使用工具，教民播种五谷，教民医药，教民制陶，教民绘画，教民弓箭，教民猎兽，教民制琴，教民音乐，教民舞蹈，教民强身健体，他还教民德行与智慧。

炎帝是继伏羲以后又一个对中华民族有重大贡献的传奇人物。《神农本草经》上说："上药一百二十种为君，主养命；中药一百二十种为臣，主养性；下药一百二十种为佐使，主治病；用药须合君臣佐使。"

黄帝为中国远古时期部落联盟首领。据说，黄帝是少典与附宝之子，本姓公孙，因长居姬水，后改姓姬，居轩辕之丘，故号轩辕氏。

黄帝在有熊（今河南新郑）出生、创业，并建都，故亦称有熊氏。史载黄帝因有土德之瑞，故号黄帝。黄帝统一了华夏民族，教民播种百谷草木，大力发展生产，始制衣冠，建舟车，发明指南车，兴文字，定算术，制音律，创医学。据说，他还创建了甲子、天干、地支、历法、阴阳和五行等。

黄帝有嫘祖、嫫母等四位夫人。黄帝主土，土属中央，为中央之帝。传说炎帝部落后来和黄帝部落结盟，共同击败了蚩尤。炎黄二帝分别生活在长江流域与黄河流域，实现了华夏民族最早的融合，所以我们也自称炎黄子孙，将炎帝与黄帝共同尊奉为华夏民族人文初祖，是我们团结、奋斗的精神动力。

【嘉言】

子夏①问孝。子曰："色难。有事，弟子服其劳；有酒食，先生馔②，曾是以为孝乎？"

这段话出自《论语·为政》。其大致的语境为，有一天学生子夏请教老师什么是孝？孔子说："色难，父母有事的时候，子女替他们去做，有好吃好喝的，先给父母，这就认为是孝吗？"孔子在这里强调了"色难"二字。什么是"色难"呢？也就是说，子女在父母面前和颜悦色，这是一件难事啊！在这里，孔子特别强调了子女对父母，弟子对先生的态度。

有一四字佳联，上联为两字"色难"，下联对两字"容易"。此联相传为明朝惠帝朱允炆和明代三大才子之一解缙所对。

惠帝曾言："有一联'色难'着实难对。"

解缙应口而答："容易。"

过了很久，惠帝还不见解缙对上。

于是又问："爱卿不是说容易吗？怎么现在还没对上？"

解缙说："臣方才不是已经对上了吗。"

原来那"容易"就是下联，惠帝连声称妙。

俗话说"相由心生"。只有发自内心的孝念，心甘情愿地尽孝，才可能在面对父母时，始终保持和颜悦色。凡事用心则易，不用心则难。孝，发乎内心；孝，敬于本心；孝，顺乎亲意；孝，承亲之志。孝敬父母千万要用心，要敬字当头，顺字在心，牢记在心头，行动在前头。

【故事】

造 字 传 说

仓颉造字是中国古代神话传说之一。仓颉（读音 cāng jié），亦称苍颉，复姓侯刚，名颉，号史皇氏，轩辕黄帝时期的左史官。仓颉把流传于先民中的文字加以搜集、整理和使用，在汉字创造的过程中起到了重要作用。《说文解字》序言上说："黄帝之史仓颉，见鸟兽蹄爪之迹，知今之可相别异

---

① 子夏（公元前507年—公元前420年），姓卜名商，字子夏，春秋时晋国人，孔子的学生，比孔子小44岁，位列孔门十哲，七十二贤之一。少时家贫，苦学而入仕，曾作过鲁国太宰。孔子死后，他来到魏国的西河（今山西河津）讲学。授徒三百，当时的名流李克、吴起、田子方、李悝、段干木、公羊高等都是他的学生，连魏文侯都问乐于子夏，并尊他为师，这就是有名的"西河设教"。

② 馔，读音 zhuàn，意为饮食、吃喝。

也，构造书契。"《淮南子·本经训》上载："昔者仓颉作书，而天雨粟，鬼夜哭。"《万姓统谱·卷五十二》记载："上古仓颉，南乐吴村人，生而齐圣，有四目，观鸟迹虫文始制文字以代结绳之政，乃轩辕黄帝之史官也。"《明一统志·人物上古》也有类似记载。仓颉被后人尊为"造字圣人"，简称"字圣"。

在民间，流传着很多关于仓颉造字的美丽传说。相传仓颉在黄帝手下当官。黄帝分派他专门管理圈里牲口的数目、囤里食物的多少。可慢慢地，牲口、食物的数量逐渐增加、变化，光凭脑袋记不住了，仓颉犯了难。仓颉整日整夜地想办法，先是在绳子上打结，用各种不同颜色的绳子，表示各种不同的牲口。但时间一长，就不奏效了。增加的数目在绳子上打个结很方便，而减少数目时，在绳子上解个结就麻烦了。仓颉又想到了在绳子上系圈圈，在圈子里挂上各式各样的贝壳，来代替他所管的东西。增加了就添一个贝壳，减少了就去掉一个贝壳。这法子还挺管用，一连用了好几年。黄帝见仓颉这样能干，叫他管的事情越来越多，每年祭祀的次数，每回狩猎的分配，部落人丁的增减，也统统叫仓颉管。仓颉又犯愁了，凭着添绳子、挂贝壳已不顶事了，怎么才能不出差错呢？

有一天，他参加集体狩猎，当他们追到一个三岔路口时，却弄不清那些野兽朝着哪个方向跑了？正在大家犹豫不定的时候，部族中几位老者却为此大声争辩起来。其中，一位老者坚持要往东追，说东面有羚羊；另一位老者坚持往北追，说北面不远处必有一群麋鹿；还有一位老者坚持往西追，说西面有老虎，不及时打死，就会错过机会，落单的人就会被老虎所伤。仓颉见状，于是施礼询问老者，你们为什么各执己见呢？三位老者把路上野兽的足迹指给他看。仓颉恍然大悟，心中暗自窃喜。既然每个足迹代表一种野兽，我为什么不能用这些足迹等符号来造字而记事呢？于是仓颉开始创造各种符号来表示事物。果然，把事情管理得井井有条。

黄帝知道后，大加赞赏，命令仓颉到各个部落去传授这种方法。渐渐地，这些符号的用法就在部落人群中推广开了，并逐渐形成了文字。仓颉最早造的是哪几个字，现在已无从考证。由于在这个故事中，有个老者最先提到羚羊，人们就猜测仓颉先造出了羊字。也有人说，仓颉先造出了龟字。据说，有一天仓颉从海边路过，看到一群人正在捕捞，正好水面上浮起了一只乌龟，于是，仓颉就记住了龟的特征，造出了龟字。还有人说，仓颉最先造出了"仓"字。因为，他自己姓仓。事实上，"仓"是轩辕黄帝赐的姓，是对仓颉造字的奖赏，其意思是"君上一人，人下一君"。可见"仓"字未必是最先造出的字。也有人说，仓颉最先造出了"人"字。因为，仓颉自己也是人。

也有人说，仓颉造出的第一个字是"一"，因为笔画最少。仓颉最先造出哪几个字，现在的确很难考证。但造字恐怕也需要遵循先易后难的规律，先造笔画简单的字，后造笔画复杂的字；先造经常用的字，后造不常用的字。不论是甲骨文、金文、小篆、隶书还是后来流行的楷书，人字之笔画少而简。由此可见，"一""人""牛""羊""龟"等字，倒有可能是仓颉最早造出的一批文字。

　　据说，仓颉造字后，黄帝十分器重他，人们也夸奖他。随着仓颉的名声越来越大，他的头脑就有点发热了，其中一对眼睛慢慢向上移，移到头顶上去了，像长了四只眼一样。由于仓颉骄傲自满，造的字也就马虎起来。此事传到黄帝耳朵里，黄帝很恼火。他眼里容不得一个臣子变坏，怎么叫仓颉认识到自己的错误呢？黄帝召来了身边最年长的老人商量。这老人长长的胡子上打了一百二十多个结，表示他已是一百二十多岁的人了。老人沉吟了一会儿，就独自去找仓颉了。

　　当时，仓颉正在教某个部落的人识字，老人默默地坐在最后，和别人一样认真地听着。仓颉讲完，别人都散去了，唯独这个老人没走，还坐在原地，一动不动。仓颉有点好奇，上前问他为什么不走。老人说："仓颉啊，你造的字已经家喻户晓，可我人老眼花，有几个字至今还糊涂着呢，你肯不肯再教教我啊？"看到这么大岁数的老人都这样尊重他，还这么好学，仓颉非常高兴，催老人快讲出来。老人说："你造的'马'字，'驴'字，'骡'字，都有四条腿吧？而牛也有四条腿，你造出来的'牛'字怎么没有四条腿，只剩下一条尾巴呢？"仓颉一听，心里有点慌了。仓颉原先在造"鱼"字时，是写成"牛"样的，而造"牛"字时，是写成"鱼"样的。但由于粗心大意，竟然教颠倒了。老人接着又说："你造的'重'字，是说有'千里'之远，应该念出远门的'出'字，而你却教人念成重量的'重'字。反过来，两座山合在一起的'出'字，本该为重量的'重'字，你倒教成了出远门的'出'字。这几个字真叫我捉摸不透，只好来请教你了。"这时，仓颉已羞得无地自容，深知自己因为骄傲铸成了大错。这些字已经教给各个部落，传遍了天下，无法更改。他连忙跪下，痛哭流涕地表示忏悔。老人拉着仓颉的手，诚挚地说："仓颉啊，你创造了字，使老一代的经验能记录下来，传下去，你做了件大好事，世世代代的人都会记住你。你可不能骄傲自大啊！"

　　从此以后，仓颉每造一个字，总要将字义反复推敲，还拿去征求老人们的意见，半点儿也不敢粗心大意。直到大家都说好了，他才把字敲定下来，然后再传到各个部落去。

父母教，须敬听。父母责，须顺承。

【译文】

对父母的教诲，子女应该恭敬地聆听。子女做错了事，受到父母的教育与责备，子女应当虚心接受，不可强词夺理。

【注释】

教，读音 jiào 或 jiāo。会意字。从攴（读音 pū），从孝，孝亦声。"攴"的篆体形象就好似一个人以手持杖或执鞭。因此，执教者就是拿着教鞭，奖优罚懒。《说文解字》上说："教，上所施下所效也。""教"字左边的"孝"代表德行，右边的"攴"代表惩处。孝道是最重要的教育，对不孝之人要惩处，对所有作恶之人皆要惩处。在人的一生中：先尽孝，再学文；先做人，再做事；先立德，再树人。

【解析】

俗话说："人生至要莫若教子。"而教子重在立德树人。所谓"教"的基本规律就是：先教做人，后教做事。在教做人中，最为重要的就是教孝道、立德行、再传授技能。有好的品德，做事才能兢兢业业，才能让人心悦诚服。

《礼记·学记》上说："教也者，长善而救其失者也。""长"是增长的意思，"长善"就是增长自己的善心善念善行。"失"是过失。古人云："人非圣贤，孰能无过？过而能改，善莫大焉。""救其失"就是挽救自己的过失。

《中庸》上说："天命之谓性，率性之谓道，修道之谓教。"这段话的意思是：天所赋予人的东西就是性，遵循天性就是道，遵循道来修养自身就是教。也就是说，要遵循天道、人道、地道来修养自己。在人道中，孝道居于首位。所谓"育"就是教子为善，使人作善。培养孩子的优良品德，才是教育的根本。

父母是孩子的第一任老师，也是孩子学习、模仿的对象与榜样。俗话说："上梁不正下梁歪。"为人父母者，首先要孝敬夫妻双方的父母，坚持以身作则，率先垂范，才能做到"身教胜于言教"，引导子女孝亲尊亲，从而防范子女误入忤逆的歧途。一个人，要及早行孝，才能不忘孝之初心。在行孝中，最忌讳的就是"懒"字。父母所命,不当回事儿。一天天,懒散惯了,甚至终日卧床不起。做人立都立不起来,又怎能迅速行动?做事不上心,拖拖拉拉,又怎能在社会立足?

当今,有不少宅男宅女,几乎连床也懒得起,连门也懒得出,整天在家啃老,把老人的一把老骨头都啃干净了!也有一些在外求学或工作的年轻人,连食堂都懒得去,天天叫外卖。别说让他们孝敬父母,解父母之忧了,不把父母气死就是好的!其实,懒惰也是一种病态,也称为"拖延症"或"懈怠症"。这是一种内心不作为,也不想作为的"怪病"。如果一旦悟透了"孝"字,有了孝敬父母的责任心,立志改正懒惰的毛病,还来得及。如果长此以往,形成了懒惰的坏习惯,再改起来就难了。

在这个世界上,有些父母蛮不讲理,甚至无缘无故地责骂孩子。当然,孩子也有反抗的权利。若父母有错在先,还让孩子无原则地迁就顺从,的确不对。因此,要营造和谐的家庭氛围,需要父母与孩子共同努力,父母应率先做孩子的楷模与榜样。

我们必须清醒地认识到:"教育≠分数≠高考成绩≠挣大钱≠富豪≠权贵"。教育要通过"孝德"养成,为孩子一生的品行与人格打下坚实基础。有一些家庭非常重视孩子的学习,强调"不能输在起跑线上"。有一些家长给孩子报了很多的课外辅导班,孩子在家里也不用做任何家务,只要一心一意地好好学习就够了。其实,"孝德"就是尽义务,是在孩子帮父母做家务尽义务之中,逐渐立起来的。只知道学习,从来不让孩子真正认识孝德、不断习练孝行、坚持践行孝敬,孩子就没有孝敬父母的意识,又怎能自动表现出孝顺来?

学习任何一门知识,只要刻苦地学,学习一段时间就会了。而要把孝德立起来,恐怕需要一辈子去学习、去感悟、去笃行。"孝"还需要通过"文"来教化、来传播、来弘扬,从而形成良好的家风、族风、村风、校风、国风和世风。

【人物】

尧 帝

尧,姓伊祁,名放勋,号陶唐氏,是帝喾的次子,上古五帝之一。公元前2377年农历二月初二,他在唐地伊祁山诞生。尧十三岁辅佐长兄帝挚,封于陶地,十五岁改封于唐地(今河北唐县),所以尧号曰陶唐氏,十八岁尧代挚为天子。据说,尧之长兄帝挚平庸无能。帝挚为形势所迫让位于他,于是尧帝成为我国原始社会末期最大的部落联盟长,史称唐尧。他登上帝位后,复封其兄挚于唐地为唐侯。

尧帝在唐县伏城一带建立了第一个都城,后来因水患西迁山西,定都平阳。尧帝亲自观测天文,钦定历法;兴利除害,伐乱禁暴;博纳众谏,任人唯贤;推行德教,倡导五伦;和睦九族,安定天下。尧帝圣明,以仁德著称,世代皆称颂。《史记》上记载:"帝尧者,放勋。其仁如天,其知如神。就之如日,望之如云。富而不骄,贵而不舒。"尧帝在位七十年,九十岁时将帝位禅让于舜。约公元前2259年,尧帝去世,享年一百一十八岁。

【嘉言】

子游问孝。子曰:"今之孝者,是谓能养。至于犬马,皆能有养;不敬,何以别乎?"

子游请教什么是孝。孔子说:"现在所谓的孝,是指能够侍奉父母。就连狗与马,也都能服侍人。如果少了尊敬,又如何分辨这两者呢?"也有人将孔子的答语翻译为"现在所谓孝顺就是奉养父母,但是我们也能养狗马,如果你不尊敬父母亲,那跟养狗养马有什么差别呢?"笔者感觉如此翻译是不通的,也欠妥当。孔子给学生讲孝道,不可能把孝养父母与养狗养马作比对。古人有效犬马之劳,因为犬马能为人服务,但是犬马知道尊敬人吗?因此,这个"敬"字就非常必要,也特别重要。孝以敬为先,以顺为要。

【故事】

推 行 五 伦

尧帝在位时,为了促进人与人之间的和睦相处,以及人与天地自然之间的和谐相处,提出了五伦关系,并委任有贤德的大臣契(人名,读音 xiè)担任司徒,在尧帝所在的氏族部落人群中推行五伦等美德。契是尧帝同父异母的弟弟,在尧舜时期皆任职司徒。尧帝在全体臣民中率先力行五伦,他孝敬父母,友爱兄弟,关爱族人。他以身作则,教育百姓和睦相处,做到"九族既睦",在氏族部落之间,形成了淳厚的风气。

《孟子·滕文公上》说:"人之有道也,饱食、暖衣、逸居而无教,则近于禽兽。圣人有忧之,使契为司徒,教以人伦:父子有亲,君臣有义,夫妇有别,长幼有序,朋友有信。"此处所说的圣人应该是古代的尧帝和舜帝。五伦的推行,不仅教化滋养了百姓的德行,而且逐渐形成了以"孝悌"为核心的家庭伦理，还逐渐形成了以"仁义"为核心的华夏文化体系。普天之下的老百姓就是天，就是我们的衣食父母。关心老百姓，爱护老百姓，就是大爱，就是大孝，就是大仁，就是大义！

传说，有一天尧帝微服私访，看到两个人站在一个圈圈里纹丝不动。古代画地为牢，就是在地上画一个圈圈，让人站到里面，不准出来，用以惩罚人的恶行。

这两个人被太阳晒得垂头丧气。尧帝看到了就问，为什么把你们关在牢里呢？

这两个人回答："我们偷了人家的食物。"

尧帝又问："你们为什么去偷盗呢？"

这两个人回答："我俩已好几天没吃东西了，饿得实在受不了！"

尧帝再问："为什么连着好几天吃不上饭呢？又怎能如此忍饥挨饿呢？"

这两个人再次回答："三年大旱，地里颗粒无收。因此，没有食物可吃。"

尧帝说："天下大旱，乃我之过也。正是我的德行不够，才引起苍天发怒，三年无雨啊！"

于是，尧帝就下令把这两个人无罪释放了，而把自己关在圈牢里，并虔诚地祈祷上苍下雨。不一会儿，风雨交加，一场甘霖降落人间，解救了人民的干旱之苦。

民间有"二月二，龙抬头"的说法，这与尧帝农历二月初二的诞辰有关。在这一天，人们祈祷龙王爷，风调雨顺，保佑人民一个好年景；同时也祈祷尧王爷，国泰民安，让老百姓过上幸福美满的日子。

后来，继位的舜帝和禹帝都继承了尧帝的五伦思想，并加以实践推广。周朝的周公、春秋时期的孔子、战国时期的孟子、汉朝的董仲舒、宋朝的朱熹等圣贤都继承并弘扬了古代的五伦关系。在五伦关系中，孝悌是做人的根本，也是人生事业成功的基石。

冬则温，夏则清。晨则省，昏则定。

【译文】

子女照顾父母，冬天要让他们温暖，夏天要让他们清爽凉快。早晨要向父母请安问好，晚上要为父母安顿好床铺，让父母安心睡眠。

【注释】

"夏则清"中的"清"字读音 qìng，古文中读音为 jìng，其意思是"清凉""清爽""寒冷"等。

"晨则省"中的"省"读音为 xǐng，其意思是对长辈的探望或问候。"昏则定"中的"定"，其意思是向长辈问安或请安。东汉许慎《说文解字》上说："定，安也。"

【解析】

西汉戴圣所著《礼记·曲礼上》说："凡为人子之礼，冬温而夏清，昏定而晨省。"

说到冬温夏清，在此不得不提黄香温清孝父的事迹。黄香，字文强，东汉江夏安陆人。黄香九岁时，母亲就病故了。黄香虽然只有九岁，但他却懂得孝的道理。黄香每天都思念去世的母亲，经常潸然泪下，乡里的人看到他思母的情景，都称赞他是个孝子。失去了母亲的黄香，与父亲相依为命。黄香对父亲非常孝顺，父亲的身体又不是太好，在寒冷的冬天，黄香经常用身体把父亲的被窝暖热了，才叫父亲上炕睡觉。在炎热的夏天，黄香经常为父亲扇凉枕席，再请父亲睡觉。黄香从生活起居，点点滴滴孝敬父亲的事迹被传为美谈。据说，黄香年少时，博览群书，苦读经典。他文思敏捷，文采飞扬。京师流传着"江夏黄香，天下无双"。正是黄香孝亲的善行，感动了乡邻，感动了地方官员。于是，黄香被当地官员举为孝廉，从此走上了仕途。东汉安帝时，黄香任魏郡（今河北临漳）太守，魏郡遭受水灾，黄香作为太守，尽其所有，赈济灾民。黄香著有《九宫赋》《天子冠颂》等。

俗话说："忠臣出于孝子之门。"在家能孝敬父母，于国则成为忠臣良将。因为，孝心可以推而广之，对父母的爱，可以化为对民众的爱、对国家的爱。如今，大部分家庭夏天有电扇、空调，冬天有暖气，生活比过去舒适幸福多了。当然，随着人民生活水平的提高，随着电扇、空调和暖气的普及，似乎不再需要给父母扇扇子、暖被窝了。但人的一生，孝敬父母的初心不能变，良心不能坏。

如今，不少年轻人成家立业之后，只知道追求小家庭的舒适甚至豪华，却对父母的饮食起居、冷暖关心不够。因此，为人子女，要学习黄香那份孝心。孝敬父母要从小事和细节做起，日常生活起居、家长里短等烦琐之事皆要想得周到，尽量做得完美，让父母放心满意。在日常生活中，子女起心动念，要时刻感念父母的恩德，体会父母的感受，切实尽到为人子女的义务与责任。

【人物】

舜　帝

舜，是中国历史及传说中的重要人物，是五帝之一。舜，名重华，生于姚地（今河南濮阳），故姓姚。舜为四部落联盟首领，以受尧的"禅让"而称帝于天下，其国号为"有虞"。

舜帝摄政28年（尧帝在世），尧帝去世后，舜帝执政39年，传说舜年近百岁才去世。舜帝一生倡导仁孝，要求人民"行厚德，远佞人""直而温，宽而栗，刚而无虐，简而无傲"，孝敬父母，和睦邻里。在舜帝的治理下，政教大行，八方宾服，四海咸平。

司马迁的《史记·五帝本纪》称"天下明德皆自虞帝始"。舜帝也被后人奉为二十四孝之首。舜帝的后裔以姚姓为主脉，至今舜帝的后裔遍布中华大地及世界诸国。

【嘉言】

子曰："夫孝，天之经也，地之义也，民之行也。"

出自《孝经·三才》。

孔子认为，孝是天经地义之事，也是民众的自然行为，是人本来就有的德行。孝上承天，下接地，是天地本性在人身上的体现，是自然而然的行为。

天有日月星三光照射，能够四季运转而永不停息。天以运行不息，涵养万物为常，此乃天之经。地有金木水火土五行之性，能长养万物为宜，此为地之义。人得天之性，则为慈为爱；得地之性，则为恭为顺。慈爱恭顺，与孝道相合，故为民之本分，也是人的根本德行。

【故事】

孝感动天

在古代，中华民族出了三位贤明的帝王：尧、舜、禹。他们皆以德行至大而受四方举荐登上了帝位。这其中，舜因为至孝德行而感动天地，被尧帝选为继承人。舜帝尽孝的故事被列为历代孝德孝行故事之首。

尧帝十八岁称帝治理天下，到八十六岁时，觉得自己年纪大了，希望能找到一个合适的人继承帝位。于是他征求群臣的意见，没想到众位大臣一致推荐耕地的舜，因为舜是一个闻名天下的孝子。

舜即位之后，国号为"虞"，历史上称他为"虞舜"。据说，舜是帝颛项（颛顼为黄帝次子昌意之子）的后裔，但传到舜已经五辈都是庶人了，家境非常贫寒。舜的父亲叫"瞽叟"（瞽，读音 gǔ），是一个不明事理又特别顽固的老头，这个瞎老头对待儿子舜特别不友好。舜的母亲叫"握登"，非常贤良。但不幸的是，在舜很小的时候，生母就过世了。于是父亲又娶了个老婆。

俗话说："有后娘，就有后爹。"传说，舜的后母是个无妇德之人。尤其生了弟弟"象"以后，后母特别偏爱弟弟，父亲也偏爱后母与幼子。于是，父母和弟弟三个人经常合起伙来欺负舜，想害死他，多次设计陷害他。

有一次，父亲让舜修补谷仓的仓顶，舜正在仓顶忙着干活之时，父亲和弟弟偷偷撤掉了梯子，并在谷仓底部四周放了干柴，还点着了火，打算烧死舜，幸亏舜在仓顶预先放置了两个斗笠。舜看到谷仓着火了，就拿起斗笠，像鸟一样飞了下来，才逃过了一劫。

又有一次，父亲让舜挖掘井里的淤泥，当舜正在井下干活时，父亲与弟弟把土块和石子儿往井里填，打算用土石将舜埋葬在井里，舜又从预先挖掘好的地道逃脱了。父母和弟弟三番五次迫害舜，然而舜却丝毫不记恨他们，仍对父亲恭顺，对弟弟慈爱。他的孝行终于感动了天帝。舜在厉山耕种时，大象替他耕地，小鸟代他锄草。

帝尧听说舜对父母十分孝顺，有处理政事的才干，就把两个女儿娥皇和女英嫁给他。帝尧还让九个儿子在舜的领导下做事。经过多年观察和考验，尧帝才选定舜为继承人。可是，当舜继承王位后，他并没有感到特别欢喜，反而伤感地说："即使我今天成为了天子，父母依然不喜欢我，我作为帝王又有什么用呢？"舜发自肺腑的感慨之语及其孝行，碧血丹心，令人感动。皇天不负苦心人，舜的孝心孝行，终于感化了他的父母，也感化了弟弟。

传说，舜帝南巡时，战胜了九嶷山上的九条恶龙，治理了当地的水患，但因劳累过度而死于苍梧。正妻娥皇和妃子女英南下四处寻找舜帝，终于在湘江边九嶷山的三峰石畔找到了舜帝的坟墓。二人悲痛欲绝，啼哭了九天九夜，最后流出的泪水都带血，血泪溅到九嶷山的竹子上，竹竿上便呈现出点点泪斑，有紫色的，有雪白的，还有血红的，这便是"湘妃竹"。随后，娥皇与女英跳入了波涛滚滚的湘江，化作湘江女神，人称湘君（娥皇）与湘妃（女英），后人合称两人为湘夫人。

大舜能在顽父后母跟前尽了孝道，对劣弟象和灵妹（传说舜帝还有一个心灵手巧的妹妹。象弟和灵妹皆是后母所生）全了悌道，可谓孝悌之楷模。正是这颗孝悌之心，滋养了他的仁德之心与宽厚胸怀。这正是他以天下为己任、经天纬地的原动力。《二十四孝》有诗云："队队春耕象，纷纷耘草禽。嗣尧登宝位，孝感动天心。"

孟子曰："舜何？人也；予何？人也。有为者亦若是。"这不仅是亚圣孟子的感慨与感动，也是孟子见贤思齐，弘扬仁义善道的决心与信心。其实，虞舜能够做到的，我们也能做到，因为我们都是人，每个人都有一颗善良、仁慈、恭敬、挚爱的心。

【附记】

在古代传说中，尧帝有两个女儿，长女曰娥皇，次女曰女英，二女聪慧端庄贤淑，姐妹俩同时嫁给舜为妻。娥皇为皇后无子，女英为妃生子商均。姐妹俩用智慧和宽容，极大地成全了舜的名声，还巧妙地化解了家庭危机，天下皆称二妃聪明贞仁。《列女传》将"皇英"列为"母仪传"第一，称"二妃德纯而行笃"。

九嶷（读音 yí）山，又名苍梧山。位于九嶷圣地、德孝之源，国家历史文化名城——宁远县城南，属南岭山脉之萌渚岭，南接罗浮山，北连衡岳。这里峰峦叠嶂，深邃幽奇，千米以上高峰有 90 多处，多为砂页岩、花岗岩、变质岩组成。素以独特的风光、奇异的溶洞、古老的文物、动人的传说，驰名中外，令人神往。《史记·五帝本纪》上说："南巡狩，崩于苍梧之野。葬于江南九嶷，是为零陵。"九嶷山得名于舜帝之南巡。境内有舜源、娥皇、女英、杞林、石城、石楼、朱明、箫韶、桂林九座峰峦，其中舜源峰居中。《水经注》云："苍梧之野，峰秀数郡之间，罗岩九峰，各导一溪，岫壑负阻，异岭同势。游者疑焉，故曰：九疑（嶷）山。"

出必告，反必面。居有常，业无变。

【译文】

外出离家时，必须告诉父母，自己要到哪里去，回家后要当面向父母禀报，让父母安心。平时生活起居，要保持正常有规律，做事应符合常规，不要任意改变，以免父母忧虑。

【注释】

"出必告"中的"告"字古音为 gù，今读音为 gào，其意思是"禀告"，以恭敬的态度告知。

"反必面"中的"反"同"返",其意思是"从外面回到家","面"是指"见面"或"面见"。

"居有常"中的"常",其意思是"正常""常规",有一定的规律。

【解析】

俗话说:"不当家不知柴米贵,不养儿不知报父母恩。"

有了孩子,做了父母,自然就多了一份爱意与牵挂。做父母的都希望孩子平安幸福。孩子不仅要体会父母的艰辛,还要体会父母的牵挂。不论是出门在外,还是回家看望父母,都要提前告诉父母一声。工作若有变动,最好提前征求父母等长辈的意见。有什么事,最好事先与父母沟通,以免父母牵挂,便于消除上一代与下一代的隔阂,从而增强自己对父母的善意与敬意。

沟通是一项技巧,也是管理的基本技能,还是生活中不可或缺的艺术。经常与父母心平气和地沟通,才能营造和谐的家庭氛围。做人要树立感恩意识,时常感念父母。

【人物】

大 禹

禹,姒(读音 sì)姓,夏后氏,名文命,字高密,号禹。后世尊称大禹,夏后氏首领,传说为帝颛顼的曾孙,黄帝轩辕氏第六代玄孙。

《史记·夏本纪》载:"禹者,黄帝之玄孙而帝颛顼之孙也。"他的父亲名鲧(读音 gǔn),为伯爵,世称"崇伯鲧"或"崇伯",他的母亲为有莘(读音 shēn)氏之女,名女志,也叫脩(读音 xiū)己。禹在幼年之时,就跟随父亲鲧东迁,来到中原。其父鲧被帝尧封于崇。

相传,禹因治理黄河有功,初被封为夏伯,故称"伯禹",后受舜禅(读音 shàn)让而继承帝位。禹是禅让制度下产生的最后一个部落联盟首领。在诸侯的拥戴下,禹之子启以阳城为都城建国,国号夏。并分封丹朱于唐,分封商均于虞。

禹之子启是夏朝的第一位天子。禹是中国古代传说中与尧、舜齐名的圣贤帝王,他最卓著的功绩就是治理洪水,又划定中国版图为九州。禹死后安葬于会稽山上(今浙江绍兴市南),现仍存禹庙、禹陵、禹祠。从夏启开始,历代帝王大都来禹陵祭祀。

【嘉言】

管子曰:"志毋虚邪,行必正直。游居有常,必就有德。"

出自《管子·弟子职》。

其意思是说,一个人心志不可虚邪,行为必须正直。出外居家都要遵守常规,一定要多接近有德之士。做人就要浑身正气,不虚伪,不奸邪,不阿谀奉承,坚定不移地走正道,求真知,才能立德树人。

【故事】

克 勤 克 俭

上古尧帝的时候,洪水遍地,百姓们不能安居,尧帝派鲧去治理水患,可是鲧治了九年也没有把洪水治好。

后来,舜当了帝王,他将鲧革职并用鲧的儿子禹治水。禹的名字叫文命,是黄帝的后代,后人尊称为大禹。大禹是中国古代最有名的治水英雄。大禹为人聪明机智,和蔼可亲,又意志坚强,非常讲信用。

大禹接受治水任务时,刚在绍兴娶涂山氏为妻,结婚才四天。可是为了天下黎民百姓,大禹毫不犹豫地告别妻子,与大臣益、后稷一起启程赴任。大禹到任后,吸取父亲鲧治水的经验教训,开动脑筋,克勤克俭,努力实践,终于找到了合理的治水方法。他认为,父亲用堵的方法是行不通的,只有劈开大山,开挖大河,让洪水顺着河道流入大湖大海,才能根治洪水。

因此,他不辞辛劳,日夜苦干。不论是酷暑还是寒冬,大禹顶着风霜雨雪,奔波劳碌,治理水患。他的儿子生下之后,他也没有回家看一眼。在治水期间,大禹离开家乡和亲人十三年,曾经三次路过家门,可是他一次也没有进家里去看一下。

大禹带着人们治水,先从帝都冀州开始,完成了壶口工程。洪水终于被驯服了,顺着河道流向大湖、大海,艰苦卓绝的治水斗争终于取得了彻底胜利。由于大禹治水有功,舜就把王位禅让给了他。后来,大禹的儿子启继承王位,建立了夏朝。

事虽小,勿擅为。苟擅为,子道亏。

【译文】

不要因为是很小的事情,就不禀告父母,而擅自作为。假如擅自作为,就不合乎为人子女之道了。

【注释】

"苟擅为"中的"苟",读音gǒu,其意思是"如果""假使""假如"等。

"擅",读音shàn。《说文解字》上说:"擅,专也。""擅"是指擅自的意思。

【解析】

在东西方文化中,西方强调个人自由,东方强调家庭责任。个人是欧美等西方社会的基本单元,家庭则是中国等东方国家的基本单元。西方的主流价值观是个人主义,东方的主流价值观是集体主义。

家有家规,国有国法。家长,就是一家之长。在子女未成家立业之前,一个家庭的家长一般是父母,父母负责对子女及家庭进行管理。做子女的有事,应该向家长汇报,尤其是重要的事情最好别擅作主张。如果养成了擅作主张的习惯,将来到了社会上,也往往不讨人喜欢。在家庭中,有事向父母请示,这是孝的养成。在工作中,有事向领导请示,这是忠的养成。别看这些都是小事儿,却能养成忠孝的家风与国风。当今社会,倡导人权、民主、和平等,孩子有自己的自由与权利,也有自己的生活空间。父母不能以孝顺为名,无缘无故剥夺孩子的自由与权利。

因此,在家庭中既要重视民主氛围,切实培养孩子独立的人格与思辨能力,又要重视培育孩子辨别是非善恶的能力。父母若有过错在先,误会或亏待了孩子,也要勇敢地承认错误,诚恳地对孩子说声"对不起"!

【人物】

周 文 王

周文王(约公元前1152年—公元前1056年),姬姓,名昌,周朝太王之孙,季历之子,华夏族,西周奠基者。其父季历死后,继承西伯(伯爵)之位,故又称西伯昌,共在位50年,享年97岁。先秦时期贵族有姓有氏,男子称氏、女子称姓。"姬昌"一说在东汉时期成型,后世遂称周文王为姬昌。

周文王是中国历史上的一代明君。他力行仁政,勤于政事,仁爱百姓,重视发展农业生产。他礼贤下士,广罗人才,拜姜子牙为军师,问以军国大计,历经艰难,大有作为,使"天下三分,其二归周"。他建国于岐山之下。在位期间,收附虞、芮(读音ruì)两国,攻灭黎(今山西长治)、邘(读音hán,今河南沁阳)、崇(今河南嵩县)等国,建都丰邑(今陕西西安),为武王伐纣灭商奠定了基础。据说,周文王被纣王囚禁于羑里期间,他将伏羲的先天八卦演化为后天八八六十四卦,后人称之为《周易》。

周文王死后,葬于陕西咸阳周陵。公元前1046年,其子周武王姬发灭商建周后,追尊他为文王。

【嘉言】

子曰:"天地之性,人为贵。人之行,莫大于孝。"

孔子认为,在天地万物之间,人是最为尊贵的。人为什么尊贵呢?那是因为人得到了天地至善的本性,能够表现出弥足珍贵的品德。人的本性是通过德行体现出来的,在人的诸多德行中,最重要的德行就是对父母的孝敬。

孝承接了天地自然的本性,是人世间的普遍规律。一个人拥有了孝德,就可以和睦家庭,教化子女,感化家族、亲朋、邻里,从而影响更多的人,促进社会向上、向善、向前。

【故事】

敬 亲 尊 贤

在中国五千多年的文明史中,周朝从建立到灭亡历经约八百年,其存续的时间最长,历史最为悠久。周朝之所以能历经风雨沧桑而存续约八百年,就是源于家庭的孝悌之道。

据说周文王将要出生的前一天晚上,他的母亲太任梦见了祥瑞之兽麒麟。他出生那一刻,天上现出了火红的祥云。在他刚出生时,还有一个小鸟(也有人说是凤凰)叼着一卷丹书飞到他母亲的产房里。

传说丹书上写着一段文字:"敬胜怠者吉,怠胜敬者灭;义胜欲者从,欲胜义者凶。凡事不强则枉,不敬则不正;枉者废灭,敬者万世。以仁得之,以仁守之,其量百世;以不仁得之,以仁守之,其量十世;以不仁得之,以不仁守之,不及其世。"

其大概意思是:一个人如果能心存敬畏,喜好仁义,则能吉祥如意;如若消极懈怠,为所欲为,则自身难保。一个国家,若能以仁义进行治理,则国运昌盛,永世长存;若是不仁不义,国运必然衰落,国家就会加速灭亡。

太王公禀父听说这个孙子在出生之时,有诸多祥瑞出现,就赶着去看望。他看到这个孙子龙颜虎背,有仁君之相。于是就说:"我大周国的兴旺昌盛就看这个孩子了!"太王还给孩子起名为昌。

传说,周文王从小就很懂事,非常孝敬自己的父母。对他的父王季历都是早上、中午、晚上一天三次问安，真的是晨省昏定。文王三次探望父亲，一是看看父亲的气色好不好，饮食如何，再通过与父亲沟通，了解父亲内心是喜是忧。假如父亲气色很好，进食也好，他就非常欣慰；假如父亲气色不佳，吃得又少，他就很为父亲担忧。

周文王以孝当先的行为，也深深地影响了儿子武王和周公。据说，有一次周文王卧病在床，周武王服侍在榻侧，十二天都没有宽衣解带，连帽子也没有摘下来。正是武王的精心侍奉，父亲的病很快就好起来了。周文王将孝道推广为仁道，一生尊老敬贤。传说，周文王在渭河河畔访到钓鱼的姜子牙时，姜子牙已经七十五岁高龄了。听其一席话，周文王就知道姜子牙胸藏韬略，学富五车，正是自己苦苦寻觅的圣贤。

他打算拜姜子牙为军师保周朝。姜子牙的条件是一不骑马，二不坐轿，要坐文王乘坐的辇（读音 niǎn，古代帝王乘坐的车称为辇），还要文王亲自驾辇拉着自己。据说，周文王心地仁厚，特别尊敬贤良。他不但没有生气，还按照姜子牙所提出的条件，亲自驾辇拉了姜子牙八百零八步。古代的辇都很沉重，要用好几匹良马才能拉得动。文王在泥沙俱存、坎坷不平的河畔独自拉着辇车，非常吃力，也特别费劲。文王累得大汗淋漓，腰酸腿软。拉了一会儿辇车，文王就再也拉不动了。

姜子牙就说："我给你数着呢，你一共拉了我八百步，我保你大周朝八百年。"文王说："我稍微歇歇，再拉你一段吧！"姜子牙说："天机不可泄露，一旦泄露，再拉也就不灵了。"于是周朝历经约八百年，成为历史上最悠久的朝代。

【附记】

羑，读音 yǒu。《说文解字》上说："羑，进善也。从羊久声。文王拘羑里，在汤阴。"羑里在当今的河南省汤阴县北。羑里北约一公里有羑水，今称羑河，季节性河流。今建有羑里文化城，1996 年批准为全国第四批重点文物保护单位，为国家 4A 级风景区。

物虽小，勿私藏。苟私藏，亲心伤。

【译文】

东西即使很小，也不能私自隐藏。如若私藏，就失了德。父母一旦知道了，就会非常伤心。

【注释】

私，读音 sī。《说文解字》上说："私，禾也。北道名禾主人曰私主人。"其意思是说：私，禾谷。字形采用"禾"作偏旁，"厶"是声旁，读音 sī。北方习惯叫禾谷主人为"私主人"。清代段玉裁注："盖禾有名私者也。""禾"指"谷物"。"厶"是"私"的古字。"厶"意为"自我"。"禾"与"厶"联合起来则表示"自留口粮"。引申为：个人的，自己的，非公的。

藏，读音 cáng。意为：隐藏，潜匿，收藏，储藏。《说文解字》上说："藏，匿也。"

【解析】

作为社会的基本单元，家庭就是一个小集体。对每个成员而言，家庭以共有制为基础，家里的财物都属于每个成员共同拥有。因此，每个成员都有爱家并维护家庭共同利益的义务与责任，不能私藏父母或大家庭的财物。即使在三个人的小家庭中，也要培养独生子女的公心，树立集体主义价值观，养成爱家庭、守规矩的良好习惯。这种集体主义价值观是个人一生中最为重要的精神财富。好的家规家训家风，都非常重视培养这种精神。有了家庭集体精神，当子女长大了，就能更好更快地融入各类社会组织中。

俗话说："小时候，小偷小摸；长大了，杀人放火。"家有家规，国有国法，不同民族、不同区域有不同的风俗习惯。若一个家庭没有规矩，孩子就会养成没大没小的习惯。将来长大了也漠视规矩，眼里往往没有国家的法规法纪，极容易违规犯错。若父母爱贪小便宜，也会养成孩子爱贪小便宜的习惯。贪图别人的小便宜，早晚吃大亏！俗话说："吃亏是福。"父母要率先领悟"吃亏是福"的道理，并以身作则教育孩子，孩子就会养成不占别人便宜的好习惯。

俗话说："千里之堤，溃于蚁穴。"《韩非子·喻老》上说："千丈之堤，以蝼蚁之穴溃；百尺之室，以突隙之烟焚。"《后汉书》上说："堤溃蚁穴，气泄针芒。"所谓千里大堤，常因蚂蚁洞穴而崩溃。此成语用来比喻小善不为，小恶不禁，小事不慎，就会酿成大祸。在家里不善的小行为，不仅自己容易忽视，连父母也往往不够重视。孩子在家中，有些小毛病，大人也不怎么责罚，甚至还包庇纵容。一旦孩子养成了坏习惯，就会因小失大。在家瞒着父母擅自作为，在工作单位就可能瞒着领导为所欲为。在家里瞒着父母私藏财物，在工作单位就可能贪占公款，甚至走上贪污犯罪之路。

【人物】

孟　子

　　孟子（约公元前372年—公元前289年），名轲，字子舆（读音yú），邹国（今山东邹县）人，战国时期著名的思想家、政治家、教育家。

　　孟子幼年丧父，母亲历尽艰辛将孟子抚养成人。孟母为了给孟子找个舒适的学习环境，曾经三次搬家，最后搬到学宫附近，这就是历史上有名的"孟母三迁"。

　　孟子从小便受到母亲的严格管教，据说他自从搬到学宫附近，就开始认真读书，但稍大一点后，孟子变得十分贪玩。孟母为了警醒孟子，便剪断了织机上的麻布，她要孟子勤奋读书，要不然将会像被剪断的麻布般，变成废物。从此，孟子牢记母亲的教诲，发奋读书，立志成材。孟子长大后，被孔子的儒家思想深深吸引，决定离开邹国，前往孔子的家乡鲁国求学。孟子的老师是孔子的孙子子思的门徒。通过学习，孟子认为孔子是有史以来最了不起的人，于是他立志继承发展孔子的思想，将其发扬光大。孟子潜心研究，终于名声大噪，并成为儒家第二位大师，被人尊称为"亚圣"。

　　孟子奉行"仁政"思想，决定向天下推行"仁政"之思想。最初邹国和鲁国的国君时常向他请教经世治国之道。但是像邹、鲁这样的小国，很难实现孟子"仁政"的抱负。他决定带着学生到东方大国齐国去，是年四十岁左右。孟子本想"一鸣惊人"，但齐威王奉行法家的思想，所采取的政策是训练精兵，使国家更为富强。齐威王对孟子的思想毫不理睬，孟子只被任为客卿。孟子听说宋王偃将要推行"王政"，大约在公元前323年，他离开齐国奔赴宋国。但宋王偃并不打算接受孟子的主张，孟子只得"远行"，回到他的家乡邹国。公元前322年，鲁平公即位，孟子的弟子乐正子在朝为官。孟子赶赴鲁国，在乐正子的推荐下，鲁平公准备乘车去见他。但因嬖（读音bì，指宠幸）人臧仓进谗，说孟子"后丧逾前丧"（即厚葬其母超过了安葬其父亲的标准），不能算作贤者，于是鲁平公取消了这次会见。孟子在失望之下又只好返回邹国。

　　刚即位不久的滕文公礼聘孟子去滕国，孟子在滕很受滕文公的敬重。于是孟子系统地推出了他的"仁政"主张，并教之以"小国事大国"之道。大约在公元前320年，孟子听说梁惠王"卑礼厚币以招贤者"，就离开滕国赶赴魏国，来到了魏都大梁。孟子一到魏国，梁惠王就向他请教治国之道，孟子以"先义后利""与民同乐""勿夺农时""谨庠序之教""施仁政、省刑罚、薄税敛、深耕易耨"等一系列政见折服了他。可是，第二年梁惠王就死了，未能实行孟子的主张。他的儿子梁襄王即位，孟子认为他不像是一个有所作为的国君，就失望地离开了大梁。

公元前 320 年，齐威王驾崩。齐宣王即位，他喜爱文学游说之士超过了梁惠王。淳于髡（读音 kūn）、邹衍、田骄、环渊等著名学者云集齐国，宣王以礼相待，并赏给他们大夫的俸禄，使他们可以"不治而议论"国事。孟子得知消息，便带领弟子，前往齐国。在齐国，孟子受到了从未有过的礼遇，齐宣王授予他"卿"之高位，派他出使滕国，并屡屡向他问政，但最终孟子的"仁政"思想也未能在齐国实施。之后，孟子又去了宋国。

公元前 312 年，孟子由宋国回到家乡邹国。他游说过许多诸侯，遍历齐、魏、宋、鲁、滕诸国，奔波劳累了 35 年却始终无法实现自己的"仁政"理想，无奈只好归隐故乡，一边从事教学，一边同他的弟子万章、公孙丑等人合著《孟子》一书，记叙他的生平，阐述其思想学说。公元前 305 年，孟子死于家乡邹国，享年 84 岁。

【嘉言】

孟子曰："不孝有三，无后为大。舜不告而娶，为无后也。君子以为犹告也。"

孟子说："不孝的情况有三种，其中以没有后代的罪过为最大。虞舜没有禀告父母就娶了妻子，其所为是担心没有后代。因此，后世正人君子认为他虽然没有禀告，但实际上和禀告了是一样的。"传说，虞舜的妻子是娥皇与女英，其婚姻是尧帝所赐。他虽未来得及禀告父母，却受天子之命，不得不从。俗话说，天命难违啊！

《十三经注疏》中在"无后为大"下面有注："于礼有不孝者三，事谓阿意曲从，陷亲不义，一不孝也；家贫亲老，不为禄仕，二不孝也；不娶无子，绝先祖祀，三不孝也。三者之中无后为大。"

这段话的大概意思是，不孝父母的情况有三种：一味顺从，甚至阿谀奉承，见父母有过错而不劝说，使他们陷入不义之中，这是第一种不孝。家境贫穷，父母年老，自己却不去当官赚俸禄来供养父母，这是第二种不孝。不娶妻生子，断绝后代，无人继承香火，这是第三种不孝。在三种不孝的情况中，以无后代为最大的不孝。

古代的"无后"主要指没有男性后人。因为在古代，祭祀是男人的事，氏族也以男人的姓相传，而汉族又非常重视子孙对先祖的祭祀。如果没有子孙后代相传，也就是"绝户"了。

当今，提倡男女平等，生男生女都一样，女孩子也是后代，千万不能只重男而轻女。现代流行"独身"和"丁克"一族。丁克的名称来自英文"Double Income No Kids"（双收入，没有孩子）四个单词首字母"D、I、N、K"的组合——DINK的谐音。随着社会的进步与发展，当今对夫妻有无后代，以及后代是男是女，也看得不是那么重了。

不过，在华人社会，恐怕大多数人仍认为，没有后代是人生的一种缺憾。当然，子女是否结婚？要不要孩子？是他们的人生选择，也是一项重要权利，父母不要过多地干涉。结婚、离婚、生养子女都是法律赋予公民的神圣权利。尤其生育权是夫妻双方在相互尊重的基础上的一种权利选择，即便是亲生父母，恐怕也无权干涉。

在人权普遍得到重视的当今社会，我们也没有权力非议别人生不生孩子。何况有些独身者或丁克一族过得很潇洒，日子过得有滋有味，自我感觉也挺幸福。何况，当今每个人都忙碌着，人们的生活压力巨大，谁还顾得上管别人生不生孩子呢！原先的一孩计划生育政策取消后，允许一对夫妻生两个孩子，后来又出台了"三孩"政策。但是，随着生育和养育成本急剧上升，人们生二孩或三孩的积极性并不是特别高涨。

【故事】

孟 母 教 子

中华文明，人文荟萃，星汉灿烂，折射出母教的春晖。中国母亲，自古以来就注重母教对子女成长的影响。她们在教育后代的过程中，表现了高尚的道德情操、卓越的教育艺术、伟大的人格修养，培育出一代又一代的鸿儒硕学。孔母颜徵在的故事寓伟大于平凡之中，而孟母仉氏的故事则是寓伟大于智慧之中。

中国古代大思想家孟子的母亲仉氏[①]，就是这样一位女性。有的学者认为孟子的母亲仉氏出生在战国时期山东邹城凫村[②]。孟子能成为"亚圣"，得力于他的母亲。

在孟子三岁时，孟子的父亲去世了，于是孟母一个人含辛茹苦，以贤良

---

① 孟子母亲仉氏的"仉"，读音zhǎng，音"掌"。汉语字典解释"仉"，仅用于姓氏。
② 凫村，隶属于曲阜市小雪街道办事处管辖。孟子的母亲在白马河畔洗衣，见凫鸟落于水，视为吉祥物，故取名为凫村。凫，读音fú。凫又称鹜（读音wù），俗称野鸭，生长在江河湖泊中。山西省古典文学学会副会长、山西省社会科学院研究员孟繁仁认为，孟母仉氏真正的故乡是在山西省晋中市太谷县范村镇。

的品格，精心培养儿子。正是这位母亲教子有方，注意环境对幼儿的影响，寓教于喻，以母行母德做孩子的表率，才使孟子有了求知的欲望、诚实的品格、勤学的毅力，为孟子成为儒家大师奠定了基础。孟母也因为培育出了一位历史名人而被尊为母教母仪的首位楷模。

约在公元前372年，正当列国争雄之时，山东邹地诞生了一个男孩，父母为他取名孟轲。他就是日后中国著名的大思想家孟子。孟家是春秋鲁国公族孟孙氏的后代。孟轲三岁时，父亲亡故，母亲仉氏将儿子一手带大。孟母对儿子寄予厚望，期待孟轲能读好圣贤之书，长大之后好好干一番事业。

孟轲家原来住在一块墓地附近，筑墓下葬之事时有所见。故小孟轲对此耳濡目染，常模仿些丧葬的游戏。孟母见此想道："这种丧葬的游戏对儿子日后习性影响不好，应加以劝阻才是。"可又想："劝阻未必事如人愿，总不能整天把孩子关在家里吧。"想来想去，孟母认为此地不宜久住，就把家搬到街市上去了。

街市上店铺林立，人群熙攘，莫不言利。孟子的新家恰好与一家肉铺相邻，孟子耳濡目染的是做买卖的讨价还价声，以及牲畜临死的嚎叫声。喜好模仿大人的孟轲，也学起商人的模样，玩起了屠户杀生的游戏。孟母见状，心里又犯愁了。这么小的年纪，就向往经商赚钱，对孩子成长不利，而且孩子也快到上学的年龄了，应该让他学点读书人的样子。孟母觉得，住在街市，生活虽方便，但对儿子的成才却未必有利。思量再三，她感到街市也不是久居之地。于是又不嫌其烦地搬了一次家。

孟母这次吸取了以前的教训，把家搬到了一所学校附近。这里来来往往的大多是读书求知之人，举止得体，谈吐高雅，有翩翩君子之风。正所谓近朱者赤，近墨者黑。孟轲在这种氛围的熏陶下，也学会摆起祭礼器具，演习朝会等场合中必不可少的揖让进退的礼节。举手投足之间，俨然像个小小读书郎了。

孟母看到儿子的这副模样，忍俊不禁，心中大喜："这个地方才是我儿子的长居之地啊！"环境的熏陶，潜移默化地激发了孟子的求知欲望。在母亲的精心训导下，孟子终于学成六艺，成为一代大儒。

孟轲后来深有感触地说："富岁，子弟多赖；凶岁，子弟多暴，非天之降才尔殊也，其所以陷溺其心者然也。"这段话大意为："丰年，年轻人多半懒惰；荒年，年轻人多半强暴，不是天生的资质不同，是由于不好的环境使他们的心思变坏了。"孟子以此来说明有些人学坏，并非天生如此，而是受到环境的影响。孟子还指出后天教育对人成长的作用，孟子认为："饱食、暖衣、逸居而无教，则近于禽兽。"

"孟母三迁"不仅对孟轲影响深远,后人也倍加颂扬。元代滕仲礼《有怀》赞曰:"三徙终蒙黄卷力,百年不假白头亲。""三迁"或"三徙"的故事在民间流传,成了历代母亲教子成才的典范和榜样。明代杰出科学家宋应星的母亲魏氏,也经常用"孟母三迁"的故事来启发儿子,希望宋应星能刻苦读书。她的愿望没有落空,宋应星日后果然成才。

当孟轲母子还在街市居住的时候,市面上有许多卖肉的摊子。孟轲每每见到,就仿佛闻到了鲜美的肉味。可是孟母仅靠织布为生,家境并不宽裕,所以他们家吃肉的机会也不是太多。有一天,孟轲听到东邻传来了一阵阵猪叫声,跑去一看,原来是那户人家在杀猪。他连忙去问母亲:"娘,为什么那户人家要把养的猪杀掉呀?"正在干家务活的孟母听罢,不假思索地脱口答道:"傻儿子,杀猪给你吃呗!"孟轲一听,高兴得两手一拍:"啊,有肉吃了!有肉吃了!"说完就连蹦带跳地玩去了,望着儿子那信以为真的样子,孟母这才恍然大悟。她放下了手中的活,后悔莫及,自言自语道:"幼子常勿诳,童心不可欺。还在怀着他的时候,我就以此自勉,现在他刚刚懂事,我就来欺骗他。没有肉吃事儿小,但他以后如果也学我的样子去骗别人,这岂不是我教他不诚实吗?"想到这里,孟母感到一阵内疚。为了弥补自己刚才随口说出的话可能会产生的不良影响,虽然日子过得艰辛,她仍特地花钱去买了一块肉,回家后烧得香喷喷的给儿子吃。看到孟轲吃得津津有味的样子,母亲舒心地笑了。

孟轲到了上学的年龄后,母亲就送他去读书了。刚开始的时候,孟轲读得还不错,可久而久之,他就对那些诗书感到厌倦了。毕竟是孩子,玩兴正浓,稍微放松管教,便荒废学业。有一天,孟轲正在读书,母亲不在身边,他便把书本一放,看着窗外鸟语花香的景色出神。外面传来孩子们在草地上嬉闹游玩的欢笑声。顽皮的孟轲见此,心里就发痒了。他趁先生没有注意,偷偷地溜了出去,玩了一个痛快。

孟轲回到家,孟母正在织布。一看到儿子身上那脏兮兮的样子,孟母心里便明白了一切。她问儿子:"下课了吗?"孟轲倒也诚实,回答说:"是我自己回来的。"孟母听罢,起身把儿子拉到织机前,拿起一把织刀,把自己辛辛苦苦织的布一刀刀割断。孟轲看到这一情形,知道母亲发了脾气,心里害怕。孟母说道:"你中途废学,就像我这块布,没有织完就被割断。要想成为一个有用的人,就得有学问,学才能成器,问才能博闻,所以要一心一意地求学,只想玩耍将来必是一事无成。就像这块布,原本是一寸一寸织起来的,现在中途割断,就前功尽弃了。读书也是这个道理,要不断学习,持之以恒才能读好。学了一点就不愿坚持下去,也和这块布一样没有用了。"

孟母断织训子，使孟轲深受教育。从此他发奋读书，勤学不息。每当玩心过重时，只要想起母亲的那一席话，便能自觉加以收敛，学业日有长进。后来，他拜子思的门徒为师，刻苦研究先圣学说，继承和发扬了孔子的思想，终于成了继孔子之后的第一位儒学大师，被后人尊称为孟子。后人的诗文，也多以孟母断织作为颂扬母德的典故。如唐初文坛四杰之一的骆宾王有云："加以承断织之慈训，得锐志于书林；奉过庭之严规，遂容情于义圃。"

后来孟子长大娶了妻。有一天他从外面回来，没有吭声就闯进了卧室，却看见妻子正叉着双腿仰坐在床上，见到他时，已来不及端正身形。孟子特别不高兴，于是就跑去跟母亲诉说："我妻子不讲礼节，我要休掉她。"孟母忙问为什么要这样做。孟子说："我进卧室时，她竟然叉着双腿仰坐在床上，根本不懂得礼节，难道这还不应该休掉吗？"孟母一听马上明白了缘由，便说："进卧室前要先跟里面的人打声招呼，这是古已有之的礼节。人在卧室中处于放松状态，各种休息姿势都是可能有的。你进卧室前没跟妻子打招呼就直接闯进去了，所以她叉着腿也来不及改换姿势迎接你，弄得她惊慌失措是你不懂礼貌，而不是她不懂礼貌。"孟子听后非常惭愧，连忙进屋给妻子道歉。

孟轲之母因为"孟母三迁""断机教子"等故事而成为中国历史上母教的典范。孟母教子的故事，经西汉著名学者刘向编著《列女传》和晋代大画家顾恺之作《传珍重图》后，更是千古传颂，成为家喻户晓的教子楷模。

亲所好，力为具。亲所恶，谨为去。

【译文】

父母所喜好的东西，应该尽力去准备。父母所厌恶的事物，要小心谨慎地去除。

【注释】

"亲所好"中的"好"是指"喜好""喜爱""爱好"等。

"力为具"中的"具"是指"准备""备办""具足""完备"等。

【解析】

《说文解字》上说："好，美也。"

人生追求美好，人人喜欢美好生活。家庭和睦是美好生活的基础。我们要让父母过上幸福美好生活，孝是最根本的。要很好地尽孝，必须做到细心细致，真正了解父母的喜好、爱好、习惯，从而在日常生活细节上做好充分的准备，以便尽好孝道。当然，父母的喜好，也未必都符合道德。这需要子女判断，对父母的不良偏好，也不要轻易迁就。

《说文解字》上说："具，备也，办也。"

"具"是个会意字，其甲骨文的字形，就像两只手端着盛有食物的鼎，恭恭敬敬侍奉长辈食用。因此，孝敬父母最重要的是恭敬的态度与悉心的行为。当然，父母有不好的嗜好，尤其是恶习，孩子也不能简单地迎合，而应该对父母进行规劝。

当今，不管是城市，还是乡村，都有不少棋牌社。老年人，甚至一些中青年人，也常去玩一玩。有些人就此染上了赌博的陋习。对这些陋习当子女的应该及时劝谏，让父母改正。当然，做父母的也要经常反省自身行为是否符合道德？对教化子女是否有益？有些父母爱慕虚荣，追逐名利，孩子就容易学到虚荣，导致重利轻义，甚至利欲熏心。在生活中，我们不要过多地责问父母慈不慈？而应多反问自己孝不孝？自己该尽的义务与责任，一定要承担起来！俗话说："父子天性，母子连心。"孝敬父母一定要重视细节，从小处入手，尽力而为。

【人物】

契

契（生卒年不详），子姓，名契，又名卨，别称"阏伯"。契和卨都读音 xiè。阏，读音 yān。契是帝喾与简狄之子、帝尧的异母弟。被帝尧封于商（今河南商丘），主管火正，后被舜帝封为司徒。司徒，亦曰地官，为古代六卿之一，主管教育、土地和民事。契在尧帝和舜帝的领导下，在部落中身体力行，率先垂范，积极推行五伦，对孝悌文化的形成起到了重要的推动作用。契的部族以地为号，契成为商的始祖，是商朝建立者商汤的先祖。后世尊称其为"商祖""火神"。

【嘉言】

子曰："大道之行也，天下为公，选贤与能，讲信修睦。故人不独亲其亲，不独子其子，使老有所终，壮有所用，幼有所长，矜寡孤独废疾者皆有所养，男有分，女有归。货恶其弃于地也，不必藏于己；力恶其不出于身也，不必为己。是故谋闭而不兴，盗窃乱贼而不作，故外户而不闭。是谓大同。"

这段话出自《礼记·礼运》。

与，读音 jǔ，通举，意思是推举、举荐。

矜，读音 guān，通鳏，泛指无妻之人。

孔子一生倡导公天下，推崇尧舜的禅让制。

这段话翻译成白话文则为："在大道施行的时候，天下是人们所共有的，把有贤德、有才能的人选出来，讲求诚信，崇尚和睦。因此，人们不单单奉养自己的父母，不单单抚育自己的子女，要使所有老年人能终其天年，中年人能为社会效力，幼童能顺利地成长，使老而无妻的人、老而无夫的人、幼年丧父的孩子、老而无子的人、残疾人都能得到供养。男子要有职业，女子要及时婚配。人们憎恶财货被抛弃在地上的现象，收贮财货却不是为了独自享用；憎恶那种在共同劳动中不肯尽力的行为，人要不仅仅为私利而劳动。这样一来，就不会有人搞阴谋，不会有人盗窃财物和兴兵作乱。如此，则家家户户都不用关大门了，这就是所谓的'大同'社会。"

"天下为公"是中华民族的重要思想。古人认为"家天下"是小康社会，而"公天下"才是大同社会。《礼记·孔子闲居》上说："天无私覆，地无私载，日月无私照。"天地日月有阴有阳，阴阳是客观存在。人之心有公有私，公私是一种心思，一种胸怀，一种境界，一种思想，也是一对矛盾。大公无私、先公后私，是值得人们称颂的。假公济私、背公向私，是被人们所唾弃的。当今我国已全面建成小康社会。当今的小康与古代的小康是有区别的。

【故事】

东 方 商 星

商，也是星星名。商是天上的一颗星，位居东方，是二十八宿（读音 xiǔ）中的心宿。商星也称为大火、大辰、心星、龙星。商星是古代殷商信奉的守护星。上古时期，帝喾（读音 kù）高辛氏封其长子阏伯于商丘，阏伯是帝尧陶唐氏的火正，以火纪时，祭祀大火，所以商人将龙星作为商星。

据《春秋左传·昭公元年》记载："昔高辛氏有二子，伯曰阏伯，季曰实沈，居于旷林，不相能也。日寻干戈，以相征讨。后帝不臧，迁阏伯于商丘，主辰。商人是因，故辰为商星。迁实沈于大夏，主参。"帝喾号高辛氏。"阏伯"和"实沈"都是帝喾的儿子，阏伯为长兄，实沈为三弟。"不臧"是"不满意"的意思。"大夏"位于当今的山西省太原市。《昭明文选》引宋衷曰："辰，龙星也。参，虎星也。"

古人云："最忌青龙白虎见。"青龙是中国古代神话中的东方之神，白虎为西方之神。青龙是二十八宿的东方七宿（角、亢、氐、房、心、尾、箕），形为龙，总称青龙，亦称苍龙。白虎是二十八宿的西方七宿（奎、娄、胃、昴、毕、觜、参），形为虎，总称白虎。

心星是东方七宿的第五个星宿，亦称心宿。据说，心宿是青龙的心脏。其中，心宿二，火红色，天蝎座中最亮的一颗星，它是一颗著名的红超巨星，称为大火星。大火星就是商星，是古人制定历法、参悟天时的重要天体。

杜甫《赠卫八处士》："人生不相见，动如参与商。今夕复何夕，共此灯烛光。"商星居于东方卯位（上午五点到七点），参星居于西方酉位（下午五点到七点），二者在天空相距约180°，此起彼落，一出一没，永不相见。

为人经商不仅要诚实守信，兢兢业业，踏踏实实，勤奋努力，还得不忘初心，方得始终。经商不仅要能吃苦耐劳，还得开动脑筋，不断地激发内心的思想与智慧。当我们仰望东方商星，寻找心宿之时，就可能激发心中的灵感，产生某种经商的点子与智慧。

身有伤，贻亲忧。德有伤，贻亲羞。

【译文】

如果身体受到伤害，会让父母亲忧虑。如果德行上有了缺陷，做出伤风败俗之事，就会让父母蒙受耻辱。

【注释】

贻，读音 yí，其意思是"遗留""贻害""贻累""连累"等。

【解析】

孔子在《孝经》中说："身体发肤，受之父母，不敢毁伤，孝之始也。"爱护自己的身体不仅是自爱自重的表现，也体现了孩子对父母的孝心。如果自己的身体受到了伤害，父母就会非常担忧。哪个父母不盼着子女健健康康、快快乐乐呢？如果自己做了坏事，亏了德行，父母就会感到脸上无光，甚至感到丢人或羞愧，这就伤了父母的心。

"德"字非常重要。"德"的本义是直视所行之路的方向，遵循本性本心。"德"是人们共同生活的行为准则和规范，包括品行与品质等。古人所造

"德"字本义为："正而不邪，行君子之道，即不狠不诈、不掠不盗、不强取苛求，坦然获得，无愧于心。"也可以说："德者，得也。"真正领悟了天地大道，才能在人间立德。

"德"字左偏旁为：双立人，有人在上，有人在下。"彳"即"得"，获取、获得。要获得高处的东西，一个人够不着，就得搭人梯，有人在下面，有人立在下面之人的肩膀上。试想，搭人梯，若不端正，丹田之底气不足，稍微一分心，一歪斜，上面那个人不就摔下来了。要取的东西没得到，恐怕还得把下面的人砸着。

不同层次、不同觉悟、不同境界的人，看问题高度不同，视野不同。即便两个人，如父子、夫妻、兄弟、朋友，其境界与觉悟也不一样。上面的人眼界宽、格局大、觉悟高，才能领导下面那些脚踏实地的人，下面的人才能心甘情愿托起上面的人。

中国有句老话："天外有天，人外有人。"不少人一生都在追求做人上人。事实上，人上人，不是权力大、地位高，也不是财富多，而是觉悟高、品德高、道行高。

"德"字右部上面的"十"是上下两个方位加上东、西、南、北四个正方位和东南、东北、西南、西北四个偏方位。"十"下面的"四"是四象，代表天地四方和一年四季。"四"下面是"一心"，两个人或者众人都认同，心往一处想，劲往一处使，才能一心，否则必然三心二意。修之于身，其德乃真。在家庭中，要做到齐家，需要夫妇同心同德，父母孩子同心同德，老少长幼同心同德。

从古至今，要做人，就得重视道德修养，端正品德品行。如果品德上有"硬伤"，不仅会伤及自身，恐怕还会伤及老人、夫妻、孩子以及亲朋好友。一个人在德行上一旦有了亏欠，马上要感到羞耻与惭愧，感到对不起自己，对不起父母亲人。

孟子曰："羞恶之心，人皆有之。"《说文解字》上说："羞，进献也。从羊，羊所进也。"羞，常表现为害臊、难为情，伴有的状态为脸红、体热等。不论大人还是孩子，都有羞耻之心，做错了事，都会感到害羞。孩子的德行若有了亏欠，不仅会影响父母的心情，还会让父母感到羞耻，甚至遭受羞辱。一个孝子，一定要坚持不懈地修养德行，开创事业，不能做见不得人的事，更不能做坑人害人违法乱纪的事，要多做利益人群、利益集体、利益众生、利益国家、利益社会的好事。

子女这样做，不仅光宗耀祖，更能安父母的心，父母会因此感到快乐与幸福，感到自豪与光荣。当今，不少巨贪锒铛入狱，不仅让父母、配偶、子女感到羞耻，也让祖先蒙受羞辱。因此，一个人，为民尽力，为国尽忠，立德修身，不贪图权力金钱，一心为人民、为国家、为社会做贡献，就是"大孝"！

【人物】

燧 人 氏

燧人氏，旧石器时代燧明国（今河南商丘）人。在《尚书大传》中被列为"三皇五帝"之首，奉为"天皇"，尊称"燧皇"。燧人氏在商丘发明钻木取火，成为中国古代人工取火的发明者。他还教人熟食，结束了远古人类茹毛饮血的历史，使人类与禽兽的生活习性区别开来，开创了华夏文明，被后世奉为"火祖"。传说，燧人氏生伏羲氏、女娲氏。

【嘉言】

子曰："爱亲者，不敢恶于人；敬亲者，不敢慢于人。爱敬尽于事亲，而德教加于百姓，刑于四海。盖天子之孝也。《甫刑》云：'一人有庆，兆民赖之。'"

出自《孝经·天子章》。《吕氏春秋·孝行篇》也有类似的语句。

孔子这句话的意思是："能够亲爱自己父母的人，就不会厌恶别人的父母；能够敬重自己父母的人，也不会怠慢别人的父母。以亲爱恭敬的态度与心情尽心尽力地侍奉双亲，而将德行教化施于黎民百姓，使天下百姓遵从效法，这就是天子的孝道。《尚书·甫刑》中说道：'天子一人有善行，天下的亿万民众都仰赖他。'"

【故事】

钻 木 取 火

远古时期的河南商丘一带是一片森林，在森林中居住的燧人氏，经常捕食野兽，当击打野兽的石块与山石相碰时往往会产生火花。燧人氏从中受到启发，以石击石，用产生的火花引燃火绒，生出火来。

以石击石，有时能冒出火花，顺利引燃火绒。可有时，阴天下雨，或者火绒潮湿，很难生出火来。商丘还有一棵很粗大的树，名曰燧木。有一天，有个圣人看到一群鸟在啄这棵大树，在鸟儿的猛啄下，被啄的树枝上冒出了火星。圣人受到启发，于是折下燧木枝，用尖锐的石头钻木枝，通过多次试验，终于生起了火。这个圣人就把这种钻木取火的方法教给了人们，人类从此学会了人工取火，用火烤制食物、照明、取暖、冶炼等，人类的生活进入了一个新的阶段。人们称这位圣人为燧人氏，奉他为"三皇之首"。

燧人氏钻木取火在古代书籍中多有记载。《三坟》云："燧人氏教人炮食，钻木取火，有传教之台，有结绳之政。"《尸子》云："燧人上观星辰，下察五木以为火。"《拾遗记》云："遂明国有大树名遂，屈盘万顷。后有圣人，游至其国，有鸟啄树，粲然火出，圣人感焉，因用小枝钻火，号燧人氏。"《韩非子·五蠹》记载："上古之世，人民少而禽兽众，人民不胜禽兽虫蛇……民食果蓏蚌蛤，腥臊恶臭而伤害腹胃，民多疾病。有圣人作，钻燧取火以化腥臊，而民说之，使王天下，号之曰燧人氏。"

火，是人类社会进步与发展不可或缺的关键。尤其是近现代，利用火的原理促进了社会的机械化、工业化发展。生火的原料也由木头扩展到石油、天然气等。火，对应五常之礼。为人经商要火起来，就得知礼节，尊礼守礼，维护天理与秩序。

亲爱我，孝何难。亲憎我，孝方贤。

【译文】

父母喜爱子女，子女做到孝顺并不难。若父母不喜欢子女，子女还能尽心尽孝，才是难能可贵的！

【注释】

憎，读音 zēng。憎的意思有：恨，厌恶，嫌弃等。
《说文解字》上说："憎，恶也。"

【解析】

俗话说："父子天性，母子连心。"在一个家庭中，既有慈父，又有孝子，一家和睦，是难能可贵的，也是值得庆幸的。但也有不少家庭，其父母对老人并不孝敬，对子女也并不慈善。有些父母自身有诸多毛病，甚至在生活与工作中有不少恶行。有些父母不仅不关爱孩子，而且还可能憎恶、嫌弃自己的孩子。在这种不慈不孝的家庭中，如果孩子学习了父母不慈不孝的缺点，代代相传，这个家族就不可救药了。

如果孩子发现了父母身上的缺点和毛病，在适当的时候及时给父母指出来，并适当地予以劝诫。自己也引以为戒，不但不学父母的毛病，而且还能孝敬不慈不孝的父母。时间长了，就可能感化父母，促进父母改过自新。从孩子的孝行上，滋生父母的仁慈心，从而实现家庭和睦与幸福。

劝说比较民主、开朗且有智慧的亲人还相对容易些，而劝谏那些比较固执、心量又小的父母就比较难了。劝谏别人最重要的就是态度诚恳，时机合适，言语恰当。如果我们板着面孔或者哭丧着脸，即便是对父母说好话，赞扬父母，恐怕父母也不会高兴，何况让父母改正错误，那就难上加难了！

【人物】

闵 子 骞

闵子（公元前536年—公元前487年），名损，字子骞，汉族，春秋末期鲁国人，孔子的高徒，在孔门中以德行与颜回并称为孔门十哲、七十二贤之一。

闵子骞，之所以为人称道，主要是因为他对父亲和继母的孝行。公元1074年，宋朝济南太守李肃之在闵子墓前建祠祭祀，由苏辙撰文、苏轼书写《齐州闵子祠记》的石碑，叙述了修建祠堂的经过。在明朝编撰的《二十四孝图》之中，他是中华民族文化史上的先贤人物。

【嘉言】

子曰："子生三年，然后免于父母之怀。"

出自《论语·阳货》。

孔子有个学生叫宰予，鲁国人，字子我，也称宰我。宰我对服丧三年这个礼制，在服丧时间上提出了质疑。宰我认为服丧三年，时间太久了。他从人文与自然两个方面提出了反对。第一，从人文角度来说，君子如果三年不演习礼仪，礼仪必然败坏，三年不演奏音乐，音乐就会荒废，礼乐在当时是国家典制，学习后需要时常演练复习，所谓"学而时习之"就是这个道理；第二，从自然角度来说，旧谷吃完，新谷登场，钻燧取火的木头轮过了一遍，有一年的时间就可以了。

宰我的口才在孔子的弟子中仅次于子贡，孔子本想驳斥他，却没有合适的言辞，只能反问宰予，只服丧一年，就吃精致的食物，穿华美的衣饰，心安否？宰我并没有转变自己的看法，直言心安。

孔子对这个学生也很无奈，只能说，心安你就这么做吧。等宰我走后，孔子有一句话，解释了丧期三年的原因，亦即"子生三年，然后免于父母之怀"。这句话的意思是说，小孩子生下来三年之后，才能逐渐脱离父母的怀抱。服丧三年是天下的通例，一方面是对父母的深切怀念，另一方面也是对父母三年怀抱养育的感恩。

孔子因此而感慨弟子宰我不仁，后来宰我随齐国大夫田常作乱而被灭族，孔子常以为耻。古代守孝是重要的礼制，其本意是要感念父母的恩德。当然，这种孝制恐怕不太适合当今社会。如今，人们生活工作节奏非常快，各种压力又大，守孝三年恐怕也难以办到。如今，一些人在家守孝三天，还不知道接多少个电话，看多少条微信呢！

【故事】

顺 母 至 孝

闵损，字子骞，孔子的得意门生。他生母早死，父亲娶了后妻，又生了两个儿子。继母经常虐待他。冬天，两个弟弟穿着用棉花做的冬衣，却给他穿用芦花做的"棉衣"。

有一天，父亲要出门，让闵损牵着牛车。闵损因寒冷打战，不小心将缰绳脱落在地上，遭到了父亲的一顿斥责和鞭打，芦花随着打破的衣缝飞了出来。父亲看到后，握着儿子冰冷的小手，方知孩子受到了后娘的虐待。

父亲返回家后，要休逐后妻。他对妻子说："我娶你的原因，是为了我的孩子，现在你欺骗我，让我的孩子受寒，你走吧，不要再留在我家。"

闵损跪求父亲饶恕继母，哭着说："母在一子寒，母去三子单。"

这句话的意思是，有母亲在的时候，只有我一个人寒冷。可是如果父亲把母亲休掉了，家里没了母亲，三个孩子就都要受冻挨饿了。

闵损的一番话，非常凄凉，特别恳切，完全是肺腑之言，连铁石心肠的人听后，都为之声泪俱下。父亲听了也十分感动，就依了他。继母听了后，也悔恨交加，知错改过，从此待他如亲生儿子。

孔子听说这件事后，曾赞扬他说："孝哉，闵子骞！"

《二十四孝》诗赞："闵氏有贤郎，何曾怨晚娘？车前留母在，三子免风霜。"

亲有过，谏使更。怡吾色，柔吾声。

【译文】

当父亲或母亲有过错的时候，应小心劝导，让亲人改过向善。劝导父亲或母亲时，态度一定要和颜悦色，声音一定要柔和。

【注释】

"谏使更"中的"谏",读音 jiàn,是"规谏""劝谏"的意思。其本义是向帝王或尊长(如父母)陈述各种可能的方案,并建议采取其中之最佳者;其引申意义为规劝君主、尊长或朋友,使其改正错误或过失。

《说文解字》上说:"谏,证也。"

《楚辞·七谏序》上说:"谏者,正也。"

《周礼·司谏》上说:"谏,犹正也。以道正人行。"

"谏使更"中的"更"是"改正""更正""改变"的意思。

"怡吾色"的中的"怡",读音 yí,是"和悦""内心欢悦"的意思。

《说文解字》上说:"怡,和也。"

《尔雅》上说:"怡,乐也。"

《礼记·内则》上说:"下气怡色。"

【解析】

"怡"在"怡吾色"中最为关键,是指子女在父母面前要保持"和悦的样子"。在此,值得强调的是,"怡吾色"不能强装笑颜,而是子女发自内心的和悦、喜悦或欢悦,从而达到和颜悦色的状态。要取悦于人,必先和悦自己,让内心充满喜悦。然后,子女以和悦的态度与心情,通过笑容传递给父母,以改变父母,从而达到劝谏的目的。

《论语》中有一句名言:"信而后谏"。其意思是说,要规劝别人,必须先取得人家的信任。即便是至亲至爱的父母,也有自己的尊严与习惯。要劝谏父母,不仅要选择合适的时间与地点,还要使用合适的方式与方法。

劝谏父母、亲人、领导、朋友,要重视以下几点:

1. 心存良善。劝人要出于为对方好的诚恳之心。有好心,别人还未必领情。如果只顾一味规劝,而忽视对方的利益诉求,好事往往办成坏事。

2. 选择时机。俗话说:"扬善于公堂,归过于私室。"也就是说,赞扬别人,可以在万众瞩目之下;而批评或规劝别人,一定要注意隐私。人在喜悦的时候容易接受谏劝。若被规劝之人正在气头上就去劝谏,往往适得其反。

3. 重视劝谏技巧与方法。《旧唐书·职官志》记载:"凡谏有五:一曰讽谏,二曰顺谏,三曰规谏,四曰致谏,五曰直谏。"

"讽谏"一般是指下对上,不直指其事,而是采用委婉曲折的言语进行规劝,使其改正错误。也就是说,用暗示、比喻的方法委婉地规劝。

"顺谏"一般是指出言逊顺地进行谏诤。"顺谏"不仅要注意选择合适的语言,还要时刻关注对方的心理变化,以便顺势而为之。

"规谏"往往以正义之道劝人改正言行的不当之处或改正过失等。

"致谏"往往不当面陈说利害，而是通过奏折或书信的方式加以劝谏。

"直谏"则是直言规谏的意思。一般进行"直谏"之人，往往性格比较耿直，不会转弯抹角，直言相劝也很容易伤对方的自尊心，从而反目成仇。从古至今，对君王或上司进行直谏者不是被砍头，就是锒铛入狱，不可不慎行之。

劝谏父母也是对父母的孝敬。明知父母有过错，却不加以劝谏，那是陷父母于不义之绝境。如果领导、上司有了过错过失，也要在适当的时机加以劝谏，这是孝道的进一步推广。当今，发个短信或邮件加以劝谏，也是很方便的事儿，又何乐而不为呢？

如今，一些高人还能自我批评，承认自己的不足或错误，但要真正批评别人，也会产生各种顾忌。"只管自己对不对，莫管他人是与非"成为大多数人明哲保身的智慧，也是可悲可叹的。

有些企业的董事长或总经理，有了权力，有了金钱，就特别高傲，甚至目中无人，对这些上司的劝谏也是比较难的。不打开其心扉，很难对症下药，也很难解开其心结。当然领导或上司，即便是批评下属或晚辈，也不能劈头盖脸，臭骂一顿。要知道"人要脸，树要皮"。领导在批评别人时，一定要注意保护对方的自尊心。顾及别人的自尊，才不会伤及自己的自尊。因此，劝谏别人，不仅是一门学问，更是一门艺术！

【人物】

魏　征

魏征，即魏徵（公元580年—公元643年），字玄成。祖籍巨鹿，后移居内黄。唐朝政治家。曾任谏议大夫、左光禄大夫，封郑国公，谥文贞，为凌烟阁二十四功臣之一。他以直谏敢言著称，是中国历史上最负盛名的谏臣。

魏征少年孤贫，胸怀大志，不事产业，却通晓经典书籍和方术。隋末动乱，魏征历经坎坷，曾经五易其主。他先是跟从武阳郡丞元宝藏起兵响应李密，李密覆败后，魏征随李密投唐。魏征主动请缨，帮助李渊平定山东，并用一纸书信招降了李绩。但很不幸，当时恰逢窦建德攻陷黎阳，魏征遭擒，又被窦建德收入帐下，作了夏王的起居舍人。窦建德失败以后，魏征和裴矩一起入关二次投唐。当时的太子李建成十分欣赏他的才能，引荐他为太子洗马。玄武门之变后，继任的太子李世民没有追究他的责任，先引为詹事府主簿，即位后又拜谏议大夫，封钜鹿县男，直到贞观十七年病卒于任。

魏征以性格刚直、才识超卓、敢于犯颜直谏著称。为了维护和巩固李唐王朝的封建统治，曾先后陈谏200多次，劝诫唐太宗以史为鉴，居安思危，励精图治，任贤纳谏。魏征一生不仅尽心事主，更以江山社稷、天下苍生为重，为初唐社会的稳定和"贞观之治"的出现做出了重要贡献。魏征所上《谏太宗十思疏》《十渐不克终疏》，在当时和后世都有着重要影响。

【嘉言】

曾子曰："甚哉，孝之大也！"

曾子发出的是赞叹之语，其意思是"真伟大啊！孝道是多么伟大啊！"

如果父母不慈，对孩子关爱不够，而孩子还能够尽孝道，就更加难能可贵，也就更加伟大！尽孝，不仅要按照孝道端正自己的态度与言行，而且要以身作则，身体力行，率先垂范，通过自己的孝行感化、教化更多的人。

【故事】

巧 谏 唐 王

魏征作为太宗的重要辅佐，他曾恳切要求太宗让他充当对治理国家有用的"良臣"，而不要使他成为对皇帝一人尽职的"忠臣"。曾先后陈谏200多次，多被采纳。不仅受到唐太宗的尊敬与重用，也倍受后人推崇。

有一次，魏征与太宗李世民闲谈，魏征说自己要做良臣，而不是忠臣，太宗问魏征为什么要做良臣而不做忠臣呢？魏征回答说："因为忠臣都要被砍头！"唐太宗听了哈哈大笑。笑后，唐太宗就琢磨"谁会砍忠臣的头呢？"答案就是"暴君"。李世民是个很聪明，也特别有智慧的帝王。他领悟到，魏征是劝谏自己莫做暴君，而要做明君啊！

还有一次，西域有个国家向唐太宗进献了一只颇具灵性的鹞鹰。唐太宗爱不释手，经常放在自己的肩膀上或手背上把玩儿。玩物是很容易丧志的。唐太宗由于喜爱鹞鹰，都懒得理朝政了。魏征看在眼里，急在心里。有一天，魏征说有要事晋见李世民，当时李世民正玩着这只可爱的鸟呢。唐太宗听说魏征求见，害怕魏征看见自己把玩鹞鹰而批评自己，于是赶紧将鹞鹰揣在怀里。魏征来后，眼观六路，耳听八方。他不紧不慢，奏完一件事又一件事，足足说了两个多时辰。这下可把李世民急坏了。等魏征奏完离开后，唐太宗赶紧解开衣襟，一看鹞鹰已经被捂死了，李世民痛惜不已。其实，魏征进来后，察言观色，早就知道皇帝把鹞鹰揣在怀里了，魏征不间断地奏事，一件又一件，拖延时间，就是想把鹞鹰憋死，以绝后患。魏征劝谏不露声色，绝不提玩物丧志的危害，真可谓用心良苦。

谏不入，悦复谏。号泣随，挞无怨。

【译文】

如果父母不听规劝，就要等父母心情好时再劝。如果父母还是不听，甚至生气，此时我们虽难过得痛哭流涕，也要恳求父母改过。纵然遭受父母责打，也毫无怨言。

【注释】

"号泣随"中的"号"，读音háo，其意思是"大声地哭"。

"挞无怨"中的"挞"读音tà，其意思是"用鞭子或棍子打"。

【解析】

劝谏父母是一门学问，更是一门艺术。在劝谏之前及劝谏过程中，孩子不仅要和颜悦色、心平气和，更要关心父母，好好揣摩父母的心理，才能对症下药，劝谏才有好的效果。其中，"悦"最为关键。在古代"悦"同"说"。

《说文解字》上说："说，释也。从言兑。一曰谈说。"

可见，"悦"最重要的是解开心头的疙瘩。一言开释，内心疙瘩解开了，就会自然而然地充满喜悦。要知道"人非圣贤，孰能无过？"父母也是凡人，有过错，心头有疙瘩，都是在所难免的。

有的父母比较固执、死板，也有的父母心胸狭窄，都是心结所致。轻描淡写地劝谏一次，还不一定能奏效，甚至劝谏多次，都可能无功而返。因此，"谏不入，悦复谏"这句话中的"悦"就显得尤为重要！如何想方设法解开父母的心结？在现实生活中，的确需要开动脑筋，激活自己的智慧与才能。

本人认为这里的"悦"有三层意思：

一指在父母高兴、欢悦的时候，进行再一次的劝谏。也就是说，在父母未能听进我们劝谏时，先不要着急，要适可而止，以后再寻找良机。

二指在劝谏父母时，做子女的首先自己要欢悦，要和颜悦色，态度要恭敬，尤其这个和颜悦色的态度至关重要。

三指劝解父母时，即便无功而返，仍要心怀和悦，千万不要自己生闷气。父母的心结没解开，自己却打了心结，是不可取的。俗话说："一把钥匙开一把锁。"要打开父母的心结，就要找到开启心扉的"钥匙"。

在现实生活中，有些子女看到父母有过错，很是着急，恨不得立刻把父母劝好。子女不停地唠叨，没能把父母劝好，自己上火生气，发一顿脾气，往往把事情闹僵，不仅事与愿违，连再一次劝谏的机会也被堵死了。这种劝谏效果很糟糕，恐怕连"事倍功半"的效果也未达到。因此，这个"悦"字蕴藏着无穷无尽的智慧与劝说艺术。

当然子女劝谏父母、长辈，是为了让他们提高修养，改正过失。我们做子女的用心是好的，有些挫折千万不要灰心。在劝谏处于僵局的时候，做子女的要先认错、先让步，因为长辈比孩子更要面子。做子女的要严格要求自己，端正态度，注意言行，牢记和颜悦色，别把事情闹僵，为再一次劝谏留下转机。

在现实生活中，的确有一些父母特别认死理，不但不悔悟自己的过错，还往往迁怒于好心劝谏的子女，甚至打骂子女。这时候，子女最好别发火，不要与父母顶嘴，更不能对骂，甚至大打出手。

当然，父母过重地责打孩子也是不对的，孩子不是父母的私有财产，想怎么处置就怎么处置。做孩子的若看到父母正在气头上，拿着重东西来打自己，能跑多快就跑多快，能跑多远就跑多远！千万不要让父母没轻没重地责打自己。因为，打到谁身上谁疼！事后，多数父母会心疼孩子，甚至追悔莫及。对有家庭暴力倾向及行为的父母，孩子要及时向学校、社区、民政甚至公安部门反映，以防止父母违法犯罪，这也是一种孝道。

【人物】

李 世 民

唐太宗李世民（公元599年—公元649年），祖籍陇西成纪（今甘肃天水），是唐高祖李渊和窦皇后的次子，唐朝第二位皇帝。李世民少年从军，曾去雁门关营救隋炀帝。唐朝建立后，李世民官居尚书令、右武侯大将军，受封为秦国公，后晋封为秦王，先后率部平定了薛仁杲（读音gǎo）、刘武周、窦建德、王世充等军阀，在唐朝的建立与统一过程中立下赫赫战功。武德九年（公元626年），李世民发动玄武门之变，杀死兄长太子李建成、四弟齐王李元吉及二人子嗣，唐高祖李渊迫于形势，立李世民为太子。唐高祖不久被迫退位，李世民即位，年号贞观。李世民为帝之后，积极听取群臣的意见，以文治天下，并开疆拓土，虚心纳谏，在国内厉行节约，让老百姓休养生息，终于出现了国泰民安的社会局面，开创了中国历史上著名的贞观之治。

贞观时期,在李世民的治理下,政治修明,官吏各司其职;经济发展,人民丰衣足食,安居乐业;社会治安良好,夜不闭户,路不拾遗,犯罪减少。贞观之治为唐朝的盛世奠定了重要基础。唐太宗曾将他撰写的《帝范》十二篇颁赐给太子李治,并告诫太子说:"你应当以古代的圣哲贤王为师,像我这样,是绝对不能效法的。因为如果取法于上,仅能得其中,要是取法于中,就仅能得其下了。我自从登基以来,所犯过失是很多的:锦绣珠玉不绝于前,宫室台榭屡有兴作,犬马鹰隼无远不致,行游四方供顿烦劳。所有这些,都是我所犯的最大过失,千万不要把我作榜样去效法。"

公元649年7月10日(贞观二十三年五月己巳日),唐太宗李世民因病驾崩于含风殿,享年五十二岁。他在位二十三年,庙号太宗,葬于昭陵。李世民爱好文学与书法,有墨宝传世,传说王羲之的《兰亭序》就陪葬于昭陵之中。

【嘉言】

唐太宗曰:"夫以铜为镜,可以正衣冠;以古为镜,可以知兴替;以人为镜,可以明得失。朕常保此三镜,以防己过。今魏徵逝,遂亡一镜矣!"

出自《贞观政要·任贤·魏征传》。

这就是历史上著名的"三镜"(也称"三鉴"),是唐太宗在魏征去世之后说的一段话。其意思是说,一个人用铜当镜子,可以照见衣帽是不是穿戴端正;用历史当镜子,可以知道国家兴亡的原因;用人当镜子,可以发现自己的对错。我经常用这三面镜子照照自己,以防自己的过失。魏征一死,我就少了一面好镜子啊!后人将"镜"字改为"鉴"字。"鉴"原指"古代用来盛水的青铜大盆",后引申为"镜子"。

【故事】

夜哭谏父

唐太宗李世民年轻时,经常随父亲李渊南征北讨。在一次战役中,父亲因战争失利决定退回太原。李世民劝谏父亲军队不可后退,否则士兵会四处逃散,敌军也会乘机攻击。可不管李世民怎么劝说,父亲李渊就是不采纳他的建议。

李世民非常担忧遭受全军覆没的危险,当天晚上李世民在军营外面号啕大哭。父亲李渊听到帐外的哭声,就到帐外察看。李世民哭着对父亲说:"父亲，这样退回去，铁定会全军覆没。"接着他又对父亲详细分析了这次军事行动的利害得失。李世民的诚心终于打动了父亲，李渊最终接受了儿子的进谏，停止撤军行动，避免了军队面临的灭顶之灾。

亲有疾，药先尝。昼夜侍，不离床。

【译文】

父亲或母亲若生病了，吃的药自己要先尝一尝。要昼夜在父母身边服侍，不离不弃。

【注释】

疾，读音 jí。疾是突如其来之病，有了病的征兆，还不是特别严重。

《说文解字》上说："疾，病也。"

"疾病"是一个常用词。

昼，读音 zhòu。昼之本义为"白天"，也就是从日出到日落的时间。日落之后日出之前的时间称为夜。昼夜合为一整天，也就是古代的十二个时辰或当今的二十四个小时。

侍，读音 shì。指在尊长旁边陪着，还有服务他人的意思。引申为服侍、侍奉。

【解析】

生老病死是自然规律，也是生命的体验与历程。"出生入死"是个成语，出自《老子》："出生入死，生之徒十有三，死之徒十有三。"有人注解"十有三"是"十分之三"，还有高人注解"十有三"是指人的"七情六欲"，七加上六正好等于十三。该成语的原意是指"从出生到死去"。后形容冒着生命危险，不顾个人安危，为正义而献身的精神。

其实，每个人从出生的那一刹那，就走在了通向死亡的路上。生死由命，大多数人皆死在七情六欲上。七情六欲由性而生，性决定命。人的寿命有长有短，由于人的觉悟境界不同，其死亡也有重于泰山、轻于鸿毛之别。生病是人生很难避免的，谁没个头疼感冒，三长两短呢？无疾而终简直是三生修来的福分。但也给子女留下未能亲尝汤药，侍奉床前的人生遗憾。

俗话说："树欲静而风不止，子欲养而亲不待。"父母亲人生病给孩子提供了尽孝的机会，做子女的应抓住机会，好好尽孝，才能为自己，为后人立有些老人生病了，害怕吃药、害怕打针。因此，侍奉生病的老人，还要哄着老人把药吃下去，把针打下去。有些病是可以治愈的，有些病很难治愈。不管父母得了什么病，都要善待父母。俗话说："医生可以治病，但不能医命。"一个人的命，不仅取决于自己的身体素质、外部的医疗水平，更取决于自己的价值取向与心理健康。

有一副对联，上联是"事在人为，休言万般皆是命"，强调了人是可以有所作为的，不要被"命运"牵着鼻子走，命运也是可以改造的；下联是"境由心造，退后一步自然宽"，强调了内心世界与外在环境的关系，人生要树立豁达的心态，用心改变环境，而不是因环境而堵心，尤其在名利面前，更不要争先恐后，退后一步就可能出现崭新的人生境界，就能体会到"达观"之乐趣，生出"舍得"之智慧，感悟"生与死"之真谛。

俗话说："妻贤夫祸少，子孝父心宽。"子女的孝行能够感动父母，有孝敬的孩子，父母的病就轻了几分，痛苦也就减少了。当今社会，子女少，不少家庭是独生子女，全国还有百万以上的"失独家庭"（指因各种原因失去独生子女的家庭）。

在竞争激烈的当今，子女既要忙于事业，又要照顾家庭。子女为父母养老，虽是代代相传的优良传统，但也产生了越来越多的社会问题。"因病致贫""老龄化"等问题日益凸显，这需要社会构建一个多元长效的养老机制。

【人物】

文 景 二 帝

文景之治是指西汉汉文帝、汉景帝统治时期出现的治世。汉文帝刘恒（公元前203年—公元前157年），汉高祖刘邦第四子，母薄姬，汉惠帝刘盈之弟。公元前196年，汉高祖镇压了陈豨（读音 xī）叛乱后，封刘恒为代王，其为人宽容平和，在政治上保持低调。

汉高祖死后，吕后专权，诸吕掌握朝廷军政大权。公元前180年，吕后一死，太尉周勃、丞相陈平等大臣把诸吕一网打尽，迎立代王刘恒入京为帝，是为汉文帝，在位23年。汉初，因多年战乱导致社会经济凋敝，朝廷推崇黄老之术，采取"轻徭薄赋""与民休息"的政策。汉文帝二年和十二年分别两次"除田租税之半"，文帝十三年，还全免田租。同时，对周边敌对国家也不轻易出兵，维持和平，以免耗损国力。这就是轻徭薄赋的政策。汉文帝生活十分节俭,在宫室内衣服没有增添,衣不曳地,车类也没有增添,帷帐不施文绣,更下诏禁止郡国贡献奇珍异物。因此,国家的开支有所节制,贵族官僚不敢奢侈无度,从而减轻了人民的负担。

汉景帝刘启(公元前188年—公元前141年),汉文帝刘恒第五子,母孝文皇后窦氏(即窦太后),西汉第六位皇帝,在位16年。

文景二帝非常重视农业生产,曾多次下令劝课农桑,根据户口比例设置三老、孝悌、力田若干人员,并给予他们赏赐,以鼓励农民生产。奖励努力耕作的农民,劝解百官关心农桑。每年春耕时,他们亲自下地耕作,给百姓做榜样。

文景时期,重视以德化民,社会的安定使百姓富裕了起来。到景帝后期,国家的粮仓丰满了,府库里的铜钱多年不用,以至于穿钱的绳子都烂掉了,散钱多得无法计算。随着生产日渐得到恢复并且迅速发展,出现了多年未有的稳定富裕景象。人民的生活水平得到了很大程度的提升,汉朝的物质基础也大大增强,是中华文明迈入帝国时代后的第一个盛世。

文景之治不仅是中国历史上经济文化飞速发展的一个伟大时代,同时也为后来的汉武帝征伐匈奴奠定了坚实的物质基础,这是汉代养精蓄锐的关键时期。

【嘉言】

"同事之人,不可不审察也。"

出自《韩非子·说林上》。

其意思是说:"即便两人都做同样的事,也不可不审察。"因为做同样的事,其目的可能不同,手段也可能不同。有人尽孝道,是为尽人子之责任,也是为了安自己的心;也有人尽孝道,是为了自己的面子,给自己挣面子往往是做给别人看的。

【故事】

亲 尝 汤 药

汉文帝刘恒,是汉高祖的第四子,为薄太后所生。高后八年(公元前180年)即帝位。他以仁孝之名,闻于天下,侍奉母亲从不懈怠。母亲卧病三年,他常常目不交睫,衣不解带。母亲所服的汤药,他亲口尝过后才放心让母亲服用。文帝不仅关心母亲的疾苦,而且始终和颜悦色,了解母亲的所思所想,使母亲快乐幸福地安度晚年。刘恒贵为皇帝,可以说是日理万机,还能如此侍奉母亲，真是难能可贵。

汉文帝在位23年，重德治，兴礼仪，重视发展农业，使西汉社会稳定，人丁兴旺，经济得到了恢复和发展，他与汉景帝的统治时期被誉为"文景之治"。

丧三年，常悲咽。居处变，酒肉绝。

【译文】

父母去世后，要守丧三年，常常思念父母的生育与养育之恩，提起父母时会难过地哭泣。居处要力求简朴，禁绝酒肉与情欲等。

【注释】

咽，读音yè。咽是指声音受阻而低沉。这里的"悲咽"是指因父母去世而引起的悲哀哽咽。人是感情动物，因亲人去世或战乱亡国等，触景生情皆可产生悲咽。

三国时期，魏国的阮籍在《乐论》上说："当王居臣之时，奏新乐于庙中，闻之者无不悲咽。"《旧唐书·郭子仪传》上说："肃宗在凤翔闻捷，群臣称贺，帝以宗庙被焚，悲咽不自胜，臣僚无不感泣。"

【解析】

"丧三年"是指为父母守丧三年。守丧是古代的重要礼制。据说，为父亲守丧，每年守十个月，合天干之数，三年守足三十个月；为母亲守丧，每年守十二个月，合地支之数，三年守足三十六个月。

在古代，母亲生育子女就是生死关，孩子的生日也称为"母难日"。何况母亲还要哺育孩子三年，孩子才能离开怀抱。因此，古代在守丧方面，为母亲守丧要比为父亲守丧多守六个月。为父母守丧期间，该做什么还得做什么，决不能无所事事，更不能意志消沉。父母去世后，孩子伤心悲痛是人之常情，但陷入悲痛之中而不能自拔，也是不可取的。天底下的父母都希望孩子快乐幸福！

凡事不可过度，悲伤也好，欢乐也罢，皆要适度。有的父母刚去世不久，孩子就大吃大喝，频繁出入娱乐场所，这是不对的，也是对死者的不尊重。但父母去世了，就连肉也不吃了，饮料也不喝了，爱吃的好东西都戒掉了，把自己搞得身心憔悴，也是不妥当的，有违父母对孩子的期望。因此，凡事不能走极端，合乎法度礼仪才好。

【人物】

阮　籍

　　阮籍，出生于汉建安十五年（公元210年），三岁丧父，由母亲把他抚养长大。父亲死后，家境清苦，阮籍在贫寒的环境中勤学而成才。他天赋异禀，八岁就能写文章，终日弹琴长啸。他在少年时期就好学不倦，酷爱研习儒家诗书。他不羡慕荣华富贵，却以道德高尚、乐天安贫的古代贤者为效法榜样。阮籍与嵇康、山涛、刘伶、王戎、向秀、阮咸，共为"竹林之游"，史称"竹林七贤"。

　　阮籍年轻时，不仅习文，还兼习武。他在《咏怀》中写道："少年学击剑，妙伎过曲城。"阮籍在《乐论》中就充分肯定了孔子制礼作乐对"移风易俗"的重要性，他认为："礼定其象，乐平其心；礼治其外，乐化其内；礼乐正而天下平。"阮籍在政治上有济世之志，曾登广武城，观楚汉古战场，慨叹"时无英雄，使竖子成名！"

　　阮籍为母亲服丧期间，在晋文王（司马昭）的宴席上喝酒吃肉。司隶校尉何曾也在座，他对文王说："您正在以孝治国，而阮籍却在母丧期间出席您的宴会，喝酒吃肉，应该把他流放到偏远的地方，以正风俗教化。"文王说："嗣宗如此悲伤消沉，你不能分担他的忧愁，为什么还这样说呢？况且服丧时有病，可以喝酒吃肉，这也是符合丧礼的呀！"当时，阮籍依旧喝酒吃肉，神色自若。

【嘉言】

　　曾子曰："慎终追远，民德归厚矣。"

　　出自《论语·学而》。

　　什么是慎终？朱熹说："慎终者，丧尽其礼。"

　　什么是追远？朱熹说："追远者，祭尽其诚。"

　　"慎终"是对待父母终老的态度与礼节，"追远"是由对待"父母"到追念"祖先"。这寓意不忘本源，回答了"我从何处来？""又到何处去？"这样一个重要的哲学问题。一旦有了"慎终追远"的虔诚态度与恭敬行为，就会影响家人乃至民众。由此，民风自然醇厚，民德也由孝而立也。

【故事】

火 中 救 父

元朝时有一位姓王的富翁，非常富有，可谓家财万贯。却妻子早亡，王员外因家庭变故遭受打击，生活开始变得没有规律。妻子在世时，王员外就喜欢享乐，妻子去世后，他更是享乐无节，挥霍无度，厌恶劳作，不理家计。

王员外的儿子叫王闰，他觉得父亲这种懒惰、奢侈、颓废的生活方式不久便会坐吃山空，立吃地陷。因此，王闰暗自下定决心，过着节俭的生活，以备不虞。果然，没过多久，家产就被王员外败光了。父亲无法适应穷困的生活，常对儿子王闰发脾气。对乱发脾气的父亲，王闰从不生气，也不顶嘴，而是对父亲愈加恭敬。他小心侍奉父亲的生活起居，不敢有丝毫怠慢。他每天辛苦劳作，仍无法供应父亲的花费。邻居经常称赞王闰的孝心，父亲知道后感到非常惭愧，逐渐改正了挥霍浪费的坏习惯。

有一天，父亲生病，躺在床上不小心把烛火撞倒，引发了火灾。王闰奋不顾身冲入房间，抱着身上起火的父亲就往外冲，为了救父亲自己却被大火烧伤了。但王闰一点也不介意，也没有后悔，反而对父亲更加孝顺了。

丧尽礼，祭尽诚。事死者，如事生。

【译文】

操办父母的丧事要合乎礼节法度，祭祀要诚心诚意。子女对待死者，要如同他们在世时一样恭敬。

【注释】

"丧尽礼"的"礼"是指丧葬要符合礼节，合乎风俗。

"祭尽诚"是指祭奠死去的亲人，要出于至诚，要诚心诚意。

【解析】

子曰："人而不仁，如礼何？人而不仁，如乐何？"

这句话的意思是说："一个人没有仁爱之心，遵守礼仪有什么用？一个人没有仁爱之心，奏乐有什么用？"孔子在此强调，若没有"仁"这个精神本质，"礼乐"也就失去了存在的意义。

我国古代与礼有关的书主要有《周礼》《仪礼》和《礼记》。《周礼》是中国最早、最完整的官制记录，也是世界上最完整的古代官制记录。全书六篇，即《天官冢宰》《地官司徒》《春官宗伯》《夏官司马》《秋官司寇》《冬官司空》，各篇分为上下卷，共十二卷。《仪礼》是讲各种典礼节日礼仪、礼节的，如冠、婚、丧、祭等具体仪式。据说，《仪礼》共十七篇，皆由孔子整理编订而成。《礼记》又名《小戴礼记》，据传为孔子的七十二弟子及其徒子徒孙所作，西汉礼学家戴圣所编。《礼记》是中国古代一部重要的典章制度选集，共二十卷四十九篇，主要记载了先秦的礼制，体现了先秦儒家的哲学思想、教育思想、政治思想和美学思想。《礼记》是一部儒家思想的资料汇编，内容有关礼的性质、意义和作用。

《说文解字》上说："礼，履也。所以事神致福也。"《释名》上说："礼，体也。言得事之体也。"五代宋初之文学家、书法家徐铉说："五礼莫重于祭，故从示。豊者，其器也。""豊"，读音 lǐ，是古代用于祭祀的一种礼器。《说文解字》上说："豊，行礼之器也。""礼"是儒家伦理思想的基本范畴，泛指各类规章制度和道德规范。与体现内在伦理思想与精神本质的"仁"相比，"礼"与"乐"是外在的伦理行为，起着调节人际关系，达到社会和谐安宁的作用。孔子强调说："不学礼，无以立。"可以说，"礼"是立德树人，产生和谐秩序的重要基础。

古礼，父母去世之后，子女要守孝三年。如今，守孝三年恐怕很难做到。若父母生了重病，子女应该放下工作，请假去看望、伺候父母。父母去世后，子女要时常追思父母，感怀父母的品德，牢记父母的恩德。对待父母的丧事，子女不仅要哀戚，还要合乎礼节。既不要为了自己的面子铺张浪费，也不要为了省钱而草率了事。

《论语》上说："生，事之以礼；死，葬之以礼，祭之以礼。"还说："祭如在，祭神如神在。"这些话语都是很有道理的，这是为人子女对待父母的态度。

【人物】

端 木 赐

子贡（公元前520年—公元前456年），姓端木，名赐，字子贡，春秋时卫国人（今河南浚县。浚，读音 xùn），才思敏捷，善于辞令，躬行儒学，勤勉自律，"文犹质也，质犹文也"。其从政，则官拜鲁、卫两国宰相，其经商，又致"家累千金"。他是"中华儒商第一人"，又奉行"贫而乐，富而好礼"，经常散发家财，"博施于民而能济众"。

以前，商人们喜欢在自己的店铺内悬挂"陶朱事业，端木生涯"八个大字，以表明自己的心志。"陶朱"指的是范蠡，而"端木"指的就是孔门弟子子贡。

子贡比孔子小三十一岁。他十七岁就拜孔子为师，并终生跟随孔子学习，深得孔子学说的真谛和儒家思想的精髓，为"孔门十哲""孔门七十二贤"之一。

《论衡·讲瑞》上说："子贡事孔子，一年自谓过孔子；二年，自谓与孔子同；三年，自知不及孔子。当一年、二年之时，未知孔子圣也；三年之后，然乃知之。"

子贡在孔门弟子中属于才思敏捷，博学强记，能言善辩之人，被孔子称为"言语"科的高才生。子贡有强烈的从政志向，他关心治国方略，经常问政于孔子。曾仕于鲁、卫，游说于齐、吴、越、晋诸国，被尊为纵横家的鼻祖。

后来子贡长期出任鲁、卫两国宰相，成为儒家第一代弟子中富贵贤德至功名的楷模。子贡深得儒学真谛，他不仅是政治才干出众的"大儒"，还是当时非常出名的"大商"。子贡是孔门弟子中最富有的一位。当然，子贡的财富不是来自父母的馈赠和遗产，而是靠自己敏锐而老到的经商才能赚得的。《韩诗外传》上说："子贡，卫之贾人也。"子贡出身商贾之家，从小耳濡目染父辈的经商行为，成就了他后来的经商之道。

孔子曾言子贡"意则屡中"，说子贡善于预测市场，经常能准确预测市场行情。子贡政商结合，以诚经商，奉守"君子爱财，取之有道"的宗旨，被后人称为儒商鼻祖。

《史记·仲尼弟子列传》也有"子贡好废举，与时转货赀"的记载，说他善于观察市场行情，东西贱时买进来储存，等到东西贵时再卖出去获利。子贡就是这种能观察市场、驾驭市场，并从中获利的精明商人。但是商人的趋利性并没有影响子贡对真知与道德的追求，相反，子贡是孔子的忠实门徒，是儒家学说的积极践行者、捍卫者和传播者。孔子周游列国十四年，子贡始终伴其左右。

司马迁在《史记·货殖列传》中写的几个著名商人中，子贡是他极力推崇的一个。《史记》中说："结驷连骑，束帛之币以聘享诸侯，所至，国君无不分庭与之抗礼。"其意思是说，子贡赶着成群结队的马，每到一个地方，便拿出许多金帛来向各国国君送礼。因此，他所到的地方，各国国君都对他热烈欢迎，热情接待。诸侯国多以国君之尊与他平起平坐，平等地谈论问题。子贡富可以与诸侯分庭抗礼，其势力不可谓不强大，但他却并未自私其财。

子贡因势利导地宣扬孔子之名，弘扬孔子之道，而为此前赴后继、不遗余力。孔子去世十余年之后，鲁国的三桓（指鲁国卿大夫孟孙氏、叔孙氏和季孙氏）曾侮辱孔子，子贡为师辩解，足见子贡之忠心。

子贡死于齐国，终年六十五岁，子贡死后葬在祖籍浚县大伾（读音 pī）山东南东张庄村北。唐开元二十七年（公元 739 年）追封其为"黎侯"；宋大中祥符二年（公元 1009 年）加封为"黎公"；明嘉靖九年改称"先贤端木子"。

【嘉言】

子贡曰："如有博施于民而能济众，何如？可谓仁乎？"

子曰："何事于仁！必也圣乎！尧舜其犹病诸！夫仁者，己欲立而立人，己欲达而达人。能近取譬，可谓仁之方也已。"

出自《论语·雍也》。

这是孔子与子贡的一段对话，翻译成现代汉语则为：

子贡问孔子："假如有这样一个人，广泛而无条件地救济民众，这个人怎么样，可以算得上是您说的仁人了吗？"

孔子回答："能做到这种地步，何止是达到了仁！那一定是圣人了！我做不到，就连唐尧虞舜那样拥有绝对威望和权力的明君也做不到啊！有仁德的人，自己想立于天地之间创一番事业，首先一定会帮别人达到目标；要自己通达，首先要帮助别人通达。凡事能够从帮助身边的人和事做起，做到推己及人，就可以说是仁的方向了。"

子贡曰："贫而无谄，富而无骄，何如？"

子曰："可也。未若贫而乐，富而好礼者也。"

出自《论语·学而》。

这也是孔子与子贡的一段对话，翻译成现代汉语则为：

子贡问孔子："贫穷而能不谄媚，富有而能不骄傲自大，怎么样？"

孔子说："这也算可以了。但是还不如虽贫穷却乐于道，虽富裕而又好礼之人。"

"谄"就是卑屈的意思，在此为"谄媚巴结"。"骄"则是矜肆的意思，矜是骄傲，肆是放肆。朱熹认为："无谄无骄，则知自守矣，而未能超乎贫富之外也。"在这段对话中，孔子表面上肯定了子贡的观点，而实际上却委婉地否定了子贡的看法。孔子对子贡因势利导，提出了安贫乐道、富而好礼的道理。这是为人处世、经世济民的更高境界。

【故事】

为 师 庐 墓

传说孔子去世时，子贡正在南方经商。听到消息后，子贡带着卫国特有的楷木树苗回到了曲阜。楷木①，木质坚而韧，树干挺而直，顶天立地。后来人们常常将楷木与模木合称为楷模，用来称颂那些品德高尚、受人欢迎、为人师表的榜样人物。子贡所种植的楷木寓意深远，象征孔子为万世师表，天下之楷模也。子贡含着热泪亲手栽下了这些楷树苗，并祈愿"如果老师肯原谅他，就请让此树活下来。"后来，楷木苗果然活了下来，并在曲阜大量生长。

据传在清朝康熙年间的夏天，子贡栽的这棵楷树突遭雷火，不幸枯萎而亡。清帝康熙得知此事，诏令重植楷树一株，并立碑刻石纪念。说来也巧，石碑正好立在当年子贡挥泪植树的原址。从此，楷树不仅成为人们敬重的树种，在曲阜一带也延伸出了楷雕的技艺。子贡跟随老师数十年，没能在老师病重的时候奉养，深感愧疚与自责。孔子去世安葬后，其弟子皆在墓地守丧三年。三年满，相诀而去。

《孟子·滕文公上》："门人治任将归，入揖于子贡，相向而哭，皆失声。"《史记·孔子世家》记载："唯子贡庐于冢上，凡六年，然后去。"子贡比其他人多守丧三年，尽了对老师的一片孝心，也充分体现了子贡对老师的敬重之心。这种师生之谊是前无古人的。人生有几个六年？子贡真是尊师重道的楷模！后人感念此事，就在孔林孔子墓的西侧，建屋三间，立碑一座，碑上刻有"子贡庐墓处"。

---

① 楷，读音 jiē，落叶乔木，木材可制器具，种子可榨油，树皮和叶子可制栲胶。楷木，又名黄连木，也称黄连树或黄楝树，最早始载于《救荒本草》。《植物名实图考》对黄连木记载曰："黄连木，江西、湖广多有之。大合抱，高数丈，叶似椿而小。春时新芽微红黄色，人竞采取腌食，曝以为饮，味苦回甜如橄榄，暑月可清热生津……。"入药，其性味：苦、涩、寒。

第二章 出则弟

兄道友,弟道恭。兄弟睦,孝在中。

【译文】

当哥哥姐姐的要友爱弟弟妹妹,弟弟妹妹要懂得尊敬哥哥姐姐。兄弟姐妹能和睦相处,一家人其乐融融,父母自然欢喜,孝道就在其中了。

【注释】

"出则弟"中的"弟"通"悌",读音 tì。悌,形声。从心,弟声。本义为"敬爱兄长",亦泛指敬重长上。

【解析】

"出则弟"是学生学习的第二课。孝悌是有机联系在一起的,就像一个平面,孝是纵轴,悌是横轴,二者相辅相成,不可分割。"孝"是对长辈,"悌"是对同辈。

子曰:"教民亲爱,莫善于孝。教民礼顺,莫善于悌。"东汉许慎《说文解字》上说:"悌,善兄弟也。"汉代贾谊《道术》上说:"弟爱兄谓之悌。"

"悌"是一个会意字,左偏旁"忄",右部为"弟"。其寓意:心在弟旁,心中有弟。表示哥哥姐姐爱护弟弟妹妹,兄弟姐妹之间诚心友爱。"弟"又有"次第"的意思,表示弟弟要尊敬、顺从兄长。"悌"反映了兄与弟的关系,哥哥对弟弟要友善,弟弟对哥哥要恭敬,即:兄友弟恭。在这里,"友"和"恭"二字,很关键。

《说文解字》上说:"友,同志为友。从二又。相交友也。"周礼注曰:"同师曰朋。同志曰友。"左丘明(春秋)也有"同师曰朋,同志曰友"之语。"朋"是两人之间,相互启迪,予以智慧。"友"好像两人交手相握,彼此友好。因此,两个人志趣相投就称为"友"。友是指友爱、提携、帮助等。

《说文解字》上说:"恭,肃也。"恭,形声。从心,共声。本义:恭敬,谦逊有礼。《说文解字》上说:"敬,肃也。"敬,会意。从攴(读音 pū),以手执杖或执鞭,表示敲打,从苟(读音 jì),有紧急、急迫之义。本义:恭敬;端肃。恭在外表,敬存内心。

"恭"是指尊敬、和顺、服从等。"恭"是以严肃的态度及表情对待长者,不敢怠慢，"恭"比较侧重外在。"敬"是以认真的态度对待人与事，不掉以轻心，"敬"更侧重于内心。恭敬是人生必备的心态与行为。

长幼有序是悌道的进一步推广。在当今社会中，人与人之间，仍有长幼之分，上下级之别。为人要常怀恭敬之心，做到敬长爱幼，尊敬领导，体恤部下，爱护群众。在日常生活中，做到恭敬，是难能可贵的。

【人物】

古公亶父

古公，姓姬，名亶（读音 dǎn），周朝先公，是西伯君主，其后裔周武王姬发建立周朝后，被追谥周太王。陕西省旬邑县（古称"豳"，读音 bīn，通"邠"）人。豳是指豳山，曾用作古都邑名。周后稷[①]的曾孙公刘迁居于此，相传周代祖先即在此立国。

传说古公亶父是后稷的第十二代孙，后稷是轩辕黄帝的玄孙。古公亶父是周文王的祖父。古公亶父在周族发展史上是一个上承后稷、公刘之伟业，下启文王武王之盛世的关键人物。古公亶父是中国上古周族的领袖，他积德行义，国人皆爱戴他。

【嘉言】

孟子曰："仁之实，事亲是也；义之实，从兄是也。"

出自《孟子·离娄章句上》。

其意思为：仁的实质是侍奉父母；义的实质是顺从兄长。由仁及义，由孝及悌。孝敬父母者，才能敬重兄长。连父母都不孝之人，也不可能真正敬重他人。

【故事】

隐居让位

泰伯，是周太王古公亶父的长子，亦即周文王的大伯父。古公亶父的妃

[①] 稷，读音 jì。《尔雅·释草》："稷，粟也。"《说文解字》："稷，斋也。五谷之长。"后稷（周始祖），姬姓，名弃。稷是黄帝玄孙、帝喾嫡长子。后稷是他的官职。后稷同父异母的弟弟有尧和契，传说后稷还有个妹妹名叫嫦娥，嫁给了后羿。稷母有邰（读音 tái）氏女，曰姜嫄（读音 yuán），是帝喾的元妃。稷生于稷山（今山西运城稷山县）。稷被尧帝提携为相。尧帝封后稷于有邰。后稷被尊为稷王（也作稷神）、农神、耕神、谷神。农耕始祖，五谷之神。

子太姜，生子三人：长子叫泰伯，次子叫虞仲（名仲雍），小儿子叫季历。季历的儿子姬昌，就是后来的周文王。据说，周文王出生的时候，有祥瑞出现，所以身为祖父的古公亶父就说了这么一句话："我世当有兴者，其在昌乎？"言下对这个刚刚出生的孙儿，充满了殷切期望。

身为长子的泰伯听到这话后，立刻明白了父亲的意思是希望能把家业传给季历，以便将来顺理成章地传给姬昌。于是，他就自动引退，带着二弟仲雍躲匿到很远的荆蛮之地，并且文身断发，表示让位于季历的决心。躲到荆蛮之后的泰伯，自号为"句吴"，他的义气感动了许多荆蛮人，于是有一千多家自动跟随了他，后逐渐发展成了吴国。根据《通志氏族略》记载："泰伯封于吴，子孙以国为姓。"

【附记】

唐朝法昭禅师，德宗时期人，善工行书。法昭禅师曾经作过两首偈子：

偈一：

同气连枝各自荣，些些言语莫伤情。

一回相见一回老，能得几时为弟兄。

弟兄同居忍便安，莫因毫末起争端。

眼前生子又兄弟，留与儿孙作样看。

偈二：

都受爷娘养育恩，桃花千朵总同根。

莫将姊妹乘轻看，十指连心个个疼。

百岁光阴如水流，兄兄弟弟几春秋。

从前彩服曾同戏，时日几何并白头。

法昭禅师这两首偈子道出了"悌"的珍贵。悌反映了兄弟姐妹相处之道，是孝的进一步延伸，凡是孝敬父母者，皆要友爱兄弟姐妹。法昭禅师这首偈子对我触动挺大，我曾用毛笔书写数遍，以便牢记于心，付诸行动。父母和孩子是浓浓亲情，是割不断的血缘关系。兄弟姐妹的亲情也是天然的，所谓"血浓于水"。兄弟姐妹之间不仅是情分，也是莫大的缘分。兄弟姐妹和睦相处是父母的最大心愿，也是做人尽孝的重要体现。

《易经·系辞上》上说："二人同心，其利断金；同心之言，其臭如兰。"孔子说："君子之道，或出或处，或默或语。二人同心，其利断金。同心之言，其臭如兰。"后人将其演变为"兄弟同心，其利断金"。其意思是说：只要兄弟姐妹同心同德、同心同行、同心协力，就会无往而不胜。

因此，兄弟姐妹之间一定要团结友爱、同心同德、互相帮助、共存共荣。

只有这样，才能形成良好的家训家风，家运才能长久。俗话说："打虎亲兄弟，上阵父子兵。"父子兄弟之间血脉相连，心性相通，在生死关头，往往能表现出同心同德，共克时艰，战胜困难。兄弟姐妹之间行悌道，乃人之常情。

俗话说："家和万事兴。"兄弟姐妹之间和睦相处，大家庭才能兴旺。事实上，在人生道路上，与父母妻子相比，兄弟姐妹陪我们的时间可能更长。因此，珍惜兄弟姐妹的亲情，相互关爱，相互谅解，就显得尤为重要。

财物轻，怨何生。言语忍，忿自泯。

【译文】

与人相处，不要斤斤计较财物。这样，怨恨就无从生起。在言语方面要包容忍让，多说好话，不说坏话，忍住气话，不必要的冲突与愤恨自然消失。

【注释】

怨，读音 yuàn。有埋怨、怨恨、责备的意思。

忿，读音 fèn。本义是指心绪散乱，从而引起愤怒。

泯，读音 mǐn。意思是消失、消灭。

【解析】

从古至今，兄弟总要分家，一个大家庭分成若干个小家庭。在诸多分家事例中，权力和财物往往是矛盾的焦点。

在分家过程中，不仅平民百姓争财夺物，就是王孙贵族也争权夺利。平民百姓争来争去，往往导致大家庭不和气，甚至兄弟姐妹反目成仇，导致大家族的衰败。王孙贵族争来争去，也导致家族不和，甚至同室操戈而导致朝纲不振，造成国家衰败乃至灭亡的下场。为人要牢记：分家莫伤情，手足冷冰冰。兄弟念姐妹，和睦乐融融。

【人物】

周　公

周公，姬姓，名旦，是周文王姬昌第四子，周武王姬发的弟弟，曾两次辅佐周武王东伐纣王，并制作礼乐。

周文王姬昌还在世时，周公非常孝顺，忠厚仁爱，胜过其他兄弟。到姬发即位，姬旦时常辅佐武王。因姬旦采邑在周，爵为上公，故称为周公。周公是西周初期杰出的政治家、军事家、思想家、教育家，被尊为"元圣"和儒学先驱。

周公一生功绩被《尚书·大传》概括为："一年救乱，二年克殷，三年践奄，四年建侯卫，五年营成周，六年制礼乐，七年致政成王。"奄，读音 yǎn，指奄国。周公摄政七年，建立了诸多典章制度，完善了宗法制度、嫡长子继承法、分封制和井田制。

周公七年归政成王，正式确立了周王朝的嫡长子继承制，这些制度的最大特色是以宗法血缘为纽带，把家族和国家融合在一起，把政治和伦理融合在一起。这一制度的形成对中国封建社会产生了极大的影响，为周族八百年的统治奠定了坚实基础。

【嘉言】

子曰："如有周公之才之美，使骄且吝，其余不足观也已。"

出自《论语·泰伯》。

孔子这句话的意思是说："如果一个人，即便有周公那样的才能和美貌，假使骄傲而且悭吝，其余的也就不值得观察了。"

看人不仅要看才能和相貌，更要观察品德，尤其要从"骄"和"吝"两个方面考察。凡事骄傲自满之人，自然不虚心，当然也不会积极向上，更不可能取得进步。"吝"是一种对待"取舍"的态度，能舍才是不吝。成语"一毛不拔"就是"吝"的典型。

周公不仅在才能与相貌上出众，更在品德上，能克服骄吝，谦虚谨慎，求贤若渴。周朝取得胜利之后，周公能将土地等利益分封给诸位功臣与宗亲。泰伯是周公的大爷爷，其后人被周公封吴地为王。可见周公的品德正是不骄不吝，这是常人难以做到的。

【故事】

吐哺归心

周公是武王的弟弟，兄弟感情挺好。武王伐纣灭商后的第二年就病倒了。武王弥留之际，还念念不忘尚未安宁的天下，他担心自己的儿子姬诵年纪尚幼，不足以担起安定天下的重任，便把辅政的大事全部委托给了弟弟周公。

武王驾崩后，其子成王幼小，尚在襁褓之中。周公害怕天下人听说武王死而背叛朝廷，于是就代成王摄政。周公的兄长管叔鲜和弟弟蔡叔度等人，就在国中散布流言说:"周公将对成王不利。"周公就告诉太公望(姜太公吕尚)、召公奭①说:"我之所以不避嫌代理国政,是怕天下人背叛周室,没法向我们的先王太王、王季、文王交代。三位先王为天下之业忧劳甚久,现在才刚成功。武王早逝,成王年幼,只是为了完成稳定周朝之大业,我才这样做。"

周公旦摄政期间,一心一意治理朝纲,成王也渐渐长大了,于是周公决定还政于成王。在还政之前,周公作了《无逸》,告诫成王要先知"稼穑之艰难",不要纵情于声色、安逸、游玩和田猎。

周公始终善待自己的兄弟子侄,并分封功臣与宗亲。周朝分封时,将鲁地封给了周公,周公便派长子伯禽前去管理。临行时,周公告诫儿子说:"我是文王之子、武王之弟,成王之叔父,在全天下人中我的地位不算低了。但是一旦有宾客来访,我就会在吃饭的时候迅速将口中的饭吐出来,洗头的时候迅速将头发握起来,以便赶快出来迎接宾客,唯恐失去天下的贤人。希望你到了鲁国以后,也不要因为自己身居高位而骄傲自满、目中无人。"

伯禽听从父亲的教诲,礼贤下士,谦虚待人,鲁国在他的管理下,最终成了著名的"礼仪之邦"。

或饮食,或坐走。长者先,幼者后。

【译文】

不论在用餐、坐或行走时,都应该谦虚礼让,长幼有序。要让年长者优先,年幼者在后。

【解析】

饮食是生活的重要方面,饮食是一种文化,也有一定的礼仪与规矩。不论是家人、朋友,还是领导,若在一起聚餐时,一般是长者落座后,幼者才能落座。一般是长者居中,长者上手(右座)为上宾,下手(左座)为主陪。即便是路上行走,也要遵守"长者先,幼者后"的礼仪与规矩。

---

① 召公奭(读音 shì),姬姓,名奭,又称邵公、召伯、召康公等。他是西周宗室、大臣,与周武王、周公旦同辈。他受封于蓟(今北京),建立诸侯国燕国,并派长子姬克管理燕国。周武王死后,其子周成王继位,姬奭担任太保。姬奭执政时,政通人和,贵族和平民都各得其所,因此深受爱戴。他曾在一棵棠梨树下办公,后人为纪念他,舍不得砍伐此树,《诗经·甘棠》中曾称颂此事。周成王死后,姬奭辅佐周康王,开创"四十年刑措不用"的"成康之治",为周朝打下延续八百多年的坚实基础。

【人物】

司 马 光

司马光（公元1019年—公元1086年），字君实，号迂叟，汉族，陕州夏县涑^①乡人，世称涑水先生。北宋政治家、史学家、文学家。历仕仁宗、英宗、神宗、哲宗四朝，卒赠太师、温国公，谥文正。他为人温良谦恭、刚正不阿。

司马光主张对西夏、辽国采取割地忍让政策，并上《上哲宗乞还西夏六寨》。其人格堪称儒学教化下的典范。宋仁宗宝元元年（公元1038年），司马光进士及第，累迁龙图阁直学士。宋神宗时，因反对王安石变法，司马光遭到排斥，被迫离开朝廷十五年。其间，司马光主持编纂了中国历史上第一部编年体通史《资治通鉴》。

司马光官至尚书左仆射兼门下侍郎。元祐元年（公元1086年），司马光去世，追赠太师、温国公，谥号文正。名列"元祐党人"，配享宋哲宗庙廷，图形昭勋阁；从祀于孔庙，称"先儒司马子"；从祀历代帝王庙。

【嘉言】

孟子曰："谨庠序之教，申之以孝悌之义，颁白者不负戴于道路矣。"

出自《孟子·梁惠王上》的《寡人之于国也》。

这是孟子与梁惠王会面时说的一段话。庠和序，都是指学校。商代叫序，周代叫庠。教是指教化，申是反复陈述。孝是指尊敬父母，悌是指友爱兄弟。义是指道理。"颁"同"斑"，颁白是指头发花白。负是指背着东西。戴是指顶着东西。

这段话的意思是：认真谨慎地办好乡村学校，做好教育，把孝悌的道理反复讲给老百姓听。这样一来，人人知道孝悌，家家敬老爱幼，须发花白的老人们也就不再会肩挑头顶地出现在道路上了。这段话强调了孝悌教化的重要性，以及举办乡村学校的必要性。

【故事】

敬 爱 兄 长

司马光一生孝顺父母，友爱兄弟，忠于朝廷。他地位显赫，德高望重。

---

① 涑（读音sù）水河向西南流经山西省的闻喜县、夏县、运城市区、临猗县至永济市伍姓湖，在弘道园村附近汇入黄河，全长约196公里，流域面积达到5548平方公里。

不仅在德行上被世人推崇,友爱兄弟的真诚情怀更成为千古美谈。

司马光的哥哥司马旦,字伯康,兄弟两人的感情特别好。当司马光退居洛阳的时候,每次返乡探亲,总会探望兄长,他对哥哥既敬重又极为关怀。当时,司马伯康已经八十多岁,而司马光年纪也不小了,但司马光侍奉兄长就如同侍奉父亲一样地尽心尽力。尤其老人家体质较弱,消化不佳,常需少量多餐,照顾颇为费神。所以每当吃完饭不久,司马光总会亲切地问候哥哥:"您饿了吗?要不要再吃点东西?"几乎是时时刻刻地关注,真是无微不至。当季节交替之时,气温变化较大,老人最怕的是着凉。所以天气稍稍转凉,司马光就常常轻抚着兄长的背,并关切地问道:"衣服会不会太薄?会不会冷?"司马光对哥哥几乎是日日嘘寒问暖。

人的一生中,和兄弟姐妹相处的时间,往往超过父母,所以应该彼此相互提携照顾。司马光虽然身居显贵,但照料兄长从不委由仆人代劳,都是亲自操持,这种至情至亲的手足之爱,出于至诚之心,真是令人感动不已。

长呼人,即代叫。人不在,己即到。

【译文】

长辈有事呼唤人,应代为传唤。如果被叫的人不在,自己应该主动去询问有什么事?或代为转告。

【解析】

尊老爱幼是中华民族的传统美德。良好的家风要依靠尊老爱幼的理念和宽严相济的规矩,才能逐渐形成。小孩子的习惯更要从小养成,尤其要培养孩子的孝心与德行,逐渐养成孝敬父母、尊敬老人的良好习惯。

不论是大事,还是小事,为人子女者皆要保持谦虚谨慎之心。在人前人后,皆要彬彬有礼,时时心生恭敬,处处谦和礼让。

【人物】

孙　子

孙武(约公元前545年—约公元前470年),字长卿,春秋末期齐国乐安(今山东广饶)人。中国春秋时期著名的军事家、政治家,尊称兵圣或孙子,或孙武子，又称"兵家至圣"，被誉为"百世兵家之师""东方兵学的鼻祖"。孙武的著述《孙子兵法》流传于世，影响深远。

【嘉言】

上下同欲者胜。

出自《孙子兵法·谋攻》。

原文为："故知胜有五：知可以战与不可以战者胜，识众寡之用者胜，上下同欲者胜，以虞待不虞者胜，将能而君不御者胜。""上下同欲者胜"是知胜之一。其意思为：上下齐心协力，才能取得胜利。张预注："百将一心，三军同力，人人欲战，则所向无前矣。"不论是战场，还是商场，上下同欲者胜，都是适用的。

【故事】

《孙子兵法》与商道

据《史记·货殖列传》记载，最早将《孙子兵法》引入经营管理的是战国魏文侯时期的商人白圭。他将《孙子兵法》《吴起兵法》和商鞅变法等原理，用于生产经营，善观时变，把握机会，采取"人弃我取，人取我与"的策略，在商业经营中取得了巨大成功。日本著名企业家松下幸之助，曾公开宣称《孙子兵法》是他经营企业成功的法宝。他说："中国古代先哲孙子，是天下第一神灵。我公司职员必须顶礼膜拜，对其兵法认真背诵，灵活应用，公司才能兴旺发达。"日本学者村山孚说："日本企业的生存和发展有两个支柱，一个是美国的现代管理制度，一个是《孙子兵法》的战略和策略。"LG电子（中国）前总裁卢庸岳说："我很喜欢中国的《孙子兵法》，里面有很多智慧的东西，对于经营管理也很有用。"当今，国内也有很多学者研究孙子兵法与企业经营管理的关系，也有不少企业经营管理者将《孙子兵法》应用到市场竞争、战略管理及生产经营管理活动中。

称尊长，勿呼名。对尊长，勿见能。

【译文】

称呼长辈，不可以直呼姓名，在长辈面前，要谦虚有礼，不可以炫耀自己的才能。

【注释】

"勿见能"中的"见"读音 xiàn，通"现"。

【解析】

尊老敬长，善德之始，幸福之源。

尊老敬长是中华民族的传统美德。尊老敬长不仅是孝亲的体现，也是孝悌在社会层面的延伸。尊老敬长不仅要谦虚有礼，还要观察老者或长者的优点或长处，在适当的时候多多请教，必然受益匪浅。

做人千万不可骄傲自满，更不能目中无人，尤其在尊长面前忌讳乱逞能，出风头，显摆自己。这样不仅不能讨得尊长喜欢，还会惹人生厌，给人留下狂妄自大的印象。

【人物】

张　载

张载（公元1020年—公元1077年），字子厚，世称横渠先生。北宋思想家、教育家，理学创始人之一。

北宋天禧四年（公元1020年），张载生于长安（今陕西西安）。张载年少之时就喜爱谈兵，曾欲结客收复洮西失地。他上陈《边议九条》，交好范仲淹，研读儒家《六经》。嘉祐进士。任签书渭州判官公事，协助渭州军帅蔡挺筹划边防。熙宁二年（公元1069年）为崇文院校书。次年，因病屏居，读书讲学。熙宁十年（公元1077年）同知太常礼院，复以病归。

张载博览群书，其学以《易》为宗，以《中庸》为体，以孔、孟为法。他认为世界万物的一切存在和一切现象都是"气"，即"太虚"，主张"理在气中"。又认为只有"德性之知"才能认识"天下之物"。讲学关中，故其学派称为"关学"。

宋神宗熙宁十年（公元1077年），张载病逝于临潼，时年五十八岁。嘉定中谥明，尊称张子，封先贤，奉祀孔庙西庑①第三十八位，与周敦颐、邵雍、程颢、程颐合称"北宋五子"。其"为天地立心，为生民立命，为往圣继绝学，为万世开太平"的名言，被当代哲学家冯友兰称作"横渠四句"。因其言简意赅，历代传颂不衰。张载著有《正蒙》《横渠易说》《经学理窟》《张子

---

① 庑，读音 wǔ，堂下周围的走廊、廊屋。孔庙大成殿东西两侧的房子叫"两庑"，是后世供奉先贤先儒的地方。西庑是指西面的廊屋。

语录》等，后人编为《张子全书》。

【嘉言】

积善之家，必有余庆，积不善之家，必有余殃。

出自《易传·文言传·坤文言》。

这句话的意思是指"修善积德的家庭，必然有更多的吉庆；不修善积德的家庭，必然有更多的祸殃。"后人为了对仗将"积不善之家"中的"不善"二字改为"恶"字，于是成为"积善之家必有余庆，积恶之家必有余殃"。

在我国，北有同仁堂，南有庆余堂。同仁堂和庆余堂等中华百年老店皆奉行"积德行善"的传统理念，才经久不衰、历久弥新。

【故事】

善 的 循 环

日本有个企业家吉田忠雄，被誉为"世界拉链大王"，他深谙商业经营之道，并形成了"善之循环"的思想观点。他经常对部下说："如果我们散布仁慈的种子，给予别人以仁慈，仁慈就在我们和别人之间不停地循环运转。"这是吉田忠雄对人生之道的认识，体现在经营中也是一种仁德。

他早在20世纪40年代创建吉田兴业会社之时，就从中国上海旧商人"和气生财"及《孙子兵法》中"欲取之，必先予之"中得到启示，并将中国的道德哲学应用到商业经营之中，创造了"利润三分法"：一是让利于消费者，从而争取更多的消费者；二是让利于批发商，使其乐意经销公司的产品；三是让利于企业员工（如员工持股），以便调动员工的积极性。这种做法结出了硕果，吉田忠雄也由小小的作坊主逐渐成为"世界拉链大王"。

路遇长，疾趋揖。长无言，退恭立。

【译文】

在路上遇见长辈，应快步向前问好。长辈无言没事时，即恭敬退后站立一旁，等待长辈离去。

【注释】

"疾趋揖"中的"揖"读音 yī。作揖是古代的一种拱手礼，一般是左手包住右拳，向上拱手施礼。这是过去宾主相见的常用礼节。古书上讲：左手为吉，右手为凶。施礼中，将左手包住右拳，不仅是一种礼节，也有示人吉祥的意思。

《礼记·玉藻》上说："进则揖之，退则扬之。"注：揖之谓小俯也，扬之谓小仰也。《六书故》上说："拱手上下左右之以相礼也。"拱手礼是先上后下，从左至右。

【解析】

尊老孝亲有一定的礼仪，传统礼仪有：作揖、鞠躬和磕头等。古代对尊长往往行跪拜之礼，如给父母祝寿或拜见上司。同辈之间，往往拱手作揖。鞠躬礼起源于我国商代的祭天仪式"鞠祭"。鞠躬是弯身行礼，是表示对他人敬重的一种礼节。当今，在一些乡村，春节拜年时，还有作揖和磕头的礼仪风俗。

老人往往人生阅历较广，经验较多，有诸多值得我们学习借鉴的地方。俗话说："不听老人言，吃亏在眼前。"这是很有道理的。

当然，现代社会节奏越来越快，生活压力也越来越大。若像过去那样多的繁文缛节，实行起来也的确太麻烦。在尊长面前尽量谦虚礼让，还是十分必要的。但拘泥于条条框框，搞古人那些繁文缛节，就显得有点迂腐了，也不合时宜。

【人物】

张　良

张良，字子房，一说颍川城父，今河南郏（读音 jiá）县人；另一说沛郡，今安徽亳州人。秦末汉初杰出谋臣，西汉开国功臣，政治家，与韩信、萧何并称为"汉初三杰"。

张良曾力劝刘邦在鸿门宴上卑辞言和，保存实力，并买通项羽季父项伯，使得刘邦顺利脱身。张良凭借出色的智谋，协助汉王刘邦赢得了楚汉战争，建立了大汉王朝，他帮助吕后之子刘盈成为皇太子，册封为留侯。张良精通黄老之道，不恋权位，晚年随赤松子云游四海，汉高后二年（公元前186年）去世，谥号文成。汉高祖刘邦评价说："夫运筹帷帐之中，决胜于千里之外，吾不如子房。"

【嘉言】

孟子曰："老吾老，以及人之老。幼吾幼，以及人之幼。"

这句话出自《孟子·梁惠王上》。

这句话的意思为，在赡养孝敬自己的长辈时，不应忘记其他与自己没有血缘关系的老人。在抚养教育自己的小孩时，不应忘记其他与自己没有血缘关系的小孩。

孟子继承了孔子的大同思想。这是孟子倡导"尊老爱幼"的至理名言。当然，孝敬自己的父母，爱护自己的孩子，是人的天性，也是人的本分，还是做人的义务。若能关爱那些与自己没有血缘关系的老人与孩子，才更能彰显人间美德。

【故事】

礼遇黄石公

传说有一天，张良路过一座桥，突然看见有位老人家朝桥下扔了一只鞋。张良仔细一看，原来是一位衣衫破旧的老人，现在正光着一只脚站在桥上。张良急忙走过去说："老人家，您别着急，我去替您捡起来。"说完，他就奔下桥捡了鞋。张良回到了桥上，谁知老人把脚一伸，吩咐道："把鞋给我穿上！"张良心里有些生气，但他想了想，还是帮老人穿了鞋。

老人拍了拍张良的肩膀说："年轻人，你还是可以教诲的呀！五天后的早上你来这里等我吧。"张良答应了。可张良年轻贪睡迟到了，老人生气地说："五天后再来吧！"张良又羞又愧，五天后，刚过半夜，他就早早地来到桥头等着。过了一个时辰，又等了一会儿，终于等来了老人。老人送给他一本书。天明以后，张良一看，正是梦寐以求的《太公兵法》。原来这位老人就是精通兵法的黄石公，与鬼谷子齐名的得道高人。从此张良发奋研读，终于成为帮助刘邦创立帝业的大谋士。

骑下马，乘下车。过犹待，百步余。

【译文】

不论骑马或乘车，路上遇见长辈均应下马或下车问候。等到长者离去稍远，约百步之后，才可以离开。

【注释】

"乘下车"中的"车"古代读音 jū，今读音 chē。车，是指陆地上有轮子的交通工具。古有马车、牛车、战车等；今有汽车、火车、自行车等。

【解析】

对长辈要有恭敬之心,并体现在行为礼仪上。当今,出行多是汽车,看见行人礼让是十分必要的。尤其看见老人孩子在路上,更要谨慎,一定要礼让,避免交通事故。

若在路上看见认识的长辈,而车又不多,可以停一下车,摇下车窗,给长辈打个招呼,这也是人之常情。当今,生活工作及交通节奏都提速了,还像过去那样目送老人走百余步,再开车就可能造成不必要的拥堵。因此,尊老爱幼也要通权达变才好。

【人物】

朱 熹

朱熹(公元 1130 年—公元 1200 年),字元晦,号晦庵,徽州婺源[①]人。绍兴十八年(公元 1148 年)中进士,历仕高宗、孝宗、光宗、宁宗四朝,庆元六年卒。

朱熹受父亲教诲,聪敏过人,四岁时其父指天说:"这是天。"朱熹则问:"天上有何物?"他的父亲大为吃惊。他八岁便能读懂《孝经》,在书上题字自勉曰:"若不如此,便不成人。"朱熹热衷于道、佛,绍兴十七年(公元 1147 年),十八岁的朱熹参加乡贡,据说就是以佛学禅宗的学说被录取的。主考官蔡兹还对人说:"吾取一后生,三策皆欲为朝廷措置大事,他日必非常人。"

绍兴十八年(公元 1148 年),朱熹考中进士,被委任为泉州同安县主簿,从此开始仕途生涯。赴任途中拜见了程颐的三传弟子著名道学家李侗。绍兴三十年(公元 1160 年),三十岁的朱熹决心向李侗求学,为表诚意,他从崇安步行到延平。李侗甚是赏识这个学生,替他取字"元晦"。从此,朱熹开始建立客观唯心主义思想——理学。

朱熹认为在超现实、超社会之上存在一种标准,它是人们一切行为的准则,即"天理"。只有去发现和遵循天理,才是真善美。而破坏这种真善美的则是"人欲"。因此,他提出"存天理,灭人欲。"这六个字是朱熹客观唯心主义思想的核心。

[①] 婺,读音 wù。婺水在当今的江西。婺源,地名,婺水之源。婺源县,古徽州六县之一,今属江西省上饶市下辖县。位于江西省东北部,赣、浙、皖三省交界处。

淳熙三年（公元1176年），朱熹与当时著名学者陆九渊相会于江西鹅湖寺，相互交流思想。但陆九渊是主观唯心主义者，他认为人们心中先天存在着真善美，主张"发明本心"，即要求人们在自己心中去发现真善美，从而达到自我完善。这与朱熹的客观唯心主义学说不同。因此，二人激烈争辩，最后僵持不下，以至互相嘲讽，不欢而散。这就是中国思想史上有名的"鹅湖会"。从此，便有了"理学"与"心学"两大派别。

朱熹创办了四大书院中的两大书院——白鹿洞书院和岳麓书院。公元1178年，朱熹在庐山唐代李渤隐居旧址，建立"白鹿洞书院"并讲学。公元1193年，朱熹任职于湖南时，主持修复了岳麓书院。朱熹亲自为白鹿洞书院制定了一套学规：

"父子有亲、君臣有义、夫妇有别、长幼有序、朋友有信"的"五教之目"。

"博学之，审问之，谨思之，明辨之，笃行之"的"为学之序"。

"言忠信，行笃敬，惩忿窒欲，迁善改过"的"修身之要"。

"正其义不谋其利，明其道不计其功"的"处事之要"。

"己所不欲，勿施于人，行有不得，反求诸己"的"接物之要"。

这个学规后来成为各大书院的楷模，对后世影响极大。书院在南宋发展盛行，几乎取代了官学，这种盛况与朱熹的付出与支持直接相关。

朱熹的一生，志在树立与弘扬理学。他言传身教，培养了大量理学的继承者和传承者。朱熹希望理学成为统治阶级的思想，但因理学初出，影响不深。同时，朱熹因品性耿直在官场上得罪权臣，致使晚年落得一个悲剧结局。庆元六年（公元1200年）三月初九，朱熹在家忧愤而死，享年七十一岁。临死前还在修改《大学诚意章》，可见他是如何矢志不移地树立自己的理学，然而生前终未如愿。

【嘉言】

见老者，敬之；见幼者，爱之。

出自《朱熹家训》。

朱熹的"敬老爱幼"思想继承了孟子"敬老慈幼"的思想。敬老爱幼，人之常情。即便我们自己还不老，但我们见到的每个老人，就是我们的明天；即便我们不再年少，但我们见到的每个幼儿，就是我们的昨天。

俗话说："你敬人，人敬你；你爱人，人爱你。"敬爱是相互的，在天地人间循环往复，并表现出种种美德。

【故事】

孝母尊妻爱女

朱熹少年丧父，与母相依为命，对母亲非常孝顺，早晚问安，榻前侍奉。在朱熹四十岁时，老母亲因病辞世。母亲去世后，朱熹坚持为母亲守丧三年。他在母亲的坟前搭建了寒泉精舍，以尽孝道。在为母亲守丧期间，朱熹不通外界，不慕荣华，专心学习，精心著述，为其思想之大成奠定了坚实的基础。

朱熹十九岁时，娶刘勉之的女儿刘清四为妻。婚后夫妻和睦，夫唱妇随，感情甚笃。朱熹四十七岁时，妻子刘清四因病辞世，朱熹悲痛万分。次年二月，朱熹亲选吉穴将妻子安葬，并发誓"生不同时，死同穴。"此后，他终身未娶。又次年，朝廷命他知南康军。临行前，他特意去祭拜刘氏墓，并赋诗《唐石雪中》："春风欲动客辞家，霡霂纵横路转赊。行到溪山愁绝处，千林一夜玉成花。"后来，朱熹年老病重，临终之时，还拖着病体，写下了一篇感念夫妻恩情的《墓祭文》："岁序流易，雨露既濡，念尔音容，永隔泉壤。一觞之酹（读音 lèi），病不能亲，谅尔有知，尚识予意。"其大概意思是：一年年的时光过得很快，怀念与你相濡以沫的岁月，难忘你的音容笑貌，你我却阴阳永隔。我年老体衰，有病在身，不能亲自祭奠，一壶老酒浇在地上，你定能体会我的心，也一定会谅解我。朱熹短短的几句话，夫妻之恩、感念之情，溢于字里行间。

朱熹有一个女儿名叫朱兑，长大以后，嫁给了黄干。黄干在外任职之时，朱熹曾上门看望女儿。黄干为官清廉，生活比较贫困。当时，朱兑拿不出大鱼大肉，只能准备葱汤麦饭招待远道而来的老父亲。对此，朱兑深感愧疚。朱熹看出了女儿的心思，很高兴地吃下这顿简便的饭菜。吃饭时，朱熹笑着说："我儿切莫介意，这菜肴不同一般，可称美味可口。"吃完饭之后，还大笔一挥，写下了"葱汤麦饭两相宜，葱补丹田麦疗饥。莫道此中滋味薄，前村还有未炊时。"女儿看了这首诗，才笑颜展开，心中感到丝丝宽慰。朱熹留下的这首诗，后来成为黄家的家训，后世子孙以此为标准，安于清贫，积极向上。

朱熹对母尽孝，对妻尽义，对女尽教，不愧是儒学大师。朱熹真是好儿子、好丈夫、好父亲！不管学问多大，地位多高，都要尊老爱幼，和睦人伦。这是家庭幸福的根本。

长者立，幼勿坐。长者坐，命乃坐。

【译文】

与长辈同处，长辈站立时，晚辈应该陪着站立，不可以自行坐下。长辈坐定以后，吩咐坐下，晚辈才可以坐。

【注释】

《说文解字》上说："命，使也。"命，形声，兼会意字。从口，从令，令亦声。

命的本义是指发号施令、发布命令，后引申为生命、指派、天命等。在这里，"命"是指吩咐、命令、指使。

【解析】

尊敬长者，要落实在生活中，表现在行动上。行走坐立都要有规矩，讲礼仪。如果八十岁的爷爷站着，而二十岁的孙子却大模大样地坐着，就显得没规矩，不像话了。

在公交车上，就发生过这类现象。年轻人大模大样地坐着，无意给老人让座。也有个别老人要求年轻人给自己让座，年轻人没搭理他，遭到了老人的训斥甚至打骂。基本的规矩与礼节丧失了，就会导致"为老不尊，为幼不爱"。

【人物】

朱 柏 庐

朱伯庐（公元1627年—公元1698年），名用纯，字致一，号柏庐。清初江苏昆山人，《朱子家训》的作者。朱伯庐自幼致力于读书。他曾考取秀才志于仕途。清入关明亡，遂不再求取功名，居乡教授学生，并潜心程朱理学，主张知行并进，一时颇负盛名。康熙曾多次征召，他坚辞不应。著有《删补易经蒙引》《四书讲义》《劝言》《耻耕堂诗文集》《大学中庸讲义》和《愧纳集》。

《朱柏庐治家格言》，世称《朱子家训》，流传很广。《朱子家训》通篇意在劝人勤俭持家、安分守己。其中"一粥一饭，当思来处不易；半丝半缕，恒念物力维艰"备受世人称颂。《朱子家训》被历代士大夫尊为"治家之经",一度成为童蒙必读课本之一。《朱子家训》精辟地阐明了修身治家之道,实为家教家训名篇。当然,其中也存在一些封建糟粕,如对女性存在某些偏见。当今,男女平等,应对前人的著述批判地学习,但我们也不必苛求前人。

【嘉言】

伦常乖舛,立见消亡。

出自《朱子家训》。这句话富有哲理,流传甚广。

乖,读音 guāi。《说文解字》上说:"乖,戾也。"《广雅》上说:"乖,背也。"古代,乖的本义为:背离、违背、不和谐等。现代汉语中则常用于褒义,表示顺从、听话等意思,如"乖乖"。

舛,读音 chuǎn。《说文解字》上说:"舛,对卧也。"清代段玉裁注:"谓人与人相对而休也,相背,犹相对也。"其本义为:相违背、颠倒等。

"伦常乖舛"是指违背伦常。一个人若违背了伦理纲常,很快就会自取灭亡。这句话告诫人们:不能违背伦常,不能悖理而行。伦常是人与人保持良好关系的规则。

【故事】

助 人 为 乐

1961年5月的一天,雷锋因公事到沈阳出差,清早五点钟从连部出发,在去抚顺火车站的路上,看到有一位大嫂背着一个小孩,手里还拉着一个六七岁的小女孩去赶车。天正下着雨,母子三人都没有穿雨衣。小女孩因掉进泥坑里,弄了一身泥,一边走还一边哭。看到这种情况,雷锋立即想道:我军宗旨就是全心全意为人民服务,群众的困难就是我的困难。雷锋急忙上前去,脱下自己的雨衣,披在背小孩的大嫂身上,接着又背起另一个小女孩,一同来到火车站。雷锋替她们买好车票,又一同上了火车。在车上,雷锋看到小女孩全身衣服都湿透了,头发还在往下滴水,冻得直哆嗦。雷锋身上的衣服也湿了,他急忙解开外衣,摸摸贴身的那件绒衣还是干的,便立即脱下来,给小女孩穿上。听说他们母子三人早晨没吃饭就出来了,雷锋又把自己带的三个馒头送给他们。上午九点钟,列车到了沈阳,雷锋领着小女孩,把母子三人一直送出车站。

当今社会有些怪现象,据说有一位八十多岁的老人摔倒在家门口,连保安也不敢上前扶一把,围观了不少人,其中有一女士报了警,但等到110

和120赶到后,老人已经气绝身亡了。众人皆麻木,可悲又可叹!还有个别商人不仅不助人为乐,还专门坑人害人,真是可恨!自古就有"无奸不商",其实"无奸不商"是"无尖不商"的误传。古代米商做生意,除了要将斗装满外,还要多舀上一些,让斗里的米冒尖儿。其实,商人也是人,也有良心,本性是善良的。不少商人乐于助人。河北众诚集团董事长韩杏军不仅倡办石家庄诚信促进会,还长期资助多名贫寒学子上学念书,真是难能可贵。

尊长前,声要低。低不闻,却非宜。

【译文】

在尊长面前交谈,声音要柔和适中。若声音太低,让人听不清楚,也是不适宜的。

【解析】

尊敬长者,要懂规矩,要体会别人的感受,并体现在日常生活及行为上。在长者面前大呼小叫,声音刺耳,长者听着不舒服;声音太小,长者听不清,也不礼貌。要经常训练孩子在长者面前落落大方,表现出柔和的气质。若在家里不礼貌,没大没小,出门也会不文明。让人骂"缺教养"就不好了。教育子女要从小事细节抓起,处处讲文明,时时讲礼貌。别认为这是小事,就无所谓。若孩子学会了尊敬他人,长大就容易融入社会,就能受到别人的敬重。

【人物】

仲 由

仲由(公元542年—公元前480年),字子路,又字季路,鲁国卞人(今山东泗水县泉林镇卞桥人)。仲由为"孔门十哲""孔门七十二贤"和"二十四孝"之一,受儒家祭祀。仲由性情刚直,好勇尚武,曾凌暴过孔子,孔子对他启发诱导,设礼以教,仲由接受了孔子的劝导,请为弟子,并跟随孔子周游列国,做了孔子的侍卫。后来,仲由做卫国大夫孔悝(读音 kuī)的蒲邑宰,以政事见称,为人正直,好勇力,任内开挖沟渠,救穷济贫,政绩突出,辖域大治。

周敬王四十年（鲁哀公十五年），卫国内乱，仲由临危不惧，冒死冲进卫国国都救援孔悝，混战中被蒯聩（读音 kuǎi kuì）击杀，蒯聩命石乞挥戈击落仲由冠缨。仲由道："君子死，冠不免。"仲由在系好帽缨的过程中被人砍成肉酱。仲由临死之际，还不忘正冠缨，世代传为佳话。仲由死后葬于澶（读音 chán）渊（即澶州，今河南濮阳）。

【嘉言】

子路问君子。子曰："修己以敬。"曰："如斯而已乎？"曰："修己以安人。"曰："如斯而已乎？"曰："修己以安百姓。修己以安百姓，尧舜其犹病诸？"

出自《论语·宪问》。

这段对话是从子路请教"什么是君子"开始的。孔子说："修养自己，保持恭敬之态度。"子路追问："这样就够了吗？"孔子说："修养自己，使周围的人感到安乐。"子路继续追问："这样就够了吗？"孔子说："修养自己，使所有百姓都安乐。修养自己使所有百姓都安乐，即便是尧舜恐怕也难做到呢？"这段话的核心是"修养是成为君子的前提"。修养的目的是让自己和别人都安乐，最终让人民群众安乐幸福！

"君子"一词广见于先秦典籍。《易经》《诗经》《尚书》和《论语》等典籍中广泛使用了"君子"一词。《周易·乾》："九三，君子终日乾乾，夕惕若，厉无咎。"其意思是："九三，君子终日自强不息，每天晚上都对自我深刻反省，保持警惕之心，检查自己有无过失，才不会给自己带来灾难。"《诗经·周南·关雎》："窈窕淑女，君子好逑。"《尚书·虞书·大禹谟》："君子在野，小人在位。"

对"君子"一词的具体说明，却始于孔子。在孔子之前，君子一词主要是从政治角度立论的，君子的主要意思是"君"，亦即"君王之子"。"君"，从尹，从口。"尹"，表示治事；"口"，表示发布命令。合起来的意思是：发号施令，治理国家。

《诗经·谷风之什·大东》有："君子所履，小人所视。"孔颖达在《诗经正义》上说："此言君子、小人，在位与民庶相对。君子则引其道，小人则供其役。"《春秋左传·襄公九年》上说："君子劳心，小人劳力，先王之制也。"此处君子、小人，仍着眼于地位而非道德品质。

在儒家学说中，孔子、孟子等人赋予了"君子"一词特定的人格及其道德内涵。从此，君子一词开始具有道德品质的属性。君子一般是指德才兼备之人，在人格上比较完美。"博闻强识而让，敦善行而不怠，谓之君子。"而与君子对应的则是小人。君子与小人也成为历代文人挂在嘴边的词语,君子成为褒扬他人人格与人品的褒义词,而小人则成为贬斥他人人品与人格的贬义词。

【故事】

负米孝亲

子路从小家境贫寒,生活非常节俭。他经常吃野菜充饥,但对父母却非常孝顺。子路觉着自己年轻,常吃野菜没关系,但怕父母吃野菜而营养不够,导致身体不好。家里没有米,为了让父母吃到米,子路就步行百里之外去买米,再背着米赶回家,奉养双亲。

古代交通不便,百里之外就是远路。也许有人能做到一次、两次。但一年四季经常如此,就极其不易。然而,子路为了能让父母吃到米,不论寒风烈日,都不辞辛劳地跑到百里之外买米,再背回家。

冬天,冰天雪地,寒风刺骨,子路背着米,在路上艰难地行走着。有时,手脚都冻僵了,子路便停下来,放在嘴边哈暖,然后继续赶路。夏天,烈日炎炎,汗流浃背,子路也不肯在树下歇一歇,只为早点回家给父母做可口的饭菜。遇到大雨时,子路就把米袋藏在自己的衣服里,宁愿淋湿自己,也不让大雨淋到米袋。如此的艰辛,他却能持之以恒,实在不容易。

后来子路的父母双双过世,他南下到了楚国。楚王聘他当官,给他很优厚的待遇。一出门就有上百辆的马车跟随,每年给非常多的俸禄,所吃的饭菜很丰盛,山珍海味不断,过着富足的生活。但他并没有因为物质条件变好而感到欢喜,反而时常感叹。

子路曾慨叹说:"即使我想吃野菜,想为父母负米,哪里能够再办得到呢?"孔子听后赞扬子路:"你侍奉父母,可以说是生时尽力,死后思念哪!"

进必趋,退必迟。问起对,视勿移。

【译文】

有事要到尊长面前,应快步向前;退回去时,必须稍慢一些才合乎礼节。当长辈问话时,应当专注聆听,眼睛不可东张西望、左顾右盼。

【注释】

趋,读音 qū。《说文解字》上说:"趋,走也。"

疾行曰趋，疾趋曰走。趋，以短而多的步子快走。趋是古代的一种礼节，小步快走，以表示恭敬。

【解析】

有恭敬心，讲话办事就会专注。心不在焉，表现浮躁，往往是缺乏恭敬心之故。不要小瞧进退、问答等日常礼仪，这是一种家庭教育养成。进退、问答最重要的就是恭敬心。这些细节能真实反映一个人对待长者的态度及综合素质。

天真烂漫是孩子的天性，家庭规矩也是人定的，更是为人制定的。不管什么规矩，最好别湮没孩子善良率真的本性。对那些不合时宜的规矩和礼节，也要进行改进与创新。

【人物】

萧 何

萧何（公元前257年—公元前193年），沛郡丰邑（今江苏丰县）人，西汉初年政治家，位居宰相，西汉开国功臣之一。

萧何早年曾担任秦朝沛县县吏，秦末辅佐刘邦起义，史称"萧相国"。攻克咸阳后，他接收了秦丞相、御史府所藏的律令、图书，掌握了全国的山川险要、郡县户口，对日后制定政策和取得楚汉战争胜利起了重要作用。楚汉战争时，他留守关中，使关中成为汉军坚固的后方，他积极做好后勤工作，不断地输送士卒粮饷，支援前线作战，对刘邦战胜项羽，建立汉朝起到了重要作用。

萧何吸取、借鉴了秦六法，为大汉重新制定律令制度，作《九章律》。在法律思想上，萧何主张无为而治，喜好黄老之术。汉十一年（公元前196年），他协助刘邦消灭韩信、英布等异姓诸侯王。刘邦死后，他辅佐汉惠帝。惠帝二年（公元前193年），萧何去世，谥号文终侯。

【嘉言】

既明且哲，以保其身。

出自《诗经·大雅·烝民》。

原句为："既明且哲，以保其身，夙夜匪懈，以事一人。"其意思是："既明辨事理，又聪明智慧，善于应对，而保全自身。日夜谨慎工作勤奋不懈，忠诚地侍奉周天子。"这句话旨在赞扬仲山甫的美德和辅佐周宣王的政绩。仲山甫,一作仲山父。周太王古公亶父后裔,虽家世显赫,却是一介平民。早年务农经商,在同业中有很高威望。周宣王元年(公元前827年),受举荐入王室,任卿士(相当于后世的宰相),位居百官之首,封地为樊,从此以樊为姓,为樊姓始祖,所以又叫"樊仲山甫""樊仲山""樊穆仲"。

人生最为重要的是:明人道,悟人性,行人伦,做人事。当进则进,当退则退,进退自如,可谓得道。明哲保身是大智慧,而不是庸俗的、令人不齿的"胆小怕事",更不是自私自利,只顾自己身家性命。"杀身成仁,舍生取义"就是明哲之大道。明哲者,大则可以牺牲自己,小则可以保全自己,岂可一概贬之。

【故事】

自 污 名 节

萧何设计诛杀韩信之后,刘邦对他更加恩宠。除对萧何加封外,还派了一名都尉率五百名兵士作相国的护卫,真是封邑进爵,圣眷日隆。众宾客纷纷道贺,喜气盈庭。萧何也非常高兴。

这日,萧何在府中摆酒席庆贺,喜气洋洋。有一个名叫召平的门客却身着素衣白履,昂然进来吊丧。萧何见状大怒道:"你喝醉了吗?"这位名叫召平的人,原是秦朝的东陵侯。秦亡后隐居郭外家中种瓜,味极甘美,时人故号东陵瓜。萧何入关,闻知贤名,招至幕下,每有行事,便找他计议,获益匪浅。今天,他见萧何仍未领会他的意思,便说:"公勿喜乐,从此后患无穷矣!"萧何不解,问道:"我进位丞相,宠眷逾分,且我遇事小心谨慎,未敢稍有疏虞,君何出此言?"召平说道:"主上南征北伐,亲冒矢石。而公安居都中,不与战阵,反得加封食邑,我揣度主上之意,恐在疑公。公不见淮阴侯韩信的下场吗?"萧何一听,恍然大悟,猛然惊出一身冷汗。第二天早晨,萧何便急匆匆入朝面圣,力辞封邑,并拿出许多家财,拨入国库,移作军需。汉帝刘邦十分高兴,奖励有加。

刘邦亲自率兵征讨。他身在前方,每次萧何派人输送军粮到前方时,刘邦都要问:"萧相国在长安做什么?"使者回答,萧相国爱民如子,除办军需以外,无非是做些安抚、体恤百姓的事。刘邦听后,总是默不作声。来使回报萧何,萧何亦未识汉帝何意。有一天,萧何偶尔问及门客,门客说:"公不久要被满门抄斩了。"萧何大骇,忙问其故。门客接着说:"公已位居百官之首,还有什么职位可以再封给您呢?况且您一入关就深得百姓爱戴,到现在已十多年了,百姓都拥护您,您还想方设法为民办事,以此安抚百姓。现在皇上之所以三番五次问您的起居动向，就是害怕您借助关中的民望做不轨之事啊！试想，一旦您乘虚号召，闭关自守，岂非将皇上置于进不能战，退无可归之境地？如今您何不贱价强买民间田宅，故意让百姓骂您、怨恨您，制造些坏名声，这样皇上一看您也不得民心了，才会对您放心。"萧何长叹一声说道："我怎么能去剥削百姓，做贪官污吏呢！"但在门客的反复劝说下，萧何只能违心地去做一些损公肥私的事情，以保全自己。

刘邦平定了黥布的叛乱，撤军返回长安。百姓们拦路上书告状，控告相国用低价强行购买民间的土地房屋，价值数千万之多。刘邦回到宫中，萧何前来拜见。皇上笑着说："当相国的竟然侵夺民众的财产，为自己谋利！"把百姓们的控告信全部交给相国，说道："你自己去向民众谢罪吧！"萧何乘机为百姓们请求说："长安一带地方狭窄，而上林苑中空地很多，白白地抛荒，希望下令让民众进去耕种，禾秸则不许收走，留下来作苑中禽兽的食料。"刘邦大发雷霆，说道："萧何你大收商人的财物，却来讨取我的上林苑！"于是下令把萧何交给廷尉拘禁起来，还给他上了刑具。

过了几天，有一个姓王的卫尉侍候刘邦，他上前问道："相国犯了什么大罪，陛下怎么突然把他关起来了？"刘邦说："我听说李斯担任秦始皇的宰相，办了好事都归功于主上，有了错误则自己承担。如今萧何大量接受那些下贱商人的金钱，却来为百姓求取我的上苑林，想以此来讨好百姓，所以我要把他关起来治罪。"王卫尉说："在自己的职责范围之内，如果有对民众有利的事就为他们向陛下请求，这真是宰相应做的事。况且当初陛下与楚军相持不下，有几年之久，陈豨（读音 xī）、黥（读音 qíng）布反叛时，陛下亲自率军外出平叛，那个时候，相国留守关中，如存异心，只要稍有举动，函谷关以西的地方就不属于陛下所有了。再说秦皇是因为不知道自己的过错而失去了天下，李斯为主上分担过错的做法，又有什么值得效法的呢？陛下怎么能用这种浅陋的眼光来怀疑宰相？"刘邦听后，心中很不愉快。但细想又觉得有道理，于是派遣使者手持符节赦相国出狱。

萧何当时已是六十多岁的老人了，见刘邦开恩释放了他，更是诚惶诚恐，谨慎恭敬。虽然全身披戴刑具，手足麻木，蓬头赤足，污秽不堪，但却不敢怠慢，更不敢回府沐浴后再朝拜天子，只得这样脏兮兮地上殿谢恩。刘邦见萧何如此狼狈，也觉得有些过意不去，便安抚萧何道："相国不必多礼！这次的事，原是相国为民请愿，我不允许，我不过是夏桀、商纣那样的无道天子罢了，而你却是个贤德的丞相。我之所以关押相国，就是要让百姓知道你的贤能和我的过失啊！"刘邦的这段话虽然言不由衷，但对萧何的廉政为民，还是默认了。从此以后，萧何对刘邦更是诚惶诚恐，恭谨有加。此后，刘邦照例以礼相待，但萧何却对国事尽量保持沉默，最后才得以善终。

事诸父，如事父。事诸兄，如事兄。

【译文】

对待伯伯、叔叔等尊长，要如同对待自己的父亲一般孝顺恭敬。对待同族的兄长，如堂兄、堂姐等，要如同对待自己的兄长一样友爱尊敬。

【解析】

伯伯、叔叔、姑姑、舅舅、姨等都是与父母同辈的亲人，堂兄妹、表姐弟也与自己有血缘关系。至亲长辈在我们小的时候抱过我们多少次？又有多少次衷心祝福？恐怕数都数不清！长辈对我们的提携与关怀，其情义难能可贵。对此，做晚辈的要从小树立感恩意识，心怀长辈的恩德，牢记亲属的情义。

现在虽然独生子女比较多，但也要教育孩子明白长幼，学会悌道。如果做人经商有了一定物质基础，不能忘记亲人、家族、家乡的恩德，要学会知恩报恩。何况，每个人有小的时候，就有老的时候。尊老爱幼，和睦家庭，就是好家风！在做人经商中，接触的人老少皆有。敬重老人，关爱孩子，往往能赢得他人好感，也会受益匪浅。

【人物】

周敦颐

周敦颐（公元 1017 年—公元 1073 年），又名周元皓，原名周敦实，字茂叔，谥号元公，北宋道州营道（今湖南道县）人，世称濂溪先生。周敦颐是北宋五子之一，是宋朝儒家理学思想的开山鼻祖，文学家、哲学家，著有《周元公集》《爱莲说》《太极图说》《通书》（后人整编进《周元公集》）。周敦颐所提出的无极、太极、阴阳、五行、动静、主静、至诚、无欲、顺化等理学基本概念，为后世的理学家反复讨论和发展，构成理学范畴体系中的重要内容。

【嘉言】

子夏曰："君子敬而无失，与人恭而有礼，四海之内，皆兄弟也。君子何患乎无兄弟也？"

出自《论语·颜渊》。

这是孔子的弟子子夏与司马牛的对话。司马牛有一次向孔子请教怎样做君子。孔子对他说："君子不忧愁，不害怕。"司马牛不懂这话的意思，问道："不忧愁，不害怕，就叫做君子了吗？"孔子说："君子经常反省自己，所以内心毫无愧疚，还有什么可忧愁、可害怕的呢？"司马牛告辞孔子后，见到师兄子夏。他忧愁地说："人家都有兄弟，唯独我没有。"子夏听了安慰他说："我听说'一个人死与生，要听从命运的安排，富贵则是由上天来安排的。'君子对工作谨慎认真，不出差错；与他人交往态度恭谨而合乎礼节。那么，普天之下到处都是兄弟，君子何必担忧没有兄弟呢？"听了这句话，司马牛才茅塞顿开。

【故事】

田 真 哭 荆

"田真哭荆"事见《续齐谐记》，这本书是南朝文学家吴均编撰的志怪小说集。"田真哭荆"说的是京兆（今陕西西安）有田真、田庆、田广兄弟三人，他们相亲相爱、和和美美地在一起生活着。当他们的父母去世之后，老三田广的妻子整天在丈夫跟前吹分家的枕边风。于是老三田广向大哥二哥提出了分家的诉求。兄弟三人决定分家，为了公平起见，田宅细软等物品都一律均分为三份，他们把家当分得一清二楚，可老宅的屋前有一棵粗大的紫荆树未能分配。于是，兄弟三人约定次日将紫荆树连根刨掉，砍为三段，每家得一段，谁也不吃亏。第二天早晨，兄弟三人来到老宅时，却惊奇地发现，繁茂的紫荆树在一夜间枯萎了，树叶落了一地，沙沙作响。大哥田真说："树木同株，闻将分斫，所以憔悴，是人不如木也。"说罢悲不自胜，放声大哭。二弟和三弟，触景生情，也非常悲伤，都想起了父母在世时，一大家子和和睦睦，相敬相爱的亲情。于是，兄弟三人决定不再分家了。后来，已经枯萎的紫荆树又慢慢地长出了新芽，重新繁茂起来了。

在河北地质大学的校园里也种着几棵紫荆树，已生长三十多年了。紫荆树开花的时候，一簇一簇的花，紧贴着树干，紫色的，密密麻麻的，就好像紫气东来，的确招人喜爱！我自从读了《田真哭荆》这个故事之后，每次路过紫荆树旁，都要用手轻轻地抚摸一番。我深深地感到，兄弟姐妹血脉相连，我们都要倍加珍惜。

第三章　谨

朝起早，夜眠迟。老易至，惜此时。

【译文】

清早要早点起床，晚上要尽量晚睡一会儿，但也不要过度熬夜。人生很短暂，要时刻珍惜光阴，积极努力上进。

【解析】

所谓"谨"，就是一种生活态度，做人要谦虚谨慎，才不至于犯错误。"谨"是学生学习的第三课。"谨"是做人之基，"慎"是护身之符。"谨"这部分的教诲可以培养人很多德行，提高人的素质。具体包括：

（1）培养良好的生活习惯，提高自制、自理的能力。

（2）培养良好的心理、心态，提高独立生活的能力。

（3）培养劳动技能，提高做事能力和工作效率。

当今，生活条件好了，很多家庭父母忙着挣钱养家，对孩子缺乏"洒扫、应对、进退"这三个方面的教育，尤其在细致入微之处做得还不够。有些父母时时教育孩子大处着眼，小处着手，使孩子养成了良好的生活习惯。若孩子能坚持谦虚谨慎、勤奋工作，其人生事业就成功了一半。

勤劳是美德，习劳知感恩。通过劳动让孩子体会劳动的艰辛，体验劳动成果的乐趣。要教育孩子热爱劳动，尊重劳动人民。劳动可以培养顽强的品格，培养坚强的意志，提高认知与实践等综合能力。

一个人能早点儿起，晚点儿睡，是珍惜光阴的重要表现。尤其青少年，一定要珍惜光阴，不要等老了再懊悔不已。俗话说："一寸光阴一寸金，寸金难买寸光阴。"一个人的生命是有限的，一定要科学、合理地规划自己，牢牢树立时间观念，在有限的生命里，活出精彩的自我。

【人物】

文 天 祥

文天祥（公元1236年6月6日—公元1283年1月9日），初名云孙，字宋瑞，又字履善。自号浮休道人、文山。江南西路吉州庐陵县（今江西吉安青原区富田镇）人，南宋末年政治家、文学家，抗元名臣，民族英雄，与陆秀夫、张世杰并称为"宋末三杰"。

宋理宗宝祐四年（公元1256年），二十一岁的文天祥中进士第一，成为状元。一度掌理军器监兼权直学士院，因为直言斥责宦官董宋臣，讥讽权相贾似道而遭到贬斥，数度沉浮，在三十七岁时自请致仕。德祐元年（公元1275年），元军南下攻宋，文天祥散尽家财，招募士卒勤王，被任命为浙西、江东制置使兼知平江府。在援救常州时，因内部失和而退守余杭。随后升任右丞相兼枢密使，奉命与元军议和，因面斥元主帅伯颜被拘留，于押解北上途中逃归。不久后在福州参与拥立益王赵昰为帝，又自赴南剑州聚兵抗元。景炎二年（公元1277年）再攻江西，终因势孤力单败退广东。祥兴元年（公元1278年）卫王赵昺继位后，拜少保，封信国公。后在五坡岭被俘，押至元大都，被囚三年，屡经威逼利诱，仍誓死不屈。元至元十九年十二月（公元1283年1月），文天祥从容就义，终年四十七岁。明代时追赐谥号"忠烈"。

文天祥多有忠愤慷慨之文，其诗风至德祐年间后一变，气势豪放，允称诗史。他在《过零丁洋》中所作的"人生自古谁无死，留取丹心照汗青"，气势磅礴，情调高亢，激励了后世众多为理想而奋斗的仁人志士。文天祥的著作经后人整理，被辑为《文山先生全集》。

【嘉言】

少年易老学难成，一寸光阴不可轻。

出自朱熹的《偶成》。

这首诗的后两句是："未觉池塘春草梦，阶前梧叶已秋声。""少年易老学难成，一寸光阴不可轻"这两句虽是偶成，却是朱熹的切身体会。他告诫年轻人，人生易老，学问难成。汉乐府《长歌行》中写道："百川东到海，何时复西归？少壮不努力，老大徒伤悲。"陶渊明诗："盛年不重来，一日难再晨。及时当勉励，岁月不待人。"这些诗句都是让人们珍惜光阴。当然，努力学习，有所成就，不仅要珍惜光阴，还要立志。王阳明说："志不立，无以成事。"

【故事】

吕蒙发奋读书

三国时期，吕蒙身为吴国大将军，立下了很多战功，但他却不喜欢读书，也不屑于读书。

当初，吴王孙权曾对吕蒙说："你现在身居要职掌握重权，不可以不读书、不学习啊！"吕蒙却以军中事务繁多而加以推辞。孙权说："我难道是想要你研究儒家经典而成为学识渊博的学者吗？只需要你粗略地阅读，了解以往的事罢了。你说你事务繁忙，谁比得上我处理的事务多呢？我常常读书，感到有很大的收益。"于是吕蒙就开始学习。慢慢地，吕蒙发现书中有很多他不知道的东西。有一次，他读到孙膑用"减灶计"诱使庞涓轻敌而大败庞涓的故事，感到眼界大开。于是吕蒙渐渐地开始喜爱读书了。

有一天，鲁肃来到寻阳寻找吕蒙，他们俩一起讨论天下大事，鲁肃听到吕蒙的见解后非常惊奇地说："以你现在的才干和谋略，已不再是当年的那个东吴阿蒙了！"吕蒙说："与有志向的人分别几日，就要擦擦眼睛重新看待，长兄知道这件事太晚了啊！"鲁肃于是拜见吕蒙的母亲，与吕蒙结为朋友后就告别了。"士别三日，刮目相待"正是由此演变而来。熟读兵书和史书增长了吕蒙的才干，尤其是吕蒙的军事天赋也通过读书明理，愈加凸显出来。在鲁肃去世后，吴王孙权委任吕蒙为大都督，总领吴国军事。

晨必盥，兼漱口。便溺回，辄净手。

【译文】

早晨起床后，必须先洗脸、刷牙、漱口使精神清爽，让一天有一个好的开始。大小便后，一定要洗手，养成良好的卫生习惯，才能确保健康。

【注释】

盥，读音 guàn，意思是洗脸。

漱，读音 shù，意思是漱口。洗漱是洗脸漱口的简称。

溺，读音 niào，通"尿"，指小便。

辄，读音 zhé，意思是"总是""就""立即"等。

【解析】

一个人要养成良好的生活习惯，尤其是大小便之后，一定要洗手。只有养成讲卫生的良好习惯，才能确保身心健康。另外，养成良好的卫生习惯，也是对别人的尊重。如果早上没有刷牙，又有口臭，与人交谈，别人就可能躲着你。即使不躲着你，心里也会产生厌恶感。让孩子从小养成良好的习惯，需要日复一日的训练。保持良好的习惯，贵在始终如一，难在持之以恒。

【人物】

范　蠡

范蠡（公元前536年—公元前448年），字少伯，又名鸱夷子皮或陶朱公。公元前536年（鲁昭公六年、楚灵王五年）生于楚国宛地三户邑（今河南南阳），约于公元前448年无疾而终，享年八十八岁，被后人尊为中国商人圣祖，简称"商圣"。

范蠡是历史上著名的政治家、军事家和实业家。早年居住在楚国之时，尚未出仕，人称范伯。他出身贫寒，但聪慧睿智，胸怀天下，学富五车，上晓天文，下识地理，满腹经纶，文韬武略，无所不精。他与楚宛令文种相识，二人相交甚深。因不满当时楚国政治黑暗，非贵族不得入仕，而与文种一起投奔越国，辅佐越王勾践。

帮助勾践兴越国，灭吴国，一雪会稽之耻，功成名就之后急流勇退，化名为鸱①夷子皮，变官服为一袭白衣与西施西出姑苏，泛一叶扁舟于五湖之中，遨游于七十二峰之间。以经商致富，广为世人所知，后代许多生意人皆供奉他的塑像，称之为财神。

"劝农桑，务积谷""农末兼营""务完物、无息币""平粜②各物，关市不乏，治国之道也""夏则资皮，冬则资绤③，旱则资舟，水则资车，以待乏也"等经济思想至今仍有积极的意义。范蠡被视为顺阳范氏之先祖。世人誉之：忠以为国，智以保身，商以致富，成名天下。

【嘉言】

子曰："君子食无求饱，居无求安，敏于事而慎于言，就有道而正焉，可谓好学也已。"朱熹注："敏于事者，勉其所不足。慎于言者，不敢尽其所有

---

① 鸱，读音 chī。古书上指鹞鹰。鸱是中国古代神话中的形象。据《山海经》记载：鸱长着一个脑袋、三个身子。

② 粜，读音 tiào。其本义为：卖出谷物。《说文解字》上说："粜，出谷也。""平粜"在这里是指公平买卖。

③ 绤，读音 chī。本义为：细葛布，可引申为细葛布做的衣服。

余也。"

出自《论语·学而》。

这句话的意思是:"君子,饮食不要求饱足,居住不要求舒适,对工作勤劳敏捷,说话却小心谨慎,到道德高尚的人那里去匡正自己。这样,可以说是好学之人了。"

孔子在这里提出了对君子的道德要求,强调了君子对待学习的态度。君子不能过多地追求物质享受,而应该不断地提升自己的道德,坚守并持续地塑造自己的君子品格。

【故事】

三 聚 三 散

两千多年来,中国商人敬拜的财神大多是范蠡,为什么要拜范蠡作财神呢?范蠡不仅是中国有记载的最早的成功富商之一,也是当时著名的慈善家,后人称为"商圣"。范蠡经商思想中最可贵的是"富好行其德"。

《史记》记载,范蠡在齐致富后,就曾"尽散其财,以分与知友乡党"。后来经商,"十九年中,三致千金"。他把钱又分给贫穷百姓和远房兄弟,受到人们的高度赞扬。范蠡以自己的勤劳和智慧,成为成功的商人,其子孙继承他的事业,不断发展,拥有了巨万家财。范蠡可谓中国古代劳动致富的典型,是当时的第一富翁。后人称成功的商业事业为"陶朱事业"。下面是范蠡"三聚三散"的故事。

春秋时期,范蠡忠于职守,尽心辅佐越王勾践,深谋二十余年,最终帮助勾践复兴越国。复兴之后,越王封范蠡为上将军。他知道越王勾践为人可共患难不能共富贵,于是就辞书一封,放弃高官厚禄,散尽其财,只装载轻珠宝玉,带着美女西施乘舟远行,一去不复返。此乃一聚一散。

范蠡浮海到齐国,更名改姓,苦身勠力,耕于海畔,父子治产,没过几年又积产数十万。齐国人仰慕他的贤能,请他做宰相。范蠡感叹道:"居家则至千金,居官则至卿相,此布衣之极也。久受尊名,不祥。"于是就归还宰相印,散尽其财,分给朋友和乡邻,带着重宝,闲行而去。此乃二聚二散。

行至于陶,范蠡以其眼光与智慧,观察此地为贸易的要道,经营贸易可以致富。于是他自称陶朱公,留在此地,从父子耕畜开始,根据时机做物品贸易,取薄利。时间不长,就累积巨万,并经常救济贫苦乡人。此乃三聚。

朱公居陶,生少子。少子长大后,朱公次子因杀人而被囚禁在楚国。朱公说："杀人而死，该是如此，但身价千金的人不该死于大庭广众之下。"于是就让少子前往楚国探视，并带上一牛车的黄金。朱公长子也请命要去，朱公坚决不同意。长子说："家有长子，今弟有罪，不派我去，而让少弟去，是我不成器。"说完欲自杀。夫人连忙说："派少子去，未必能救次子，而先失去长子，怎么可以这样？"朱公不得已派长子去，命其去找庄生帮忙，并叮嘱说："到楚国后就进献千金给庄生，听任他从事，千万别与他争。"长子出发了，却在路上私积数百金。

朱公长子到楚国后，把信和重金交给庄生。临别时，庄生告诫说："你赶快离开，千万别停留，等你弟弟出来后，别问是怎么回事。"长子却没有听从庄生的话而私自留下，并把路上私积的数百金，分送给其他的自认为能帮上忙的楚国贵人。

庄生家很贫穷，但他以廉直闻名于国内，自楚王以下，人民都像对待老师那样尊敬他。作为信义之人，庄生对于朱公进献的黄金，并无意接受，而打算在事情办成后再还给他。而朱公长子并不知其意。

庄生入见楚王，禀告说："我观察到天上有某星停留在某个位置，表明楚国会有灾害。"楚王平素特别信任庄生，于是向他询问解决之道。庄生回答说："只有德行可以消除。"楚王决定以赦免罪犯来消除灾害。楚国贵人得到消息后连忙给朱公长子报信。朱公长子想，既然弟弟可以获得赦免，千金送给庄生，不是白白浪费了吗？于是就又重返庄生家。庄生惊讶地问："你怎么还没走？"朱公长子回答说："我听说楚王要赦免我弟弟，特来告知辞行的。"庄生明了他的想法，就说："你自己进房内去取金子吧！"朱公长子带走了金子，内心欣喜不已。

庄生因朱公长子的行为感到羞辱，就入见楚王说："您想以德行消除灾难，可我听见路人都说陶地富人朱公之子因杀人囚禁在楚国，他家人用重金贿赂王左右之人，因而王不是因体恤楚国而行赦免，是为了朱公之子。"楚王大怒说："寡人虽不德，怎么会因为是朱公之子就特别照顾？"于是下令杀掉朱公之子后，第二日再下特赦令。

朱公长子自然是带着弟弟的死讯回到家。母亲和家人都感到悲哀，唯有朱公独笑说："我早就知道他弟弟会被杀，不是他不爱他弟弟，是有所不能忍！他从小与我在一起，见到我的困苦，谋生的艰辛，不忍舍弃钱财。而少弟生在家道富裕之时，坐乘完备，并不知财富的来源，因而很易弃财，不会吝惜。我先前决定派少弟去，就是因为他能舍弃钱财，而长子不能。次子被杀是情理中的事，无足悲哀，我日夜在等他的丧讯传来。"事后，范蠡再次将财富散去，救济贫苦之人。此乃三散。

这是财神范蠡"三聚三散"的故事，他每到一处都能成名于天下，在名利面前，始终保持着清醒的头脑，进退自如，以保全自身为根本，功名富贵的舍得就在这先聚后散，再聚再散的品行中让我们有所体悟。于是后来经商的人敬范蠡为财神。

冠必正，纽必结。袜与履，俱紧切。

【译文】

要注重服装仪容的整齐清洁，戴帽子要戴端正，衣服扣子要扣好，袜子穿平整，鞋带应系紧，否则容易被绊倒，一切穿着以稳重端庄为宜。

【注释】

冠，读音 guàn 或 guān。在古代是专门供贵族戴的帽子。当今，泛指帽子。

纽，读音 niǔ。在这里是指纽扣。《说文解字》上说："纽，系也。一曰结而可解。"

履，读音 lǚ。履，作为名词就是指"鞋"；作为动词是指"登位""实行"或"履行职责"等。

【解析】

《礼记·曲礼上》记载："男子二十冠而字。"

我国古代男子到成年则举行加冠礼，叫做冠，一般在二十岁。在古代，不论是男孩还是女孩出生以后就起名了，而男孩子要在二十岁行加冠礼之后再根据名的内涵酌情取字。自称以名，称人以字。如关羽字云长，赵云字子龙。古人起名字是非常讲究的。今人仅有名而无字了。

冠礼是礼仪的开始，表示人生角色由孩子到成人的转变，其实质是责任教育。男子行加冠礼之后，就要以成年人的身份参加社会活动，就不能像小孩那样任性随意了。明代宋濂《送东阳马生序》上说："既加冠，益慕圣贤之道。"

古代看人之相，往往是从头冠至足履。因此，衣帽鞋袜都很重要。冠在人头上，表示尊贵。南朝梁代丘迟在《与陈伯之书》上说："将军勇冠三军，才为出世，弃燕雀之小志，慕鸿鹄以高翔。"后来的"冠军"一词正是由此而来。

| 本立道生：习弟子规做新儒商

【人物】

赵　云

　　赵云，字子龙，常山真定（今河北正定）人。身长八尺，姿颜雄伟，蜀汉名将之一。

　　汉末地方割据，军阀混战，赵云受本郡推举，率领义从加入白马将军公孙瓒。其间结识了汉室皇亲刘备，但不久之后，赵云因为兄长去世而离开。赵云离开公孙瓒七年左右的时间，在邺城与刘备相见，从此追随刘备。

　　赵云跟随刘备将近三十年，先后参加过博望坡之战、长坂坡之战、江南平定战，独自指挥过入川之战、汉水之战、箕谷之战，都取得了非常好的战果。除了四处征战，赵云还先后以偏将军任桂阳太守，以留营司马留守公安，以翊军将军督江州。赵云在平定益州时，曾引用霍去病的故事来劝谏刘备将田宅归还百姓。又于关羽、张飞被害之后，劝谏刘备不要伐吴。赵云死后，刘禅下令追谥赵云，姜维以"柔贤慈惠曰顺，执事有班曰平，克定祸乱曰平"建议后主刘禅追谥赵云为顺平侯。

【嘉言】

　　曾晳曰："莫春者，春服既成，冠者五六人，童子六七人，浴乎沂①，风乎舞雩②，咏而归。"

　　出自《论语·先进》。

　　子路、曾晳（读音 xī）、冉有、公西华几个学生陪着老师孔子坐在一起闲谈。孔子让学生各自抒发自己的志向，这是曾晳所说的一段话。其意思是："暮春时节，春天的衣服已经穿上了。我和五六位成年人，六七个青少年，到沂河里洗洗澡，在舞雩台上吹吹风，一路唱着歌儿回来。"

　　曾晳的理想生活愿景受到老师的赞赏，孔子感叹道："吾与点也。"曾晳这一令人羡慕的春日游学景象也逐渐演变为历代文人墨客所向往的田园生活。

　　曾晳，又称曾点，字子晳，春秋末年鲁国南武城人。他是宗圣曾参之父，是孔子早期的弟子，他笃信孔子学说。

---

　　① 沂，读音 yí。沂水河，源出山东省，至江苏省入海。
　　② 雩，读音 yú。古代为求雨而举行的一种祭祀。舞雩是台名，是鲁国求雨的坛，在曲阜市东。《南齐书志第一·礼上》载："建武二年旱，有司议雩祭依明堂。"《周礼·司巫》载："若国大旱，则帅巫而舞雩。"

【故事】

七进七出

建安十三年（公元208年），刘备兵败，向南逃往江陵（今南京一带），曹操派麾下精骑快马追赶，终于在当阳长坂附近追上了刘备。

此时，形势危急，刘备便丢下妻儿，仅带着张飞、赵云等数十骑向南逃逸。这时，赵云突然离开刘备的军马，反向北进入曹军之中。当有人看到赵云向北而去，便禀报刘备说："赵云必定是向北投靠曹操去了。"刘备闻言，用手戟掷向那告状的人说："子龙是不会弃我而去的。"

原来，赵云发现刘备的两个妇人及幼主阿斗不见了，于是就冲进敌阵寻找。《三国演义》一书中描述，赵云在曹军中，孤身作战，杀入重围，七进七出，终于救出了幼主阿斗。当赵云怀抱刘备的幼子刘禅，保护着刘备的妻子甘夫人，平安地回到刘备身边之时，刘备非常感动。后人还演绎出刘备摔孩子的传说。

此战之后，刘备便任命赵云为牙门将军。赵云是三国时代的常胜将军，有勇有谋，谦虚谨慎，忠心耿耿，被世世代代传颂。如今的正定古城，还建有赵云庙呢。

置冠服，有定位。勿乱顿，致污秽。

【译文】

回家后，所穿衣帽鞋袜，皆要放置固定位置。不要随便乱放，避免造成脏乱。要用的时候，还得要找半天。

【注释】

顿，在这里指"处置""安置"的意思。

秽，读音huì。意指"脏物"或"污物"等。

《说文解字》上说："秽，芜也。从草，岁声。"

【解析】

一个人的仪容服装，不仅表示其身份与地位，也彰显其气质与修养。穿戴整洁、优美、高雅就能表现出良好的姿态，令人生敬；反之，穿戴肮脏、丑陋、粗俗则表现出不好的姿态，甚至令人厌恶。创业经商更要重视仪容仪表，以赢得他人的好感。得体的衣着不仅彰显自信与气质，还能催人奋进。

【人物】

诸 葛 亮

诸葛亮（公元181年—公元234年），字孔明，号卧龙（也作伏龙），汉族，徐州琅琊阳都（今山东临沂沂南县）人，三国时期蜀汉丞相，杰出的政治家、军事家、文学家、书法家、发明家。其代表作有《出师表》《诫子书》等。

诸葛亮曾发明木牛流马、孔明灯等，并改造连弩，叫做诸葛连弩，可一弩十矢俱发。建兴十二年（公元234年），诸葛亮病逝于五丈原（今宝鸡岐山境内）。他在世时被封为武乡侯，死后刘禅追谥忠武侯，东晋政权因其军事才能特追封他为武兴王。故后世常以武侯、诸葛武侯尊称诸葛亮。诸葛亮一生鞠躬尽瘁、死而后已。他是中国传统文化中忠臣与智者的代表人物。

【嘉言】

礼者，人道之极也。

出自《荀子·礼论》。

礼，彰显人的气质，蕴含人的内心境界。穿戴得体，是礼仪的基本要素。养成整理、处置、安顿衣帽鞋袜的良好习惯，正是美好幸福生活的开始。

【故事】

小 心 谨 慎

霍光，字子孟。河东平阳（今山西临汾）人。西汉权臣、政治家，麒麟阁十一功臣之首，大司马霍去病同父异母之弟、汉昭帝皇后上官氏的外祖父、汉宣帝皇后霍成君之父。

西汉时期，霍光被任命为光禄大夫，每当皇帝出行，霍光总跟随左右。他出入皇宫总是处处小心，事事谨慎，从不出任何差错。汉武帝十分宠信他，封他为大司马。汉武帝死后，他与御史大夫桑弘羊辅佐汉昭帝刘弗陵执政。《汉书·霍光传》记载，霍光出入禁闼二十余年，小心谨慎，未尝有过。

无独有偶，三国时期，诸葛亮一生谨慎，从不弄险。蜀国从建立到发展，尤其是刘备讨伐吴国失败之后，蜀国能在困难中存续，实则得益于诸葛丞相的小心谨慎。

衣贵洁，不贵华。上循分，下称家。

【译文】

穿衣服贵在整洁大方，而不在于华丽。着装要符合自己的身份及场合，还要与家庭条件相适应。这才是持家之道。

【注释】

"上循分"的"分"字读音 fèn，指身份。

"下称家"的"称"字读音 chèn，意为相称。

【解析】

不管贫富，穿着干净，衣帽整洁，不仅反映自己正直向善的心态与积极向上的精神风貌，也是对别人的一种尊重。如果穿着肮脏邋遢，不仅不礼貌，也不招人待见。

爱美之心，人皆有之。衣帽服饰之美在于内在气质与外在形式的统一。穿衣打扮好一些，也是人之常情。但一个人的穿衣打扮，也要考虑自己的经济能力及家庭条件，不能过于追求虚荣。一旦沾染了虚荣的习气，不仅无益，反而有害。

【人物】

嫘　祖

嫘（读音 léi）祖，又名累祖。中国远古时期人物。为西陵氏之女，出生于西陵，轩辕黄帝的元妃。她发明了养蚕，史称嫘祖始蚕。

嫘祖生玄嚣（读音 xiāo）、昌意二子。玄嚣之子蟜（读音 jiǎo）极，蟜极之子为五帝之一的帝喾（读音 kù），帝喾之子为尧。昌意娶蜀山氏女为妻，生高阳，继承天下，这就是五帝之一的颛顼（读音 zhuān xū）帝。

传说嫘祖教人养蚕抽丝，并制作成衣冠。在做衣冠的过程中，嫘祖和黄帝手下的另外三个人作了具体分工：胡巢负责做冕[1]，伯余负责做衣服，于则

---

[1] 冕，读音 miǎn。古代中国汉族冠饰之一。为天子、诸侯、卿、大夫所戴的礼帽。《说文解字》上说："古者黄帝初作冕。"冕，在此文指帽子。

负责做履（鞋），而嫘祖则负责提供原料。

她经常带领妇女上山剥树皮，织麻网，还把人们猎获的野兽皮剥下来，进行加工，制作成服装。后来，嫘祖根据发现的蚕吐丝成茧这一现象，学会了抽丝剥茧，并教民养蚕，为制作衣物提供了更多的原料。

在嫘祖的教导下，人们学会了制作衣物。当人们都穿上了衣服和鞋，戴上了帽子，生活就更加幸福美好了。

【嘉言】

出淤泥而不染，濯清涟而不妖。

出自宋代周敦颐的《爱莲说》。文中有一段话："予独爱莲之出淤泥而不染，濯清涟而不妖，中通外直，不蔓不枝，香远益清，亭亭净植，可远观而不可亵玩焉。"

莲花为百花之中的君子，做人贵在清清白白，爱民如子，廉洁奉公。

【故事】

东莞泰威"天地人和"股权方案

李文良，1967年2月出生，江苏沛县人。电子科技大学管理工程研究生毕业，瑞士维多利亚大学工商管理博士，深圳M3高级顾问，泰威电子公司和斯美生活的创始人、首席信仰官。国际儒学联合会教育普及委员会委员，博鳌儒商论坛粤港澳大湾区总部副理事长。

李文良出身农村，毕业后一开始在南京林业大学工作，1991年到深圳创业，1997年开设工厂，目前总共拥有两个工厂，一个是东莞泰威电子有限公司（做电子的），一个是广东斯美家具有限公司（做家具的）。

李文良长期学习、践行中华优秀传统文化，积极探索青少年教育、安老怀少、乡村建设、生态农业、中医传承等。早在2005年，他就作出了"未来需要中华文明来引领"的判断。他始终坚持学习与探索、理论与实践，将中华优秀传统文化导入企业核心价值观建设中，提出了"孝道、信义、博爱"的企业价值观。他以儒家经典《弟子规》为切入点，开始全员践行中华优秀传统文化，将孝、悌、忠、信、仁义、博爱等传统文化之精髓融到企业经营中，融到企业全体职工及家庭生活中。在推行传统文化的过程中，他坚持守正创新，与时俱进，在企业中逐步形成了"天地人和"的股权管理方案。

"谋事在人，成事在天"。泰威公司51%的股权通过公益基金的形式回馈天地万物，天地万物为"大股东"。孟子曰："民为贵，社稷次之，君为轻。"李文良认为，民即天地万物、阳光空气等一切众生，万物一体，都是企业的投资者。企业运营要听从天地万物的声音，遵循规律，并回报天地的恩德，照顾好天地自然。他认为，企业中的"社稷"就是全体员工，因此，将49%的剩余股权的一半，即全部股份的25%捐出，成为全体员工股份，和全体员工分享企业的成长。全体员工为企业的第二大股东，全员形成命运共同体。最后24%的股权为原始股东持有，让原始股东成为企业的三老板。51%得天和，25%得地和，24%得人和，天和、地和、人和，可谓"天地人和"。

李文良通过将原始股份赠送全体员工持有的方式，率先带领全体员工与全体股东走上了"共同富裕"之路。在当前日益复杂的经济形势下，企业要生存下去，就要见贤思齐，修身齐家，树立"共同富裕"的家国大情怀，切实考虑全体员工的利益，才能共修共进，共生共荣，共享共美，促进企业与家国的共同发展。

对饮食，勿拣择。食适可，勿过则。

【译文】

对于食物，不要挑食，也不可以偏食，不然可能会营养不良。吃饭要适可而止，不要过量，过量会伤脾胃，不利于身体健康。

【解析】

保持良好的饮食习惯，不仅有助于身体健康，还能够养心、修身、立德，从而促进身心和谐，家庭幸福安康。

老子说："圣人为腹不为目。"饮食主要是为了填饱肚子，而不是为了好看，刻意追求色香味美。

《论语·乡党》："食不厌精，脍不厌细。"朱熹《论语集注》："不厌，言以是为善，非谓必欲如是也。"钱穆《论语新解》译文为："不因食脍之精细而特饱食也。"孔子对待祭祀用的食物讲求"洁"而"美"。而周游列国十几年，有时饥一顿饱一顿的，恐怕也就没这么饮食细致的讲究了。笔者认为，孔子的原意恐怕是强调："食物不要过分讲求精美，烹调不要过分要求细致。"孔子对待生活的态度与老子所倡导的简朴有异曲同工之妙。后来这八个字的意义引申、演变为：食物做得越精细越好。常用来比喻做事追求精益求精，永无止境。

【人物】

赵匡胤

宋太祖赵匡胤（公元927年—公元976年），字元朗，宋朝开国皇帝。后唐明宗天成年间（公元927年3月21日）生于洛阳夹马营，祖籍涿郡，父亲赵弘殷，母亲杜氏。赵匡胤于后汉隐帝时投奔郭威，后来郭威废汉建周，他从征南唐，多有功绩。

后周显德六年（公元959年），周世宗柴荣于北征回京后不久驾崩，逝世前任命赵匡胤为殿前都点检，掌管殿前禁军。次年（公元960年）元月初一，北汉及契丹联兵犯边，时任归德军节度使、检校太尉的赵匡胤受命前往御敌。初三夜晚，大军于京城汴梁东北二十公里的陈桥驿发生哗变，将士于隔日清晨拥立赵匡胤为帝，史称"陈桥兵变"。

大军随即回师京城，后周恭帝柴宗训禅位，赵匡胤登基，改元建隆，国号"宋"，史称"宋朝""北宋"。开宝九年十月二十日（公元976年11月14日），赵匡胤逝世，享年五十岁，在位十六年，谥曰英武圣文神德皇帝，庙号太祖，葬永昌陵。

赵匡胤登基之后，仍然过着俭朴的生活。他倡导勤俭节约，反对奢侈浪费，并严格教育子女在生活上坚守俭朴。这为宋朝的长治久安奠定了坚实基础。

【嘉言】

家人，女正位乎内，男正位乎外。男女正，天地之大义也。

出自《易经·家人》。

家人是《易经》第37卦，主卦为离卦，客卦为巽卦。《彖》曰："家人，女正位乎内，男正位乎外。男女正，天地之大义也。家人有严君焉，父母之谓也。父父，子子，兄兄，弟弟，夫夫，妇妇，而家道正。正家而天下定矣。"

在母系氏族社会时期，男人与女人有性关系，但并没有明确的婚姻与伦理关系。男女两性关系的结果就是生孩子，孩子跟随母亲，通常不知父亲是何人也。夫妇是人伦之始，也是文明之端。若没有夫妇，自然也就没有父子，也就没有兄弟以及各种亲戚关系，君臣、朋友等伦理关系就更谈不上了。

在传统五伦中，夫妇处于五伦中的第三位，正好处在中间，寓意"三生万物"。可以说，夫妇这一伦，不仅是修身齐家的根本，也是孝老慈幼、从内至外、承上启下的关键，还是调和父子关系、理顺君臣关系、定位长幼关系、左右朋友关系的重要纽带。

从古至今，自人伦婚姻开始，夫妇在家庭中就占据着核心地位。夫妇既要孝养老人，又要抚育子女，起着承上启下的作用。夫妇对下要慈，对上更要孝。夫妇和睦，上可安老人之心，下可启子女之善，中可和睦兄弟、姐妹、妯娌等亲属关系。如若夫妇关系破裂，不仅是一个小家庭的解体，也会影响到大家庭，甚至对家族、民族、国家、社会，乃至世界产生连锁反应与不良影响。

夫妇有别，不仅体现在男女的生理差别上，还体现在性情、心理和体能等诸多方面。不仅在家庭内部分工上体现差别，还在社会分工中体现差别。

荀子曰："夫妇之道，不可不正也，君臣父子之本也。"在一个家庭中，女子主内，男子主外，男女地位摆正了，才符合天地阴阳的道理。《易经》上说："阴虽有美，含之以从王事，弗敢成也。地道也，妻道也，臣道也。"

事实上，中国的"人"字是对人的统称，没有体现性别，要体现性别必须加"男"或"女"，如男人、女人、男生、女生。"人"字既是"一"，又是"二"。所谓"一"就是阴阳和合而生人，男女结合，合二为一，就可能生产新人；所谓"二"就是人可以一分为二，从而形成相对独立的男人与女人。男人与女人，合二为一，相互支撑，才能齐家。能齐家才是大写之人，才能家庭幸福。当今，要坚决破除男尊女卑的旧思想，彻底摒弃重男轻女的丑恶观念，从道德和法律上保障男女平等，从而实现家庭富裕、和美与幸福。

【故事】

勤 俭 持 家

从前，在中原的伏牛山下，住着一个叫吴成的农民，他一生勤俭持家，日子过得无忧无虑，十分美满。相传他在临终前，曾把一块写有"勤俭"两字的横匾交给两个儿子，并告诫他们："你们要想一辈子不忍饥挨饿，就一定要照这两个字去做。"

后来，兄弟俩分家时，将匾锯成两半，老大分得了一个"勤"字，老二分得一个"俭"字。老大把"勤"字恭恭敬敬高悬家中，每天"日出而作，日落而息"，年年五谷丰登。然而他的老婆孩子却大手大脚，孩子们常常将白馍吃两口就扔掉，久而久之，家里也就没有余粮了。老二自从分得半块匾后，也把"俭"字当作"神谕"供放中堂，却把"勤"字忘到九霄云外了。他疏于农事，又不肯精耕细作，每年所收获的粮食本就不多。尽管一家几口人节衣缩食、省吃俭用，但也难以维持，过得非常艰难。

有一年，遇上旱灾，老大、老二家中都早已空空如也。他俩情急之下扯下字匾，将"勤""俭"二字踩碎在地。这时候，突然有个纸条从窗外飞进屋内,兄弟俩连忙拾起一看,上面写道:"只勤不俭,好比端个没底的碗,总也盛不满!""只俭不勤,坐吃山空,一定会挨饿受穷!"兄弟俩恍然大悟,原来"勤""俭"二字不能分家,二者相辅相成,缺一不可。弟兄俩吸取教训,专门找人写了两幅"勤俭持家",并各自贴在家里的中堂处。他们时刻提醒自己,经常告诫妻儿,一定要勤俭持家。两家人身体力行,日子也就过得越来越好了。

年方少,勿饮酒。饮酒醉,最为丑。

【译文】

青少年或未成年人,千万不可以饮酒。即便是成年人,饮酒也要适度。一旦喝醉了,就会丑态百出,很是丢人现眼。

【解析】

《说文解字》上说:"酒,就也,所以就人性之善恶。一曰造也。吉凶所造也。"

《释名》上说:"酒,酉也,酿之米曲,酉泽久而味美也。亦言踧①也,能否皆强相踧持饮之也。又入口咽之,皆踧其面也。"

《周礼·天官冢宰·酒正》上说:"辨三酒之物,一曰事酒,二曰昔酒,三曰清酒。"注曰:"事酒,有事而饮也。昔酒,无事而饮也。清酒,祭祀之酒。"

《前汉·食货志》上说:"酒,百药之长。"

酒是饮品,也是一种文化,还是一种历史积淀。李白有"举杯邀明月"的雅兴,苏轼有"把酒问青天"的胸怀,欧阳修有"酒逢知己千杯少"的豪迈,曹操有"对酒当歌,人生几何"的苍凉,杜甫也有"白日放歌须纵酒,青春作伴好还乡"的潇洒。

俗话说:"酒后无德,酒后乱性。"成年人适当饮酒,也无可厚非,但饮酒一定要有酒品,酒品反映人品。少年正处于健康成长之阶段,尽量不要喝酒。即便喝酒,也一定要少喝,免得丑态百出,更不能酗酒滋事。醉酒状态下,人往往丧失理智,甚至会说错话、办错事。俗话说:"酒壮怂人胆。"有些人自控能力差,喝了酒就容易放纵自己,甚至走上违法犯罪的道路。

---

① 踧,读音 cù。本义是指道路平坦,在这里是指酒后恭敬而不安的样子。

【人物】

杜　康

杜康，《史记》记载他是夏朝的国君，道家名人。杜康是中国古代传说中的"酿酒始祖"，东汉许慎《说文解字》记载："杜康始作秫酒。又名少康，夏朝国君，道家名人。"

还有一种传说，杜康生于黄帝时期，负责管理粮食。有时粮食丰收就储存在山洞里，但因潮湿，过了一些日子，粮食就腐烂了。如何储存粮食呢？杜康发现山里有不少粗大的枯树，有些树还有洞。于是杜康就把粮食储存在干燥的树洞里，过了些日子，杜康去山里查看树洞中的粮食，发现树洞旁边，躺着一些似乎睡着了的野猪、山羊和兔子。杜康不知何故？走进树洞旁边，看见树洞中流出来清香的浆液，杜康尝了几口，顿觉神清气爽。于是他把这些浆液带回来让族人品尝，大家都连连说好。杜康受到启发，开始用树洞酿酒。

因杜康善酿酒，后世将杜康尊为酒神，制酒业则奉杜康为祖师爷。后世多以"杜康"借指酒。

【嘉言】

酒之所兴，肇自上皇，或云仪狄[①]，一曰杜康。

出自晋代江统的《酒诰》。

《战国策》上说："昔者，帝女令仪狄作酒而美，进之禹，禹饮而甘之，曰：'后世必有饮酒而亡国者。'遂疏仪而绝旨酒。"

传说大禹的女儿看到父亲治理水患安抚百姓非常劳累，于是让大臣仪狄酿造美酒，味道极好，奉送给禹，禹喝了以后，觉得很是甜美，但怕佳酿迷心耽误了正事，于是就疏远了仪狄。为此，大禹还戒了酒。大禹说："后世必定有因为饮酒而亡国的！"李白诗句："抽刀断水水更流，举杯销愁愁更愁。人生在世不称意，明朝散发弄扁舟。"清代醉月山人诗句："酒不醉人人自醉，花不迷人人自迷。"

【故事】

酒 色 财 气

相传苏东坡和佛印在大相国寺对饮，趁着酒意浓，佛印随即作了一首

---

① 仪狄是夏禹时代司掌管造酒的官员，相传是我国最早的酿酒人，是虞舜的后人。

"酒色财气"诗:"酒色财气四堵墙,人人都往墙里藏。谁能跳出墙垛外,不活百岁寿也长。"并题写在墙上。

苏东坡看见佛印的诗后,随即附上一首诗:"饮酒不醉最为高,见色不迷是英豪。世财不义切莫取,和气忍让气自消。"也题写在墙上。

佛印和苏东坡两人作的酒色财气诗,都是劝诫世人不要嗜酒、贪财、好色、逞气。佛印主要是劝诫大家直接戒掉酒色财气,而苏东坡则是劝诫大家面对酒色财气要有度、有节制,不可无休无止,沉迷于酒色财气。

后来王安石和宋神宗到大相国寺游玩,看到了墙上的酒色财气诗,王安石当即题了一首诗:"世上无酒不成礼,人间无色路人稀。民为财富才发奋,国有朝气方生机。"

宋神宗看到王安石的酒色财气诗后,也即兴题诗一首:"酒助礼乐社稷康,色育生灵重纲常。财足粮丰国家盛,气凝大宋如朝阳。"

宋神宗和王安石之诗主要是说酒色财气好的一面,并把酒色财气和国计民生有机联系起来了。

步从容,立端正。揖深圆,拜恭敬。

【译文】

走路时步伐要不急不慢,从容稳重。站立时,要端正直立。问候他人作揖时,要把身子躬下去。礼拜时,态度要恭恭敬敬。

【注释】

拜,读音 bài。表示敬意的传统礼节。如:夫妻对拜,叩拜神灵,跪拜父母等。

跪拜是指两腿跪地,两手扶地,低头。

叩拜则是两腿跪地,两手扶地或摊开,还要叩头及地。

在中国古代儒释道皆有跪拜或叩头的礼节与礼仪。

【解析】

俗话说:"站如松,坐如钟,行如风,卧如弓。"青少年朝气蓬勃,要保持良好的心态,时刻注意自己的仪容、身姿、步履。这不仅反映了一个人的精神风貌,还反映了一个人的道德修养。一个人行坐都要符合规矩,才不失君子风范。

有些孩子甚至成年人在正式场合，坐无坐姿，站没站相，有失稳重端庄，也让人瞧不起。有些人发了点财，就摆出财大气粗的样子，摇头晃脑，吆五喝六，目中无人，行为乖张，更要引以为戒。

【人物】

梅　贻　琦

梅贻琦（公元 1889 年—公元 1962 年），字月涵，为梅曾臣长子，在堂兄弟中排行第五。十五岁时，梅贻琦因世交关系，进了著名绅士严修（字范孙）创办的严氏家塾。

这个家塾请了北洋水师学堂的毕业生张伯苓做教师。张伯苓既教四书五经，也教英文、数学和理化。梅贻琦后来成为张伯苓的得意弟子。1908 年梅贻琦入保定高等学堂，后留学美国，获电机工程学士学位。回国后到清华学校任教，先后任教务长、教育部高等教育司司长，1931 年—1948 年任国立清华大学校长，他是清华大学历史上任期最长的校长。

抗战时期，清华大学与北京大学、南开大学三校合并为国立西南联合大学，梅贻琦以校务委员负实际责任。1945 年日本投降后，回北平筹备复校。他晚年居住在美国和中国台湾。梅先生在《大学一解》一文中提出了"通才教育"和"学术自由"等重要思想。1962 年 5 月 19 日，梅贻琦病逝于中国台湾。

梅贻琦逝世后，秘书把他在病中一直带在身边的一个手提包封存起来。两星期后，在有各方人士参加的场合下启封。打开提包一看，原来是清华基金的账目，一笔笔非常清楚。

【嘉言】

所谓大学者，非谓有大楼之谓也，有大师之谓也。
这是原清华大学校长梅贻琦先生的一句名言。
梅贻琦认为，大师是办大学的根本，大师是学问与道德都好的楷模。

【故事】

张伯苓与梅贻琦轶事

自从戊戌变法之后，中国就涌现出一大批献身于教育的著名人物。南开大学校长张伯苓和清华大学校长梅贻琦，就是其中的代表人物。需要指出的是：第一，他们都是天津人；第二，他们有师生之谊；第三，当年梅贻琦想离开清华，是张伯苓要他继续留下。梅贻琦一生都非常敬重张伯苓先生。

张伯苓1876年生于天津一个秀才家庭。他早年入北洋水师学堂学习驾驶，由于受甲午战争失败的影响，他离开海军，执教于天津严氏家馆，希望走教育救国之路。严氏家馆是天津著名士绅严修开办的一个私塾。严修曾经担任过分管教育的学部侍郎，由于他对中国教育的落后状况深有体会，所以在退出政坛以后，便想以民间办学的形式推动教育改革。为此二人一见如故，并于1904年一同赴日本考察教育。从日本回来后，他们把严氏家馆改为私立中学，定名为敬业学堂，梅贻琦就是这所学堂的学生。

梅贻琦成绩优秀，颇受张伯苓赏识。1909年，他以第六名的优异成绩，考取第一批庚款留学生赴美国深造，专攻电机专业。1915年梅贻琦学成归来，应周寄梅校长的聘请，到清华大学物理系任教。半年后，他利用假期回天津看望张伯苓，表示对教书没有兴趣，想换一个工作。张先生听了以后有些生气，带着教训的口气说："你才教了半年书就不愿意干了，怎么知道没有兴趣？青年人要能忍耐，回去教书！"没想到这短短几句话，不仅决定了梅贻琦一生的命运，也对清华的前途产生了至关重要的影响。

随后，梅贻琦便遵照老师的指示，又回到清华继续教书。1925年，清华增设大学部，梅贻琦担任物理系首席教授。第二年4月，他被全体教授推选为教务长。1928年南京国民政府成立后，清华正式改为国立清华大学，罗家伦出任校长。1930年中原大战之后，由于局势动荡不定，致使清华大学校长连续换人。直到1931年梅贻琦担任校长之后，才改变了这种局面，并开创了清华大学的黄金时代。

梅贻琦对清华大学的贡献早已有口皆碑，但是张伯苓当年对他的教训却鲜为人知。直到1982年，也就是梅先生逝世20年以后，梅夫人才把这件事公之于众。

勿践阈，勿跛倚。勿箕踞，勿摇髀。

【译文】

进门时脚不要踩在门槛上，不要一条腿支撑身体歪斜倚靠。蹲坐时不要叉开双腿，更不要摇晃大腿。这些都是很轻浮、傲慢的举动。

【注释】

阈，读音yù。意为门槛。

跛，读音 bǒ。指一只脚斜站着。
倚，读音 yǐ。指身子歪曲斜倚。
箕踞，读音 jī jù。是指坐着时，双脚展开，像簸箕或是虎踞的样子。
髀，读音 bì。"摇髀"是指抖腿或摇臀。

【解析】

"勿"是"不可以"的意思，"践"是践踏的意思，"阈"就是门槛。门槛是中间高两边低，取坎卦之意。门槛有防止"内财外流"和"外凶入内"之意。踩在门槛上，不仅不礼貌，也将置身于坎坷之中，于己、于主人都是不吉利的。坎主水，踩在门槛上，恐怕会断主人财路；坎还寓意风险，踩在门槛上，恐怕也有跌倒的风险。

过去的房子大部分是四合院，每一间房都有门槛。当今城市楼房的防盗门也有一个小小的"门槛"。通过门槛一定要迈过去，一般是先迈左腿，然后右腿跟过去。

现在的楼房，大门外一般都有一块长方形的垫子。如果我们去拜访别人，进门之前，在垫子上踏一踏或蹭一蹭再进去，防止把脚底下的脏东西带到别人家里。

俗话说："男抖穷，女抖贱。"抖腿不仅是轻浮的行为，也是一种毛病。做父母的看到孩子有抖腿等不好的举动，一定要告诫子女，责其改正。别不拿抖腿这类小毛病当回事，这类毛病一旦形成习惯，也就很难纠正了。

【人物】

杨 慎

杨慎（公元 1488 年 12 月 8 日—公元 1559 年 8 月 8 日），字用修，初号月溪、升庵，又号逸史氏、博南山人、洞天真逸、滇南戍史、金马碧鸡老兵等。四川新都（今成都新都）人，东阁大学士杨廷和之子，祖籍庐陵。明代著名文学家、官员，明代三大才子[①]。杨慎于正德六年（公元 1511 年）状元及第，授官翰林院修撰，参与编修《武宗实录》。武宗微行出居庸关，他上疏抗

[①] 明代三大才子，是明朝解缙、杨慎及徐渭三人通称。纵观整个明代，以博学多才而论，三人最强，而后世学者以及官方认为，无论从博学才气、影响力以及对中国文学的贡献，解缙最强。也有人认为，杨慎为三大才子之首。在此强调，不要把明代"三大才子"与"江南四大才子"混为一谈。明朝江南四大才子一般是指：唐伯虎（唐寅）、祝枝山、文征明和徐祯卿。

谏。世宗继位，复为翰林修撰，兼任经筵讲官。

嘉靖三年（公元1524年），因"大礼议"受廷杖，谪戍于云南永昌卫。据说杨慎在发配云南时，路过长江，感慨万千，于是作词《临江仙》：

滚滚长江东逝水，浪花淘尽英雄。

是非成败转头空。

青山依旧在，几度夕阳红。

白发渔樵江渚上，惯看秋月春风。

一壶浊酒喜相逢。

古今多少事，都付笑谈中。

他曾率家奴帮助平定寻甸安铨、武定凤朝文叛乱，此后虽往返于四川、云南等地，仍终老于永昌卫。嘉靖三十八年（公元1559年），杨慎卒于戍所，年七十二。明穆宗时追赠光禄寺少卿，明熹宗时追谥文宪，世称"杨文宪"。

杨慎在滇南三十年，博览群书。后人论及明代记诵之博、著述之富，推杨慎为第一。他又能文、词及散曲，论古考证之作范围颇广。其诗沉酣六朝，揽采晚唐，创为渊博靡丽之词，造诣深厚，独立于当时风气之外。著作达四百余种，后人辑为《升庵集》。

【嘉言】

子曰："非礼勿视，非礼勿听，非礼勿言，非礼勿动。"

出自《论语·颜渊》。

这是千古流传的一句名言。其意思为：不合于礼的不要看，不合于礼的不要听，不合于礼的不要说，不合于礼的不要做。

仁是内在本质，礼是外在形式。礼以仁为基础，仁以礼为载体。依礼行仁是儒学的根本。言谈举止要有礼节，行走坐卧也要有礼节。礼节反映了一个人的涵养、学养、教养与修养。当然，孔子在提倡"非礼勿视，非礼勿听，非礼勿言，非礼勿动"的时候，并没有强制人们接受，而是对仁者提出了自觉自律的修养方式。以仁为基，依礼而行，是实现家庭和睦美满、社会和谐有序的重要途径。

【故事】

李嘉诚与2元硬币

李嘉诚，汉族，1928年7月29日出生于广东潮州潮安县，祖籍广东潮汕地区，长江和记实业有限公司及长江实业集团有限公司资深顾问。连续21年蝉联香港首富，1999年始连续15年华人首富。

一次在取汽车钥匙时，李嘉诚不慎掉落一枚2元硬币。硬币一下子滚到车底。当时若开动汽车，硬币会掉到坑渠里。李嘉诚及时蹲下身欲拾取。此时旁边一名印度籍值班见到，立即代他拾起。李嘉诚收回该硬币后，竟给他百元酬谢。李嘉诚对此解释："若我不拾该硬币，让它滚到坑渠，该硬币便会在世上消失。而一百元给了值班，值班便可将之用去。我觉得钱可以用，但不可以浪费。"

这件小事说明了李嘉诚的一种理财哲学，也说明了他的思维风格。这就是用社会总净值的增损来判断个人行为合理与否。只要社会总净值增加了，自己损失一点也不算什么；相反，如果社会总净值减少了，自己即使收获了一定的财利也是损失。不要小觑了着眼社会总净值的思维方式，这是关系到国家富强的大问题。

缓揭帘，勿有声。宽转弯，勿触棱。

【译文】

进门或出门时，要缓慢地揭开门帘，尽量不要发出响声。走路拐弯时，角度要大一些，不要碰着东西的棱角，以免造成不必要的伤害。

【注释】

棱，读音 léng，指物体上条状突起的部分。

【解析】

在过去，很多家庭中堂正门都有竹帘或布帘。一般竹帘在夏天用，防止苍蝇蚊虫进屋；棉布帘在冬天用，用于室内保暖。掀开门帘是个小事，但也要注意细节，要轻柔，不要弄出声响，声音太大可能会吓到人，用力过猛，也可能会损坏物品。

拐弯的时候，也要注意，不要急躁，以免碰伤。这句话告诉我们，做事动作尽量轻柔，凡事莫要急躁，养成心平气和的习惯。

凡事多为别人着想，换位思考，这是做人的第一学问。在任何时候，都要避免慌慌张张。遇事慌张，就容易出错。

【人物】

陈　平

陈平，阳武户牖①乡（今河南原阳东南）人，汉代伟大的谋略家。少时喜读书，有大志，曾为乡里分肉，分得很均匀，父老赞之，他感慨地说："使平得宰天下，亦如此肉矣！"

秦朝末年，陈胜、吴广起义后，六国贵族也纷纷起兵，陈平曾投奔并供事于魏王咎。不久受到谗言攻击，逃奔项羽，并随项羽入关破秦。刘邦还定三秦时，又间行降汉，拜为都尉。陈平先后参加楚汉战争和平定异姓王侯叛乱诸役，成为汉高祖刘邦的重要谋士。

刘邦困守荥阳时，陈平建议捐金数万斤，离间项羽群臣，使项羽的重要谋士范增忧愤病死。高帝六年（公元前201年）又建议刘邦伪游云梦，逮捕韩信。次年，刘邦被匈奴困于平城（今山西大同北部）七天七夜，后采纳陈平计策，重贿冒顿单于的阏氏②，才得以解围。陈平因功先后受封为户牖侯和曲逆侯。

汉高祖死后，吕后以陈平为郎中令，傅教惠帝。惠帝六年（公元前189年），陈平与王陵并为左、右丞相。王陵免相后陈平擢③为右丞相，但因吕后大封诸吕为王，陈平被削夺实权。吕后死，陈平与太尉周勃合谋平定诸吕之乱，迎立代王为文帝。文帝初，陈平让位周勃，徙为左丞相，因忠于职守，受到文帝赞赏。不久周勃罢相，陈平专为丞相。孝文二年死。

【嘉言】

河海不择细流，故能就其深。

出自李斯的《谏逐客书》。

原句为："是以泰山不让土壤，故能成其大；河海不择细流，故能就其深；王者不却众庶，故能明其德。"

战国末期，韩国为消耗秦国实力，派水工郑国到秦献计修渠。秦王察觉后，下令处死郑国，并驱逐所有客卿。李斯以此上书秦王，陈述利弊，于是秦王就废除了逐客令，郑国也继续在秦国主持完成了郑国渠的穿凿。济济人

---

① 牖，读音 yǒu。《说文解字》："牖，穿壁以木为交窗也。"段注："交窗者，以木横直为之，即今之窗也。在墙曰牖，在屋曰窗。"户牖是指门窗或门户。在这里，户牖是地名，户牖侯是爵位。

② 阏氏，读音 yān zhī。汉时匈奴单于之正妻的称号，如大阏氏。

③ 擢，读音 zhuó。《说文解字》："擢，引也。"《方言二》："擢，拔也。"在这里指提拔。

才和关中沃野最终助秦一统天下。"河海不择细流，故能就其深"体现了中华民族善于包容差异、主张和谐共生的文化精神和治世理念。其中这个"细"字非常重要，山水成于细，做人成于细，做事也成于细！

俗话说："细节决定成败！"这句话富有哲理。其意思是说：讲究细节、重视细节、把握细节，就能决定事件的走向甚至成败。成也细节，败也细节。细节就是细小的事物、环节或情节。在战略方向正确的前提下，一定要高度重视细节。也许一个微不足道的细节，恰恰决定了事业的成败。

【故事】

励 志 成 才

陈平小时候，家里很穷，父母去世得早，他和哥哥相依为命，为了完成父亲的遗愿，光宗耀祖，陈平自小苦读诗书，立志改变家族命运。

陈平的嫂子却容不得他的存在，时常恶语相向，认为陈平不劳动没出息，整天以读书为幌子，就会坐着等吃。因为陈平，哥哥和嫂嫂时常吵架。为免伤兄嫂和气，陈平一再忍让，但嫂子却是变本加厉。陈平实在忍无可忍，趁着哥哥不在，决定离家出走，以四海为家，浪迹天涯。只是感觉愧对父母在天之灵，此生怕是无法达成心愿了。

陈平的哥哥得知此事之后，马上赶回家中，骂了妻子一顿，并发誓休掉妻子。哥哥发完脾气，就出门寻找弟弟去了。陈平在大哥的劝说挽留之下回到家中，原以为还会遭到嫂子的羞辱，没想到大嫂却哭得一塌糊涂。得知大哥因他要休妻，并看到大嫂的悔意之后，陈平阻止了大哥，并表达了自己对大嫂的谅解，终使一家人和和睦睦地生活。

后来，陈平苦读诗书，学有所成，成为刘邦完成大业的得力助手。陈平为人谦虚，做事谨慎，处处能替别人着想，遇事不着急、不着慌。他始终坚持读书励志，终于成为国家的栋梁之材。

执虚器，如执盈。入虚室，如有人。

【译文】

手里拿着空的器具，要像拿着装满东西的器具一样小心。走进没有人的房间，要像走进有人的房间一样谨慎，不可随随便便。

【注释】

《说文解字》上说:"盈,满器也。"

"满"在这里是动词,其意思是"连续盛水直到溢出为止"。

【解析】

前两句重在培养专心专注的精神,养成细心的好习惯。凡事皆要小心谨慎,以防范自己的过失。后两句重在提高自己的品行,内心谨慎,尊重别人,不欺暗室,养成光明磊落的气节。到别人家里去,甭管里面有人没人,都不要随便碰别人家的东西,更不能顺手牵羊。

【人物】

孔 伋

孔伋(公元前483年—公元前402年),字子思,鲁国人,孔子的嫡孙、孔鲤之子。大约生于周敬王三十七年(公元前483年),卒于周威烈王二十四年(公元前402年),享年八十二岁。

子思是春秋时期著名的思想家、教育家。他受教于孔子的高足曾参,孔子的思想学说由曾子传给子思,子思的门人(学生)再传给孟子。后人把子思、孟子并称为思孟学派,因而子思上承曾参,下启孟子,在孔孟"道统"传承中有重要地位。

《史记·孔子世家》记载子思享年六十二(当为八十二之误),而生卒年则不详。子思之父孔鲤,死于孔子之前。子思去世时,估计孟子还没有出生呢。因此,孟子才拜子思的学生为师。子思在儒家学派发展史上占有重要地位,他上承孔子中庸之学,下启孟子心性之论,并由此对宋代理学产生了重要而积极的影响。

北宋徽宗年间,子思被追封为"沂水侯"。元文宗至顺元年(公元1330年),又被追封为"述圣公"。后人由此而尊他为"述圣",受儒教祭祀。

【嘉言】

莫见乎隐,莫显乎微,故君子慎其独也。

出自《礼记·中庸》。

"慎独"的意思是当独自一人而无别人监视时,也要表里如一,严守本分,不做坏事,更不自欺。慎独是学道的境界,也是修养的方法。慎独是一种情操,一种修养,一种自律,慎独还是一种担当,一种境界,一种觉悟。

明代著名思想家刘宗周说:"慎独之外,别无本体;慎独之外,别无工夫。此所以为中庸之道也。"在慎独方面,若能下大功夫,有所修为,必能提升境界,提高觉悟。

【故事】

曹鼎不可

明代有个叫曹鼎的人,在任泰和典吏时,押解一名绝色女贼,因来不及赶回县衙,共宿荒山野庙。夜间,那女贼为了逃生,频频暗送秋波,屡用色相勾引。曹鼎刚开始有些心猿意马,情急之下,用纸写下了"曹鼎不可"四字贴在墙上,作为对自己的警戒。

曹鼎写了撕,撕了再写,如此反复,直到天亮,终于抗住了女贼的诱惑。他抵制住女贼的色相勾引,靠的就是自我控制、自我约束的道德意志和道德修养。这种道德修养其实就是慎独。一个人做到慎独,是难能可贵的。

事勿忙,忙多错。勿畏难,勿轻略。

【译文】

做事不能太匆忙,匆忙就容易出错。不要害怕困难,也不要马虎草率。

【注释】

"勿轻略"的"轻"是"轻视"的意思。"略"在这里包含两个方面的意思:一是要点或大略;二是丝毫、毫末或细节。

【解析】

"不慌不忙、沉着应付"不仅是一种气质,也是一种素养。凡事不可急于求成,欲速则不达。若遇到艰难险阻,决不气馁,要迎难而上。对任何事情,都要精心为之,不可马虎大意,大意失荆州。

【人物】

曾 国 藩

曾国藩(公元1811年11月26日—公元1872年3月12日),汉族,初名子城，字伯涵，号涤生，宗圣曾子七十世孙。中国近代政治家、战略家、理学家、文学家，湘军的创立者和统帅。曾国藩与胡林翼并称曾胡，他与李鸿章、左宗棠、张之洞并称"晚清四大名臣"。官至两江总督、直隶总督、武英殿大学士，封一等毅勇侯，谥曰文正。

曾国藩出生于晚清一个地主家庭，自幼勤奋好学，六岁入塾读书，八岁能读四书诵五经，十四岁能读《周礼》《史记》文选。道光十八年（公元1838年）中进士，入翰林院，为军机大臣穆彰阿门生。累迁内阁学士，礼部侍郎，署兵、工、刑、吏部侍郎。与大学士倭仁、徽宁道何桂珍等为密友，以"实学"相砥砺。太平天国运动时，曾国藩组建湘军，力挽狂澜，经过多年鏖战后攻灭太平天国。

曾国藩一生奉行为政以耐烦为第一要义，主张凡事要勤俭廉政，不可为官自傲。他修身律己，以德求官，礼治为先，以忠谋政，在官场上获得了巨大的成功。曾国藩的崛起，对清王朝的政治、军事、文化、经济等方面都产生了深远的影响。在曾国藩的倡议下，建造了中国第一艘轮船，建立了第一所兵工学堂，印刷翻译了第一批西方书籍，安排了第一批赴美留学生。曾国藩是中国近代化建设的开拓者。

【嘉言】

曾子曰："吾日三省吾身：为人谋而不忠乎？与朋友交而不信乎？传不习乎？"

出自《论语·学而》。

省，读音 xǐng，是察看、反省的意思。"三省"有几种解释：一是三次检查；二是从三个方面检查；三是多次检查。其实，古代在有动作性的动词前加上数字，表示动作频率高，不必认定仅限于三个方面或三次反省。

【故事】

曾国藩背书

曾国藩小的时候，有一次老师给他布置了背书的作业。让他背诵诗经的首篇"关关雎鸠，在河之洲。窈窕淑女，君子好逑。"曾国藩念了一遍又一遍，就是背不过。背了上一句，却忘了下一句。一遍又一遍地念，一遍又一遍地背诵。这下可急坏了一个人。

原来那一天凑巧有一个小偷光顾他家，在曾家夜游，打算顺手牵羊，偷点东西回去。这位小偷很早就潜入他家，潜伏在房梁上，小偷心想："万事俱备,只欠东风了。等这书呆子一睡,我就捞上一笔。"可一个时辰(即现在2小时)过去了,又一个时辰过去了,曾国藩还在背诵。小偷都急坏了,于是跳下房梁,抑扬顿挫地背诵道:"关关雎鸠,在河之洲。窈窕淑女,君子好逑。"小偷说,"你这么笨,还读书干什么?我都背下来了!"说罢拂袖而去。

"勤能补拙是良训,一分耕耘一分收获。"那个小偷的记忆力很好,听过几遍就能背下来,可惜小偷天分再高,却干些见不得人的勾当。而曾国藩虽然没有小偷那样的天分,却通过自己的勤奋、努力而成为令人钦佩之人。其中的道理就在于:天分并不等于成功,只有勤奋才能让"天才"变成"人才"。

斗闹场,绝勿近。邪僻事,绝勿问。

【译文】

凡是打架嬉闹的地方,不要接近。不符合情理的事情,也不要轻易过问。

【注释】

"斗闹场"妙在一个"斗"字和"闹"字。"斗"是"争斗""打架"。古代有"斗鸡""斗牌""斗蛐蛐"等,皆是玩物丧志之事。"闹"是指"不安静""嘈杂""争吵"等。"斗闹场"往往是许多人聚集的地方。

僻,读音 pì,是指性情古怪或不合群。邪僻是指乖谬不正。"邪僻事"是指古怪、不正当、不合情理甚至邪恶之事。

【解析】

凡是容易发生争吵打斗或不健康的场所,如赌博、色情、网吧等是非之地,要勇于拒绝,敢于说不,切莫接近,以免受到不良影响。尤其一些邪恶下流、荒诞不经的事更要谢绝,坚决不听、不看、不问、不为,以免污染善良心性。尤其小孩子好奇心强,极容易受到坏人的引诱和不良环境的影响。

当今,人心浮躁,环境嘈杂,因看热闹而引起的踩踏事件不少,因围观打架斗殴而引来祸端的事件也挺多。爱看热闹不仅是"好奇心"驱使,也是长期形成的陋习。看热闹往往置身于危险之中,千万要引以为鉴。当今,手机、电脑和网络日益普及,尤其是打打杀杀的电子游戏成为青少年成长的"第一杀手",危害巨大。即便喜欢玩电子游戏,也要有所节制。

【人物】

公 孙 尼 子

公孙尼子,战国初期音乐理论家。相传是儒家学派创始人孔子的再传弟子。他继承、发展和改造了儒家对音乐的理论,形成了一个较完整的理论体系。他的见解被保存在经过汉代学者整理的音乐论著《乐记》里。

《隋书·音乐志》上说:"《乐记》取公孙尼子。"也可以说,公孙尼子是《乐记》的作者。公孙尼子在音乐方面有很多独到的见解与思想,这对我国古代音乐理论的发展产生了重要而深远的影响。

【嘉言】

乐者为同,礼者为异。同则相亲,异则相敬。乐胜则流,礼胜则离。

出自《礼记·乐记》。

其意思为:求同是乐的特性,求异则是礼的特征。求同能够让人们彼此相亲相爱,求异则让人们彼此相互尊重。乐事太过却不知道节制,就会混淆人间尊卑界限,让尊卑流移不定;礼事过于频繁却不节制,就会让人们离心离德。

符合人情,人们就会更加相亲相爱,整饬行为、外貌,就会尊卑有序,这就是礼乐的作用和功效。只有这样,才能够体现礼的精义,实现贵贱有序。只要将乐事统一,那么上下就会一片和睦,没有争斗。人与人之间有明显的好恶区分,自然就会将贤与不贤区分开来。通过刑罚来禁止暴力的发生,通过授予官爵来推举贤能。这样,政事就会平等。用仁心来爱人,用义心来纠正过错,天下自然就得到大治了。

"礼"是根据一个人的德与位所形成的本分与职责的不同,而要求每个位置之上的人各尽其职,这是促使团体、国家、天下能够有条不紊的关键所在。因此,《乐记》上说:"乐者,天地之和也。礼者,天地之序也。和故百物皆化,序故群物皆别。"

在孔子"礼乐政刑"学说中,"礼""乐"两方面都属于道德层面,它不是强制性的被动接受,而是靠人们的自觉遵守和公众舆论的监督。当自觉遵守和舆论监督无效的时候,才会动用"政刑"的手段予以制裁。

【故事】

寻 母 感 天

宋朝有个叫朱寿昌的男孩，在他七岁的时候，生母因为被嫡母嫉妒，被赶出家门另嫁他人，寿昌日夜思念母亲，长大科考做官后，仍不忘四处打听、寻找生母。后来辞官不做，专门寻找生母，在他五十岁的时候，历尽艰辛，终于找到了母亲，母子抱头痛哭。寿昌把母亲和同母异父的兄弟都接到家中，全家人一起过上了幸福生活。

无独有偶，在河北省广平县流传着一个孝子寻亲的故事。有一个"80后"男青年，名叫班银城，他为了寻找失踪的母亲，十七年行程万里，足迹遍及山东、河北、河南、山西四个省份一千多个村庄。班银城的父亲早逝，兄妹四人在母亲呵护下长大。十七年前，为他们遮风挡雨的母亲不见了。他们四处寻找，没想到这一找就是十七年。为了找到母亲，班银城徒步四省上千个村庄，兼做卖货郎，走街串巷。其间，有睡野地讨百家饭的艰辛，也有三天三夜不进水米昏迷山涧的惊险。多少人劝他别找了，班银城始终不放弃。真是皇天不负有心人，2010年7月6日，在平山县孟家庄镇黄家湾村，正在卖货的班银城凑巧遇到了母亲。母子相认，相拥而涕。随后，班银城将母亲接回老家奉养。很多好心人为班银城介绍工作，如今班银城有了稳定的工作与收入，母子过着幸福生活。

将入门，问孰存。将上堂，声必扬。

【译文】

将要进入别人家之前，应该先敲门，或问一声："有人在吗？"进入客厅之前，应先提高声音，让屋内的人知道有人来了。

【注释】

"问孰存"中的"孰"读音shú，意思是"谁""哪个"。

【解析】

做人要正大光明，进入别人家或办公室前，要先敲敲门，并养成良好习惯。如果屋里没人答应，也要问一句"有没有人在啊？"未经主人允许，不可贸然闯入。

若屋子里没人应答,就要转身离开,切莫私自闯入。如果人家正好丢了东西,就百口莫辩了。这是基本的礼貌礼节,也是为人谨慎的态度,应该从小养成。

【人物】

韩　愈

韩愈(公元768年—公元824年),字退之,河南河阳(今河南孟州)人,汉族,自称"郡望昌黎",世称"韩昌黎""昌黎先生"。唐代杰出的文学家、思想家、哲学家、政治家。

贞元八年(公元792年),韩愈登进士第,两任节度推官,累官监察御史。贞元十九年(公元803年),因论事而被贬阳山,后历任都官员外郎、史馆修撰、中书舍人等职。元和十二年(公元817年),出任宰相裴度行军司马,参与讨平"淮西之乱"。元和十四年(公元819年),又因谏迎佛骨一事被贬至潮州。晚年官至吏部侍郎,人称"韩吏部"。长庆四年(公元824年12月25日),韩愈病逝,享年五十七岁,追赠礼部尚书,谥号文,故称"韩文公"。元丰元年(公元1078年),追封昌黎伯,并从祀孔庙。

韩愈是唐代古文运动的倡导者,被后人尊为"唐宋八大家"之首,与柳宗元并称"韩柳",有"文章巨公"和"百代文宗"之名。后人将他与柳宗元、欧阳修、苏轼合称"千古文章四大家"。在旧《广东通志》中被称为"广东古八贤"之一。他提出的"文道合一""气盛言宜""务去陈言""文从字顺"等散文写作理论,对后人很有指导意义。著有《师说》《韩昌黎集》四十卷、《外集》十卷。

【嘉言】

孝弟忠信,以立其本;诗书礼乐,以明其用。切磋琢磨,以致其精,则才成德就。

出自元代王旭的《中和书院书记》。

王旭,生卒年不详,字景初,东平(今山东)人。以文章知名于时,著有《兰轩集》。王旭与同郡王构、永年王磐并称"三王"。

【故事】

推　敲　由　来

贾岛初次去京城长安参加科举考试,有一天他在驴背上突然想到了一首诗:"鸟宿池边树,僧敲月下门。"开始,他想用"推"字,后又想用"敲"字,反复思考也没有定下来。他便在驴背上不断地吟诵,伸出手来做着推和敲的动作,看到的人感到很惊讶。

当时韩愈任京兆尹(临时代理京城事务的地方长官)。这一天,他正带着车马随从出巡。贾岛不知不觉,碰到了韩愈的仪仗队。此时,贾岛还在不停地做着推敲的手势。于是,贾岛被韩愈的侍从捉拿,并推搡到长官面前。韩愈停下车马询问,贾岛详细地回答了他正在酝酿的诗句,并请示用"推"字好,还是"敲"字好?韩愈思考了一会儿,对贾岛说:"用'敲'字更好些。"于是,两人并排骑着驴马回到了韩愈家,连着好几天共同谈论作诗的体会与技巧,二人遂成良师益友,一起游览长安名胜,传为千古佳话。

人问谁,对以名。吾与我,不分明。

【译文】

如果屋里的人问:"是谁呀?"应该将自己的名字告诉对方。如果回答"是我",很可能让对方分辨不出是谁来了。

【注释】

"人问谁"中的"谁"读音 shuí,另有读音 shéi。

【解析】

访问人家,一定要养成敲门或按门铃的好习惯。敲门不能用力过猛,按门铃也不能太长时间,要时时为对方着想。这些细节都是礼貌所在,也反映了一个人的基本素养。人家若问你是谁,一定要准确地告诉人家自己的姓名。

在日常生活中,说话要清晰,有应有答,有礼有节,切忌粗俗,更不可出口伤人。俗语说:"病从口入,祸从口出。"言语是福祸之门,不可不慎。孔门四科有:德行、言语、政事、文学。"言语"仅次于"德行"之后,可见其重要性。

当今是信息社会,沟通愈加重要,语言则是沟通之桥梁。存仁心,说人话。学会说话,先要目中有人,内心存仁。要学会好好说话,尽量多说好话。好好说话也是一种基本修养,对人多说好话,正是内心仁厚的表现。

【人物】

老　子

老子（约公元前571年—公元前471年？）[①]，字聃，一字伯阳，又称李耳（古时"老"和"李"同音；"聃"和"耳"同义），属于春秋时期人，应该与孔子同一时期，但比孔子年长。他曾做过周朝"守藏室之官"（管理藏书的官员），是中国古代伟大的哲学家和思想家，道家学派的创始人。

《史记·老子韩非列传》记载："老子者，楚苦县厉乡曲仁里人也。姓李氏，名耳，字聃，周守藏室之史也。"老子循大道，修身心，得长寿之法，被后来创建的道教尊为教祖。据传说，道教供奉的太上老君从天上下凡化身为老子，并作《道德经》，以开化众生。而历史上的老子是一个静思好学、知识渊博之人。他彻悟了天地人及自然的大道。在长期领悟的基础上，他创作了《老子》（也称《道德经》）。《道德经》分上下两篇，原文为：上篇《德经》和下篇《道经》，不分章。后被人改为《道经》在前，《德经》在后，并分为八十一章。

《道德经》是中国历史上首部最为完整的哲学著作，蕴含着大量的朴素唯物主义和辩证思想。老子研究的最高哲学范畴是"道"，《道德经》把"道"看作宇宙的本源，道是不断运动的，宇宙间的万事万物，都是由道不停运动而产生出来的。老子、孔子等圣哲被评为世界文化名人。

【嘉言】

合抱之木，生于毫末；九层之台，起于累土；千里之行，始于足下。

出自老子《道德经》第六十四章。文中"累"同"垒"。

这句话的意思是："合抱的大树，生于细小的萌芽；九层的高台，筑起于每一堆泥土；千里的远行，是从脚下第一步开始的。"

【故事】

孔子尊师

公元前521年春，孔子得知他的学生南宫敬叔奉国君之命，要前往周朝

[①] 按照一些书上的记载，老子大概活了百余岁。但老子后来隐居，卒年也就成为历史上的一个谜，很难弄清老子到底活了多大岁数。有人说老子活了一百二十多岁，也有人说活了一百六十多岁，还有人说活了二百多岁，但均缺乏真实准确的考证。

都城洛阳去朝拜天子，觉得这是个向周朝守藏史老子请教"礼制"学识的好机会，于是在征得鲁昭公同意之后，与南宫敬叔同行前往。

到达都城的第二天，孔子便徒步前往守藏史府拜望老子。正在书写《道德经》的老子听说誉满天下的孔子前来求教，赶忙放下手中刀笔，整顿衣冠出迎。孔子见大门里出来一位年逾古稀、精神矍铄的老人，料想便是老子，急趋向前，恭恭敬敬地向老子行了弟子礼。进入大厅后，孔子再拜后才坐下来。老子问孔子为何事而来？孔子离座回答道："我学识浅薄，对古代的'礼制'一无所知，特地向老师请教。"老子见孔子这样诚恳，便详细地阐述了自己的见解。

回到鲁国后，孔子的学生们请求他讲解老子是个什么样的人？有什么大学问？孔子说："老子博古通今，通礼乐之源，明道德之归，确实是我的好老师。"同时还打比方赞扬老子，他说："鸟儿，我知道它能飞；鱼儿，我知道它能游；野兽，我知道它能跑。善跑的野兽我可以结网来逮住它，会游的鱼儿我可以用丝条缚在鱼钩上来钓到它，高飞的鸟儿我可以用良箭把它射下来。至于龙，我却不知道它是如何乘风云而上天的。老子，正像神龙一样高深莫测啊！"

用人物，须明求。倘不问，即为偷。

【译文】

要借用别人的物品，一定要当面向人家提出请求，征得主人允许。如果没有事先征求同意，擅自取用就是偷窃的行为。

【注释】

倘，读音 tǎng，有"假设""如果""或许"之意。

偷，意思是"窃取"，亦即：趁人家不注意而拿人家的东西。

《说文解字》上说："偷，苟且也。"

"苟且"是指不守规矩，不循礼法。别人家的任何东西，没有主人允许就不能拿，也不能动。"苟且"也指男女偷情。

【解析】

未经主人同意，决不能擅自动用别人的东西。即便是非常要好的朋友，也要注意这些礼节和细节。否则，就可能成为偷窃行为。

有些小孩子，由好奇心使然，偷偷摸摸地翻看别人的日记、书包、手机或电脑。这些行为都是要不得的。有此类毛病的人，一定要下决心改正。

【人物】

陆　绩

陆绩（公元188年—公元219年），字公纪，吴郡吴县（今江苏苏州）人，汉末三国时期吴国大臣，科学家，庐江太守陆康之子。

陆绩成年后，博学多识，通晓天文历法，星历算数无不涉览。孙权授予奏曹掾①，常以直道见惮②，出为郁林太守，加偏将军。虽在军中，不废著作，曾作《浑天图》，注《易经》，撰《太玄经注》。陆绩任职期间，正直无私，清正廉洁，深得百姓拥戴。建安二十四年（公元219年）去世，时年三十二岁。

【嘉言】

道自微而生，祸自微而成。

出自唐代文人马总的《意林》，引自《太公金匮》。马总，字会元。扶风（今陕西）人。唐朝中期大臣、学者。《太公金匮》为西周姜子牙所著。

"道"是指事物的法则、规律。"微"是指小的事物。这两句大意为：大道理的法则、规律都是由小的事物而产生的，灾祸也是由微小的差错逐渐发展而形成的。

【故事】

怀橘遗亲

陆绩六岁时，曾随父亲陆康到九江谒见袁术，袁术拿出橘子招待，陆绩往怀里藏了两个橘子。临行之时，陆绩施礼，橘子却滚落在地上，袁术嘲笑道："陆郎来我家做客，走的时候还要怀藏主人的橘子吗？"陆绩回答说："母亲喜欢吃橘子，我想拿回去送给母亲尝尝。"袁术见他小小年纪就懂得孝

---

① 奏曹掾，汉制，三公府设奏曹，主奏议事。曹魏丞相府置奏曹掾，比三百石。东吴也设置此职。掾，读音yuàn。原为佐助的意思，后为副官佐或官署属员的通称。

② 惮，读音dàn。指怕或畏惧的意思。如：肆无忌惮。见，通现。"常以直道见惮"是指陆绩经常以直言奏议，上司感到忌惮，于是就把他调任外地去了。

顺母亲，十分惊奇。陆绩小小年纪就有孝母之心是可嘉的，但不经主人许可而私藏橘子也属"偷窃"行为，是不可效法的。

借人物，及时还。后有急，借不难。

【译文】

借来的物品，要及时归还。以后若有急用，再借就不难了。

【解析】

俗话说："好借好还，再借不难。"

这是为人处世的大道理。可是不少人却不懂这个道理，用了别人的东西不及时归还，是非常令人讨厌的。还有的人借了钱物赖着不还，就有点儿缺德了。有人说："人世间毁灭亲情、爱情、友情的方式有许多，最彻底的一种就是借钱不还。"还有人说："在你困难时，朋友借钱给你。朋友有急用向你要钱时，你却说不够朋友。"

凡是能把东西或钱财借给我们的，都是我们的贵人，也是我们的恩人。我们要懂得珍惜友谊，感恩帮助过我们的人。按照约定及时偿还，守住信誉，以后再有难处，别人还会帮我们。否则，也就是一锤子买卖，再想得到别人的帮助就难上加难了。

当今，不少人欠债不还，导致越来越多的人不敢把钱物借给别人。世风日下，人心不古。因此，在借贷上更要小心谨慎，若怕自己忘了，就找个本子记下，什么时候借的？借谁的？借了什么？借了多少？计划什么时候偿还？或者按照约定应该什么时候偿还？不要认为这些都是小事，不少人都是在这些小事上翻了脸，导致人生事业翻船。

从古至今，除了诸葛亮借东风不用偿还。在现实生活中，借别人的钱物，不管大小多少，皆要及时偿还。这是必须守住的信誉，也是一个人立德的机会。

【人物】

管　仲

管仲（约公元前723年—公元前645年），姬姓，管氏，名夷吾，字仲，谥敬，世人尊称为管子，春秋时期法家代表人物，颍上（今安徽颍上）人，周穆王的后代。是中国古代著名的经济学家、哲学家、政治家、军事家。被誉为"法家先驱""圣人之师""华夏第一相"。

齐僖公三十三年（公元前698年），管仲开始辅助公子纠。齐桓公元年（公元前685年），管仲任齐国相。管仲在任内大兴改革，重视政治、经济诸方面的发展，主张富国强兵。管仲坚持以农业为本，主张公平交易，通过政治与经济诸方面的改革促进了"士、农、工、商"各业的发展。他提出了"国多财则远者来，地辟举则民留处，仓廪实则知礼节，衣食足则知荣辱，上服度则六亲固，四维张则君令行"的唯物主义思想。管仲提出了"华夷之辨"和"尊王攘夷"的民族主义思想，助力齐桓公九合诸侯，奠定了齐国的霸主地位。

孔子说："桓公九合诸侯，不以兵车，管仲之力也，如其仁，如其仁！"管仲的政治经济思想对后世影响颇大。齐桓公四十一年（公元前645年），管仲病逝。

【嘉言】

亲附善友，如雾露中行，虽不湿衣，时时有润。

俗话说："一个篱笆三个桩，一个好汉三个帮。"

管仲说："生我者父母，知我者鲍子也。"管仲与鲍叔牙的友谊成为千古佳话。

朋友之间互通有无，古人非常重视朋友之间的"四通"：

1. 通义。在道义上相互劝谏、支持，给予对方智慧与快乐。
2. 通善。朋友之间相互赞叹、欣赏，决不言对方的家丑。
3. 通谊。亦即朋友情谊常在，结交新朋友，不忘老朋友。
4. 通财。朋友之间难免有急用借钱的时候，在财力上要尽量给予帮助。当然，借钱一定记着按时偿还，要信守承诺。

当今，有些朋友行走挺近乎，甚至不分你我，这离分道扬镳就不远了。因为"朋"是两个"月"字，两个"月"一定要保持距离。若两个"月"字合二为一，就成为"用"字了。用过则弃，没用则丢。当今，骗朋友借钱的事层出不穷，防人之心不可无啊！

【故事】

姑嫂诉讼

有一家人，男人经商，女人持家，独生儿子上学，夫妻积累了一些财富，一家人快乐幸福地生活着。有一天，这个男人的妹妹因买房需要首付来找哥哥借六万块钱，哥哥痛快地答应了。因为是亲兄妹，哥哥也没让妹妹打借条，只是把这件事告诉了妻子。

　　过了几年，哥哥突然得病去世。嫂子当时处于悲伤中，也没问小姑子的债务问题。又过了些日子，嫂子因家庭困难，孩子上学又要花钱，于是找小姑子讨要那六万块钱。可小姑子却说，她早把钱还给哥哥了。哥哥生前，从未向妻子提过妹妹还钱的事。故此，嫂子认为小姑子赖账不还。嫂子非常生气，把小姑子告上了法庭。

　　由于姑嫂双方谁都拿不出证据，清官也难断家务事，这个案件最后也不了了之。不过，其中总有一个人是不诚实的。做人不能丧尽天良，泯灭良知，应该人死债不烂。

第四章　信

凡出言，信为先。诈与妄，奚可焉。

【译文】

开口说话，诚信为先，实话实说。说谎话骗人或花言巧语，都是不可以的。

【注释】

"奚可焉"中的"奚"读音 xī，在这里类似"何"的意思。

【解析】

"信"是学生学习的第四课。"信"是会意字，代表人言。"信"告诉我们，说话要算数，要说到做到。"信"是指做人诚实守信的态度与品行。一个人不一定时时说真话，但切忌说假话，更不要以谎话欺骗别人。人与人交往，一定要讲诚信。

《论语》中关于信的名言不少，如："与朋友交，言而有信""信近于义，言可复也""民无信不立"等。古人强调：与人交往，言必合宜，绝不食言；不妄语，不轻诺；言既出，事必行。答应别人的事，一定要想办法兑现。若实在兑现不了，也要开诚布公地说明缘由，争取别人的谅解。古语有"天道酬勤"和"商道酬信"之说。在现实生活及市场经济中，"诚信"是做人的根本，也是经商的前提。诚信也是成就新儒商事业的基石。

当今社会愈加复杂，我们立身处世更要谨言慎行。言多必失，千万要引以为鉴。孔子说："君子欲讷于言而敏于行。"这句话言简意赅，一语道破了为人处世的玄机，即少说话多做事。在市场经济及企业经营中，为人处世要少说多做，决策要果断，行动要迅速，坚持诚实守信，努力践行承诺，勇以担当责任。

【人物】

季　布

季布，楚人，曾效力于西楚霸王项羽。项羽败亡后，季布被汉高祖刘邦悬赏缉拿。后经夏侯婴说情，刘邦饶赦了他，并拜他为郎中。汉惠帝时，官至中郎将。汉文帝时，任河东郡守。

季布为人仗义，好打抱不平，以信守诺言而著称。所以楚国人广泛流传着"得黄金百斤，不如得季布一诺"的谚语。"一诺千金"这个成语也由此而来，用来形容信守承诺，说话算数，说到做到。

【嘉言】

子曰："人而无信，不知其可也。大车无輗，小车无軏，其何以行之哉？"出自《论语·为政》。

"輗"读音 ní，古代大车车辕前端与车衡相衔接的部分。

"軏"读音 yuè，古代车上置于辕前端与车横木衔接处的销钉。

这句话的意思是说："一个人如果不讲信誉，真不知他怎么办。就像大车的横木两头没有活键，小车的横木两头少了关扣一样，怎么能行驶呢？"

【故事】

一 诺 千 金

"一诺千金"原作"季布一诺"。据《史记·季布栾布列传》载，汉代初年有一位叫季布的人，他乐于助人，也很讲信用，凡是他答应过的事，不论多么困难，一定会设法办到。因而享有盛名。

当时有一名叫曹丘生的楚人，他听说季布为人诚信，就请求窦长君引荐他去见季布。窦长君告诉曹丘生说季布不喜欢他，劝他不要去。但曹丘生还是苦苦央求窦长君写封引荐信，窦长君勉为其难地答应了。

曹丘生拿了引荐信就马上去拜访季布，见到季布后，他深深作揖，并说："楚人有一句谚语'黄金百斤，不如得季布一诺。'您在梁、楚一带的名声非常大，我很想与您结交。"

曹丘生与季布接触后，发现季布果然如传言一般，为人仗义、爱打抱不平、信守承诺。于是，曹丘生回到楚地后，继续替季布宣扬，季布的名声也就越来越大了。

话说多，不如少。惟其是，勿佞巧。

【译文】

话多不如话少，话少不如话好。谈话内容要实事求是，不要弄奸佞乖巧。

【注释】

"勿佞巧"中的"佞"读音 nìng，意思是"谄谀取悦"。

《广雅》上说："佞，巧也。"

《韩诗外传》上说："佞，谄也。"

《说文解字》上说："佞，巧谄高材也。"

【解析】

所谓言多必失。话说多了，就会掺杂废话，甚至说些大话、空话、假话、谎话。很多话未经思考就脱口而出，不仅解决不了问题，还会给自己或他人招来麻烦。

"是非只为多开口，烦恼皆因强出头。"这个谚语说得好！为人处世要多做少说、谨言慎行。做不到的事，决不说大话，更不能信誓旦旦地答应别人。一个人要对自己的言行负责，才能赢得他人信赖。若说了不算，就会失信于人，其信用也就大打折扣了。

【人物】

廉　颇

廉颇，嬴姓，廉氏，名颇，一说字洪野，中山苦陉（今河北定州邢邑镇）人。战国末期赵国名将，他与白起、王翦、李牧并称"战国四大名将"。

周赧王三十二年（公元前283年），率兵讨伐齐国，取得大胜，夺取了阳晋，封为上卿。他勇猛果敢，屡立战功，闻名于诸侯。长平之战前期，他采取固守的方式，成功抵御了秦军进攻。后为赵括所取代，致使长平之战惨败。九年后，击退燕国入侵，斩杀燕军主帅栗腹，进军包围燕都三月，令对方割五城求和。他官拜相国，封为信平君。赵悼襄王即位后，廉颇郁郁不得志，先后出奔魏国大梁，老死于楚地，入葬于寿春（今安徽淮南寿县八公山乡郝圩村）。

唐德宗时，名列武成王庙六十四将之一。宋徽宗时，追赠临城伯，位列武庙七十二将之一。

【嘉言】

信言不美，美言不信。

出自《道德经》第八十一章。

"信言"是诚实可信之言；"美言"则是表面华美之言。这句话的意思是：真实的话未必好听，好听的话未必真实。

【故事】

奸佞害贤

郭开,晋阳(今山西太原)人。战国时期赵王迁的宠臣。出身太原郭氏,历仕赵悼襄王、赵幽缪王两代君主,拜为相国,封为建信君。郭开是害死赵国两大名将廉颇和李牧的奸佞小人。

廉颇是赵国著名武将,在赵国战功赫赫,他和蔺相如留下"将相和"的千古美谈。郭开作为赵王宠臣,擅长溜须拍马,讨得赵王宠信。在一次宴会上,忠直的廉颇曾经斥责郭开,郭开从此怀恨在心,伺机报复。廉颇势大,是他所不能企及的。他便利用赵王的宠信,散播廉颇的坏话,使得廉颇渐渐失去了赵王的信任。在郭开的怂恿下,赵王不仅罢免了廉颇的兵权,还将廉颇赶去了魏国。后来更是用卑鄙的手段让廉颇客死他乡。

李牧是继廉颇之后的又一员名将,他力阻秦军的进攻。可郭开收受了秦国的贿赂,故技重施,在赵王面前不断地陷害李牧,使得李牧也被残忍杀害。郭开不仅陷害忠良,还十分贪婪。在秦赵两国交战之际,他大肆搜刮民脂民膏。赵国灭亡后,郭开被秦王封为上卿。他在回赵国搬运财宝的路上被强盗劫杀,真是恶有恶报。

奸巧语,秽污词。市井气,切戒之。

【译文】

尖酸刻薄、无耻下流的脏话,千万不能说。阿谀奉承以及污言秽语等市侩习气,更是要不得,一定要戒除。

【注释】

《管子·小匡》上说:"处商必就市井。"尹知章注:"立市必四方,若造井之制,故曰市井。"《汉书·货殖传序》:"商相与语财利于市井。"颜师古注:"凡言市井者,市,交易之处;井,共汲之所,故总而言之也。"古者二十亩为井,因井为市,故云市井。后来,市井引申为买卖商品的场所。

【解析】

温文尔雅是气质,也是修养。学习圣贤思想就要不断提高自己的修养。为人千万不要沾染粗俗肮脏的市侩习气。经常爆粗口,说话不文明,久而久之，就会让人瞧不起。在家庭中，大人若说话粗俗肮脏，也会影响孩子，形成不良的习气与家风。

【人物】

蔺相如

蔺相如，今保定市曲阳县相如村人，战国时期赵国上卿，赵国著名的政治家、外交家。与他相关的有三个重要事件：完璧归赵、渑池之会与负荆请罪。

蔺相如原为宦者令缪（读音 miào）贤的舍人。赵惠文王时，秦昭王写信给赵王，愿以十五个城池换取"和氏璧"。蔺相如奉命携带"和氏璧"来到秦国，据理力争，机智周旋，不负重托，终于完璧归赵。

【嘉言】

故言，心声也。

出自汉代扬雄的《法言·问神》。

"言为心声"这个成语就出自这里。言语是心灵的反映，从一个人的言语里可以洞察他的思想及内心活动。

【故事】

将相和

蔺相如完璧归赵之后，又陪同赵王在渑池会见秦王，立了新功。赵王封蔺相如为上卿，职位比廉颇还高。廉颇很不服气，他对别人说："我廉颇攻无不克，战无不胜，立下许多大功。他蔺相如有什么能耐，就靠一张嘴，反而爬到我头上去了。若让我碰见他，得让他下不了台！"

这话传到了蔺相如耳朵里，蔺相如就请病假不上朝，避免跟廉颇见面。有一天，蔺相如坐车出去，远远看见廉颇骑着大马过来，他赶紧叫车夫把车往回赶。蔺相如手下的人可看不顺眼了，他们说："您害怕廉颇，就像老鼠见了猫似的，为什么要怕他呢？"蔺相如对属下说："诸位请想一想，廉将军和秦王比，谁厉害？"他们说："当然秦王厉害！"蔺相如说："秦王我尚不怕，会怕廉将军吗？大家知道，秦王不敢进攻我们赵国，就因为武有廉颇，文有蔺相如。如果我们闹不和，就会削弱赵国的力量，秦国必然乘机来打我们。我之所以避着廉将军，为的是我们赵国啊！"

蔺相如的话传到了廉颇耳里。廉颇静下心来想了想，觉得自己为了争一口气，就不顾国家利益，真不应该。于是，他脱下战袍，背上荆条，到蔺相如门上请罪。蔺相如见廉颇来负荆请罪，连忙热情地出来迎接。从此以后，他们成了莫逆之交，同心协力保卫赵国。

见未真，勿轻言。知未的，勿轻传。

【译文】

看到的事情没弄清楚，就不要随便乱说。听到没有根据的事情，也不要随便乱传。

【注释】

"知未的"的"的"读音 dì，其意思是"真实""确实"。

【解析】

耳听为虚，眼见为实。即便是亲眼所见，也不要轻易说出来，以免招惹是非。对事情没有准确的了解，更不要轻易传话。不论是家庭，还是企业，人与人之间的关系非常复杂，即便是好话，传来传去，还可能变了味。俗话说："谣言止于智者。"在生活及工作中，我们千万不能信谣、传谣，更不能搬弄是非。那样，就会害人害己。

【人物】

荀　子

荀子（约公元前325年—公元前238年），名况，时人尊称为"卿"，故又称荀卿，汉代避宣帝名讳而改称孙卿，战国末期赵国（今山西南部）人，先秦著名哲学家。儒家代表人物之一，提倡"性恶论"，常被后人与孟子的"性善论"作比较。荀子对重整儒家典籍有相当大的贡献。荀子是战国时期著名的唯物主义思想家、教育家，韩非、李斯都是他的学生。

荀子早年曾到齐国游学，因学问博大，人称其"最为老师"，曾三次被任命为"祭酒"（德高望重者）。约公元前264年，应秦昭王聘，西游入秦，称秦国"百姓朴"。秦昭王问："儒无益于人之国？"荀子回答说："儒者在本朝则美政，在下位则美俗，儒之为人下如是矣。"应侯范雎问荀卿曰："入秦何见？"荀子回答说："形胜""百姓朴""百吏肃然"，士大夫"明通而公"，朝廷"听决百事不留""治之至"，然而"殆无儒"，是"秦之所短"。由于秦国实行法治，荀子以儒治国的思想就行不通了。

公元前 255 年，荀子被任为楚国兰陵县令，由于有人造谣，认为荀子对楚国是个危险，所以他离开楚国来到赵国。赵国拜其为"上卿"。后有人向楚申君进言，要请荀子回楚国，楚申君派人请回荀子，复任命其为兰陵县令。公元前 238 年，春申君被李园杀害，荀子被罢官，不几年就去世了。

荀子学问渊博，在继承前期儒家学说的基础上，又吸收了各家的长处加以综合、改造，建立起自己的思想体系，发展了古代唯物主义传统。现存的《荀子》三十二篇，大部分是荀子自己的著作，涉及哲学、逻辑、政治、道德诸多方面。在自然观方面，他反对信仰天命鬼神，肯定自然规律不以人的意志为转移，提出人定胜天的思想；在人性问题上，他提出"性恶论"，否认天赋的道德观念，强调后天环境和教育对人的影响；在政治思想上，他坚持儒家的礼治原则，同时重视人的物质需求，主张发展经济和礼治法治相结合；在认识论上，他承认人的思维能反映现实，但有轻视感官作用的倾向。

在有名的《劝学篇》中，他集中论述了关于学习的见解。文中强调"学"的重要性，认为只有博学才能"知助而无过"，同时指出学习必须联系实际，学以致用，学习态度应当精诚专一，坚持不懈。他非常重视教师在教学中的地位和作用，认为国家要兴旺，就必须看重教师，同时对教师提出严格要求，认为教师如果不给学生做出榜样，学生是不能躬行实践的。

【嘉言】

乐者，圣人之所乐也，而可以善民心，其感人深，其移风易俗，故先王导之以礼乐而民和睦。

出自荀子的《荀子·乐论》。

荀子认为，音乐可以使民心向善，深深地感动人，使社会风气和习俗得以改变。

【故事】

移 风 易 俗

梁彦光（公元 534 年—公元 593 年），字修芝，又名梁玄珠，安定乌氏人也。其父每谓所亲曰："此儿有风骨，当兴吾宗。"七岁时，父亲染上重病，医生说以五石为饵，吃了就可痊愈。当时彦光寻求紫石英，却没有找到，非常忧虑，却不知怎么办。有一天，突然在花园中见到一物，彦光并不认识，就取了回去，医生一看正是紫石英。亲属都感到不可思议，认为是他的孝感所致。

隋朝时期，梁彦光在相州为官，当地民风刁悍，自私自利，遗弃老人，兄弟反目，朋友不信。而梁彦光却把当地风俗治理得人心淳朴，亲人和睦，尊贤守义，讲忠言信。

梁彦光教育民众：建国军民，教学为先。不是好书不读，不是好的典籍不看，重要的是以身作则。他经常向老百姓讲解五伦"父子有亲，君臣有义，夫妇有别，长幼有序，朋友有信"。为人处世只问是否符合道义，不问是否有功名，做到行有不得，反求诸己，正己化人，移风易俗。他对焦通说："知错就改，孝行第一。"他告诉人们，人是可以教得好的。

因为梁彦光推行德行教育，相州地区的老百姓接受了教化之后，去除了恶风恶俗，社会风气得到了极大改善。

事非宜，勿轻诺。苟轻诺，进退错。

【译文】

对自己不适宜的事情，不要轻易许诺。假如轻易许诺，就会进退两难。

【注释】

诺，读音 nuò。《说文解字》："诺，应也。"《韵会》："以言许人曰诺。"

【解析】

当今是信息社会，语言沟通是非常必要的。尤其要注意以下三点：

1. 要学会洗耳恭听，让别人把话说完，不要轻易打断。
2. 要注意说话时机，话多不如话少，话少不如话好，话好不如话巧。
3. 说话要清晰、庄重、舒缓，要揣摩对方心理，尽量把话说到对方心坎上。

自己与他人交往中，不要轻易许诺。有些事可能超出了自己的能力范围，许了诺而不能实现承诺，就会失去信誉，把自己置于被动地位。

【人物】

邓 析

邓析（公元前 545 年—公元前 501 年），郑国人，郑国大夫，春秋末期思想家，名家学派的先驱人物，后人尊为"邓析子"。他与郑国著名政治家子产同时，邓析倡兴"名辨之学"，颇有建树。

邓析是代表新兴地主阶级利益的革新派，第一个提出反对"礼治"的思想，其主要思想倾向是"不法先王，不是礼义"。

【嘉言】

一言既出，驷马难追。

出自《邓析子·转辞》。

原文为："一言而非，驷马不能追；一言而急，驷马不能及。"这段话强调了为人诚信的重要性，话不能随便出口，错误之言或急躁之语是要误事的。话若说出了口，就是用快马去追，也来不及了。因此，说话办事一定要慎言慎行。

【故事】

曾 子 杀 猪

曾子的妻子要到集市去，她的儿子边跟着她边哭，母亲对孩子说："你回去，等我回家后为你杀猪。"妻子到集市上办完事就回来了。到家后，曾子正抓住一头猪要把它杀了。妻子制止他说："刚才只不过是与小孩子闹着玩儿罢了。"曾子说："小孩子是不能和他闹着玩儿的。小孩子是不懂事的，会学习父母，并听从父母的教诲。如今你欺骗他，是教他学会欺骗。母亲欺骗儿子，做儿子的就不会再相信自己的母亲了，这不是教育好孩子该用的办法。"于是，曾子坚持杀了猪，并把它煮给孩子吃。

凡道字，重且舒。勿急疾，勿模糊。

【译文】

说话的时候，吐字一定要清楚、舒缓。说话不能讲得太快，也不能含糊不清，使别人听不明白。

【注释】

"勿模糊"的"糊"读音 hū，另有读音 hú。

【解析】

说话吐字一定要清晰，关键是让别人能听得清楚。有人说话慢，有人说话快，也有人说话结巴。如果我们没有听清楚别人说的话，而说的事又挺重要，一定让他再重复一遍，以便做到万无一失。

【人物】

宋 子

宋钘（约公元前 370 年—公元前 291 年。钘，读音 xíng），又称宋子，宋国人。战国时期著名哲学家，宋尹学派创始人。约周烈王六年至周赧王二十四年间在世，他与齐宣王（田辟疆）同时，曾游稷下，他继承了老子思想，提倡"接万物以别宥为始"[①]，提出"情欲寡""见侮不辱"说，反对诸侯间的兼并战争。

孟轲与庄周都很尊敬他，称之为"先生"。他是战国时代道家学派的前驱。他主张"崇俭""非斗"，故有人误以他为墨翟弟子。宋钘与尹文主张"天道人为合一"。据说，荀子是他的学生。

【嘉言】

无稽之言，不见之行，不闻之谋，君子慎之。

出自《荀子·正名》。

稽，读音 jī。意思是"考察""核查""根据"。这句话的意思是：没有根据的言论，没有见过的做法，没有听过的计谋，君子都应该谨慎对待。这句话告诫人们：凡事要谨慎，不要轻信，以免上当受骗。

【故事】

张仪诱骗楚怀王

楚怀王十六年，秦惠王计划攻打齐国，但对楚齐合纵联盟颇感担忧。为

---

① 宥，读音 yòu。广厦容人曰宥。引申为宽仁、宽恕、容忍。这句话的意思是看待万事万物要看事物的本质。"接"是看待的意思，"别宥"是区分、区别、甄别的意思，"始"就是原始、开端的意思。

了清除攻打楚国的障碍，秦惠王假装免除张仪的宰相职务，并派张仪出使楚国，进行离间楚国和齐国的活动。

张仪到达楚国后，先以重金收买靳尚、子兰、郑袖等人充当内奸。见到楚怀王之后，又用花言巧语骗取了楚怀王的信任。张仪说："如果齐楚断交，秦国将归还商於地区方圆六百里的土地。"楚怀王听了张仪的话，非常高兴，竟然将楚国的相印交给张仪。楚怀王每天都和张仪设宴饮酒，还高兴地对身边人说："我又获得了我们的商於地区。"

于是，楚国与齐国断交。后来，秦国没有归还商於地区。楚国兴师问罪，与秦国打了两仗，均大败而归。从此，楚国大伤元气，一蹶不振。这为楚国灭亡埋下了祸根。

彼说长，此说短。不关己，莫闲管。

【译文】

在这家说长，在那家说短。与自己无关的事情，不要多管。

【解析】

俗话说："静坐常思己过，闲谈莫论人非。"如果别人说东道西，在我们面前扯一些闲事，也就听听而已。与自己无关的事，莫要传闲言碎语，否则容易招惹是非。

多管闲事，徒增烦恼。尤其涉及别人的隐私，更要守口如瓶。当然，事不关己，高高挂起，也不一定对。涉及信义，还要坚持正知正见，需见义勇为时，也要义不容辞！

【人物】

颛孙师

颛孙师，复姓颛（读音zhuān）孙，名师，字子张，孔门弟子之一，小孔子48岁，春秋末期陈国阳城（今河南登封）人。子张出身微贱，且犯过罪行。在孔门弟子中，子张以忠信和勇武著称，终生未仕，以教授学生而终。子张性子率真，以忠信为本，把孔子忠信的教导写在衣服的宽带上，以示铭记。

孔子去世后，子张曾经受到曾子等一些同门的排挤，愤然离开了鲁国回到故土陈国。他率先独立招收弟子，大力宣扬儒家学说。他是"子张之儒"的创始人，"子张之儒"名列战国儒家八派之首。

【嘉言】

子曰："见义不为，无勇也。"

出自《论语·为政》。

这句话的意思是：见到应该挺身而出的事情，却袖手旁观，就是怯懦。做人就要"见义勇为，明心见性。见义是明心，勇为则是见性。"

【故事】

冰 河 救 人

2010年2月28日，渤海岸边狂风劲吹，雪花飞舞，气温降至-5℃。下午1时许，天津港天乐公司职工张希强驾车带着一家五口，从山东老家返回天津，在行至黄骅黄赵公路一转弯处时，由于下雪路滑，轿车失控掉入两米多深的冰河，车上五人皆命悬一线。

在关键时刻，路过此处的黄骅市出租车司机白宝海，黄骅市检察院干部郑炳强等人，不顾个人安危，跳入冰冷刺骨的水中展开救援。在白宝海的帮助下，车里五人陆续爬到车顶上。此时，白宝海盘算着先把小孩救到岸上，但他的腿突然抽筋，只得抱着孩子又回到车顶上。狂风夹着雪花，抽打在六个人的身上。此时，岸边已聚集了很多人，一个路过的货车司机见状，解下绑货的绳子抛向水中，任由他车上的货物被狂风吹散。关键时刻，郑炳强抓住货车司机抛下的绳子，向对岸奋力游去，对岸早有好心人在那里等候。这样，海水岸两边的人们终于拉起了一道救援绳索。黄骅市南排河镇的张吉军，抢着拉住了救人的绳子，当把张希强和妻子、外甥媳妇和不足一岁的宝宝顺利拉到岸边时，张吉军才发现早上出门刚穿的新皮鞋已没了踪影。刚刚还和妻子帮着拉绳子救人的黄骅市住房和城乡建设局干部戴伟星，把满身是水的三名被救者放到自己的车上，第一时间送往医院。

由于风力太大，已在水里游个来回的郑炳强，已没力气把绳子送到白宝海的手中。冰冷的海水中，只剩下白宝海和几乎已经冻僵的一名九岁男孩。白宝海跪在落水的车顶上，海水淹到胸部，手被冻僵，为了不让孩子落水，他用牙紧紧地咬住孩子的衣领，在冰冷的海水中坚持着。危急时刻，一辆吊车从远处驶来。听说要救人，吊车司机王文新迅速调整好车位，把长长的吊臂伸向白宝海和孩子。白宝海用尽最后一点力气，抱着孩子，成功上岸！在完成了一场从死神手中抢回五个生命的壮举之后，英雄们都悄然离开现场。但英雄不能被埋没！人们想方设法搜索着英雄的踪迹，白宝海、郑炳强……一个个英雄的名字，开始在社会上传颂。

见人善，即思齐。纵去远，以渐跻。

【译文】

看见他人的优点或善行义举，要立刻想到学习看齐。即使跟他比，有一定差距，也要下定决心，积极努力，逐渐赶上。

【注释】

"以渐跻"的"跻"读音 jī。其含义有"登""上升""达到"等。

【解析】

当今市场上假冒伪劣屡见不鲜，真是坑人害人。事实上，造假也容易跟风。正所谓："从善如流，从恶如崩。"为人处世，不可不慎。

【人物】

冉　耕

冉耕，春秋末鲁国人，字伯牛。他为人端庄正派，善于待人接物。在孔子弟子中，冉耕以德行与颜渊、闵子骞、冉雍并称。冉雍是冉耕的亲弟弟。孔子对冉耕十分器重，孔子担任鲁国司寇时，冉耕曾为中都宰。后来，冉耕得了不治之症，孔子亲自前去探望。冉耕患恶疾逝世后，孔子哀叹其"亡之，命矣夫！"

唐元宗开元二十七年（公元739年）追封冉耕为"郓侯"。宋大中祥符二年（公元1009年）改封"东平公"。南宋咸淳三年（公元1267年）改封为"郓公"。明嘉靖九年（公元1530年）改称"先贤冉子"。

【嘉言】

子曰："见贤思齐焉，见不贤而内自省也。"
出自《论语·里仁》。

其意思是说：向比自己优秀或有善行的人学习，是进步的源动力；看到别人不好的一面，应反省自身，并引以为鉴，这是克己修身的功夫。

【故事】

见贤思齐

东晋时期，有兄弟俩，一个叫孙潜，一个叫孙放，两人都是机智聪慧、勤奋好学之人。他们时刻都想着学习别人的善行，这从他俩的名字中也可以看得出来。

孙潜，字齐由。为什么叫齐由呢？原来在古代有一个叫许由的贤士，尧帝把自己的帝位让给他，他感到才浅德薄，就推辞不受。孙潜觉得应该向这种谦让的精神看齐，所以取名"齐由"。

孙放，字齐庄。我们都知道，庄子是古代著名的思想家。孙放觉得自己应该向庄子学习，所以取名"齐庄"。兄弟二人见贤思齐的精神，在当今仍然值得我们学习。

见人恶，即内省。有则改，无加警。

【译文】

看见别人的缺点或不良的行为，要反躬自省。同时，要检讨自己是否也有类似缺点，有则改之，无则加勉。

【注释】

省，读音 xǐng。内省，指自己反思检查自己思想的行为。《说文解字》上说："省，视也。"《尔雅》上说："省，察也。"

【解析】

发现别人的过失比较容易，反省自己的过失比较难。责备别人的过失比较容易，改正自己的过失比较难。修行贵在自省，难在修正自己。人生百态，犹如一面镜子。一个人若能经常从别人身上反省自己的不足，就能不断地警诫自己，改进自己，从而提高自己的品德与才能。

【人物】

颜　　回

颜回（公元前521年—公元前481年），曹姓，颜氏，名回，字子渊，又称颜渊，鲁国宁阳（今山东泰安宁阳县鹤山乡）人，尊称复圣，春秋末期鲁国思想家，儒家学说的重要创始人，后人尊称为颜子。

颜回十三岁拜孔子为师，终生师事之，是孔子最得意的门生。孔子对颜回称赞最多，赞其好学，能仁爱人。子曰："贤哉回也，一箪（读音 dān）食，一瓢饮，在陋巷，人不堪其忧，回也不改其乐。贤哉回也。"颜回是孔庙大成殿四配之首，孔子七十二门徒之首，孔门十哲德行科的高才生。

《孔子家语》中有颜回一篇。颜回非常聪明，深晓推理之术。他主张为人要谨慎克己，多注意自己的行为是否正确，而不应该严以待人。颜回有才无寿，周敬王三十九年（公元前481年）去世。早死，死后有棺无椁。孔子非常难过，发出"天丧予"的感叹。

【嘉言】

哀公问："弟子孰为好学？"孔子对曰："有颜回者好学，不迁怒，不二过。不幸短命死矣。今也则亡，未闻好学者也。"

出自《论语·雍也》。

鲁哀公问孔子："你的学生里面，谁是最爱好学习的？"孔子回答说："有一个叫颜回的爱好学习。他不把怒气发泄在别人身上，也从不犯同样的过错。不幸的是，他年岁不大就死了。现在没有这样的学生了，也没有听说过那么爱学习之人了。"在孔子对颜回的评价中，他特别谈到不迁怒、不二过这两点。这是人生修养、修学与修行中难能可贵的优点。

【故事】

人穷志不短

颜回，自幼家贫，酷爱读书，少年时便拜孔子为师。别的同学家境尚且过得去，唯独颜回家里最穷。他每日放学回家吃饭，总是很快就回来，回来就苦心攻读。时间长了，恩师有所觉察，老师问颜回："在家里吃的什么饭？"颜回答："一张饼，一碗粥而已。"其师不信，待其次日回家吃饭时，悄悄跟踪，原来颜回回家只食一碗薄粥而已。老师返回后再问颜回："吃的什么饭？"颜回仍回答："一张饼，一碗粥而已。"孔子说："为人要诚实，明明只吃一碗粥，为何说还有一张饼？"颜回说："粥上有冻皮，不就是饼么。"孔子长叹，并给钱物于颜回，颜回不受。

颜回与同学同窗共读。一日，有同学说，钱物丢了。有个别同学怀疑为颜回所偷，因为颜回家最穷，大家都信了，唯独老师孔子不信，他对其他弟子说："颜回虽贫，但洁身自好，决不会做偷盗之事。"孔子随即取了黄金一锭，带同学一起放到颜回经常打水的井台上，并在金锭上写了一行字"天赐颜回一锭金"。众人躲起来窥视，不久颜回来打水，见金不拾，并在金锭上书写了"外财不发命穷人"。事后同学皆信服，颜回虽然家贫，但志气凛然，真是人穷志不短！

唯德学，唯才艺。不如人，当自砺。

【译文】

每一个人都应当重视自己的品德、学问和才艺的培养。如果感到有不如人的地方，应当自我惕厉，更要奋发图强，努力赶上。

【注释】

砺，读音 lì。砺，从石，厉声。本义为粗磨刀石。引申为磨。

【解析】

品德、学问、才能、技艺反映了一个人的综合素质。个人要通过努力学习，切实提高自己的德学才艺。多学习别人德学才艺方面的长处，以弥补自己的不足。时刻砥砺自己，争取进步。德学才艺要落实在生活与工作中，还要坚持不懈地践行，使自己成为对家庭、国家、社会有用之人。

【人物】

冉　雍

冉雍，字仲弓，春秋末期鲁国（今山东定陶）人，孔子弟子。少昊之裔，世居"菏泽之阳"，人称"犁牛氏"，受儒教祭祀。《冉氏族谱》称离娶颜氏，生长子耕，次子雍。颜氏死，又娶公西氏，生求。后公西氏闻孔子设教阙里，"命三子往从学焉"。冉雍品学兼优，为人度量宽宏，仁而不佞。孔子称其"可使南面"，即可担任一方长官。孔子临终时在弟子们面前夸奖冉雍说："贤哉雍也，过人远也。"冉雍与冉耕、冉求皆在孔门十哲之列，世称"一门三贤"。

唐开元二十七年（公元739年）追封冉雍为"薛侯"。宋大中祥符二年（公元1009年）加封"下邳公"。南宋咸淳三年（公元1267年）封为"薛公"。明嘉靖九年（公元1530年）改称"先贤冉子"。

【嘉言】

好学近乎知，力行近乎仁，知耻近乎勇。

出自《礼记·中庸》第二十章。

这是孔子说的一段话。其中，"知"通"智"。"智、仁、勇"是儒家"三达德"，这是修身的根本。这段话的意思是"喜欢学习就接近了智，努力实行就接近了仁，知道羞耻就接近了勇。"

【故事】

命重于冠

据说有一天，颜回去街上办事，见一家布店前围满了人。他上前一问，才知道是买布的跟卖布的发生了纠纷。只听买布的大嚷大叫："三八就是二十三，你为啥要我二十四个钱？"颜回走到买布的跟前施一礼说："这位大哥，三八是二十四，怎么会是二十三呢？是你算错了，不要吵啦。"买布的仍不服气，指着颜回的鼻子说："谁请你出来评理的？你算老几？要评理只有找孔夫子，错与不错只有他老人家说了算！走，咱们找他评理去！"颜回说："好！若孔夫子评你错了怎么办？"买布的说："评我错了输上我的头。你错了呢？"颜回说："评我错了输上我的冠。"二人打着赌，找到了孔子。孔子问明了情况，对颜回笑笑说："三八就是二十三哪！颜回，你输啦，把冠取下来给人家吧！"颜回从来不跟老师斗嘴。他听孔子评他错了，就老老实实摘下帽子，交给了买布的。那人接过帽子，得意地走了。

对孔子的评判，颜回表面上绝对服从，心里却有点想不通。他认为孔子老糊涂了，也就不想再跟孔子学习了。第二天，颜回就借故说家中有事，要请假回去。孔子明白颜回的心事，也不挑破，点头准了他的假。颜回临行前跟孔子告别。孔子要他办完事即返回，并嘱咐他两句话："千年古树莫存身，杀人不明勿动手。"颜回应声"记住了"，便动身往家走。

路上，突然风起云涌，电闪雷鸣，眼看要下大雨。颜回钻进路边一棵大树的空树干里，想避雨。他猛然记起孔子"千年古树莫存身"的话，心想，师徒一场，再听他一次话吧，于是从空树干中走了出来。他刚离开不远，一声炸雷,把那棵古树劈了个粉碎。颜回大吃一惊:老师的第一句话应验啦!难道我还会杀人吗?

颜回赶到家,已是深夜。他不想惊动家人,就用随身佩带的宝剑,拨开了妻子住室的门闩。颜回到床前一摸,啊呀,南头睡个人,北头睡个人!他怒从心头起,举剑正要砍,又想起孔子的第二句话"杀人不明勿动手"。他点灯一看,床上一头睡的是妻子,一头睡的是妹妹!

天明,颜回又返了回去,见了孔子便跪下说:"老师,您那两句话,救了我、我妻和我妹妹三个人哪!您事前怎么会知道要发生的事呢?"孔子把颜回扶起来说:"昨天天气燥热,估计会有雷雨,因而就提醒你'千年古树莫存身'。你又是带着气走的,身上还佩戴着宝剑,因而我告诫你'杀人不明勿动手'"。颜回打躬说:"老师料事如神,学生十分敬佩!"孔子又开导颜回说:"我知道你请假回家是假,实则以为我老糊涂了,不愿再跟我学习。你想想:我说三八二十三是对的,你输了,不过输个冠;我若说三八二十四是对的,他输了,那可是一条人命啊!你说冠重要还是人命重要呢?"颜回恍然大悟,"噗通"又跪在孔子面前说:"老师重大义而轻小是小非,学生还以为老师因年高而欠清醒呢。学生惭愧万分!"从此以后,孔子无论走到哪里,颜回再也没离开过老师。

若衣服,若饮食。不如人,勿生戚。

【译文】

至于外表穿着,或者饮食不如他人,则不必放在心上,更没有必要忧虑自卑。

【解析】

当今社会,人们的攀比心理较强,衣着饮食不如别人,就感到自卑或嫉妒;房子、车子不如别人,更是感到愤慨不平。攀比容易引起内心的躁动,还可能由此而生病。攀比,既伤己又害人!有个成语"欲壑难填",正所谓"欲是深渊,欲不可纵!"

【人物】

孔 安 国

孔安国(公元前156年—公元前74年),字子国,汉代鲁国人,孔丘十世孙，孔滕（字子襄）之孙，孔忠（字子贞）之子。西汉官吏、经学家。

他曾经跟随申公学习《诗经》，跟随伏生学习《尚书》。武帝时，官谏大夫，临淮太守。武帝末，鲁共王坏孔府旧宅，于壁中得《古文尚书》《礼记》《论语》及《孝经》，皆蝌蚪文字，当时的人都不识，安国以今文读之，又奉诏作书传，定为五十八篇，谓之《古文尚书》，又著《论语训解》《古文孝经传》等。

【嘉言】

子曰："饮食男女，人之大欲存焉。"

出自西汉戴圣的《礼记·礼运》，据说是孔子所言。

其意思是说，喝水吃饭与男女爱恋繁衍之事，都是人类最基本、最原始的欲望。

孔子对于人生的看法及其言语多是形而下的，很少讲形而上的东西。凡是人，皆离不开这两件事：饮食、男女。一个是民生问题，另一个是康乐问题。饮食男女，芸芸众生之百态也。

【故事】

安 贫 乐 道

王欢，字君厚，乐陵人。他安于贫困的现状，以坚守自己的信念为快乐。精神专一地沉迷于学业之中，不谋求家业。他常常一边乞讨食物，一边诵读《诗经》。虽然家中没有一斗粮食的储蓄，但他内心却安适愉快。他的妻子经常为这件事感到忧心，有时焚烧他的书，并要求改嫁。王欢笑着对他的妻子说："你没有听说过朱买臣的妻子吗？"当时听到这话的人大多嘲笑他。王欢却更加坚守他的志向，持之以恒地勤奋学习，终于成为一位贯通古今的博学之人。

【附记】

朱买臣，字翁子，西汉吴县（今江苏苏州）人，西汉大臣。汉武帝时，为中大夫，累官至会稽太守、主爵都尉，位列九卿。

朱买臣年轻时，家里很穷，他却非常爱好读书。他不治产业，四十岁仍然是个落魄儒生，常常靠砍柴卖掉后换回粮食维持生计。夫妻俩一起上山砍柴，挑到山下市场上去卖。朱买臣在挑柴途中背诵诗文，有人在背后笑他是个书痴，当作新闻传来传去。惹得妻子难堪，所以劝他挑柴时不要嘴里念个不停，免得让周围人当笑柄。可朱买臣不听妻子劝告，反而越念越响，甚至如唱山歌一般，弄得人们都围过来看热闹。他的妻子感到十分羞愧，请求与朱买臣离婚。朱买臣笑着对她说："你别看我是个穷鬼，我五十岁要大富大贵，你跟我吃苦已有二十多年，现在我已经四十多岁了，再等我几年，等我富贵时好好报答你。"妻子愤恨地说："像你这样的人，最后只能饿死在沟壑中，又怎能富贵呢？"朱买臣再三劝说，妻子便索性大哭大闹，朱买臣没办法，只好写了休书递给妻子，妻子毫不留恋，离家而去。此后，朱买臣仍在路上边走边咏，背着柴在墓间行走。他的前妻和丈夫一起去上坟，看到朱买臣又冷又饿，召唤他，还给他饭吃。朱买臣后来当了太守，上任后看见他的前妻及丈夫在修路，就停下车，叫后面的车子载上他们，送到太守府，并安置在园中，供给食物。过了一个月，他的妻子上吊而死。朱买臣给她丈夫银两，让他安葬。他还召见所有以前曾经给过他粮食以及对他有恩的乡亲朋友，并一一回报他们。

闻过怒，闻誉乐。损友来，益友却。

【译文】

如果一个人听到别人说自己的过错就生气，听到别人称赞恭维自己就欢喜，那么有损德行的朋友就会接近，真正的良朋益友就会远离。

【解析】

人们大都愿意听赞美之语，不愿闻批评之言。赞美自己的未必是好朋友，批评自己的未必是坏朋友。能指出自己的过失，比起赞美来更是难能可贵。

俗话说："近朱者赤，近墨者黑。"在生活及事业中，多交直言人士，少交奉承之徒。曾子说："君子以文会友，以友辅仁。"为人处世，要多结交仁义正直之士，远离宵小之徒。小人成事不足败事有余，交友不可不慎！

【人物】

岳　飞

岳飞（公元1103年—公元1142年），字鹏举，宋相州汤阴县（今河南安阳汤阴县）人，南宋抗金名将，中国历史上著名的军事家、战略家、民族英雄，位列南宋中兴四将之一。他于北宋末年投军，从公元1128年遇宗泽起到公元 1141 年为止的十余年间，率领岳家军同金军进行了大小数百次战斗，所向披靡，"位至将相"。

公元 1140 年，完颜兀术毁盟攻宋，岳飞挥师北伐，先后收复郑州、洛阳等地，又于郾（读音 yǎn）城、颍（读音 yǐng）昌大败金军，进军朱仙镇。宋高宗、秦桧却一意求和，以十二道"金字牌"下令退兵，岳飞在孤立无援之下被迫班师。

在宋金议和过程中，岳飞遭受秦桧、张俊等人诬陷，被捕入狱。公元 1142 年 1 月，岳飞以莫须有的罪名，与长子岳云和部将张宪一起被杀害。宋孝宗时岳飞冤狱被平反，改葬于西湖畔栖霞岭。追谥武穆，后又追谥忠武，封鄂王。

【嘉言】

子曰："益者三友，损者三友。友直，友谅，友多闻，益矣；友便辟，友善柔，友便佞，损矣。"

出自《论语·季氏》。

南怀瑾先生认为，友直、友谅、友多闻，是有助益的朋友。第一种"友直"，是讲直话的朋友；第二种"友谅"，是比较能原谅人、个性宽厚的朋友；第三种"友多闻"，是知识渊博的朋友。孔子将这三种人列为对个人有助益的朋友。

对自己有害处的朋友也有三种，第一"友便辟"，就是有怪癖的人，有特别的嗜好，也可说是软硬都不吃的朋友；第二"友善柔"，就是个性非常软弱，依赖性太重，属于"娇妻型"朋友；第三"友便佞"，这类人专门阿谀奉承，溜须拍马，成事不足，败事有余，对这类人要特别当心。

【故事】

油 炸 桧

岳飞被秦桧夫妇施计杀害于风波亭，军民对此无不义愤填膺。临安一户饮食摊贩得知消息后也深感不忿，就搓捏了形如秦桧和王氏的两个面人，绞在一起放入油锅里炸，并称之为"油炸桧"。

人们为了发泄愤怒，便争相购买。随着顾客越来越多，类似的店铺也就越来越多。于是商家就简化了制作工序，直接把两条面缠绕起来油炸，成为现今常见的炸油条。至今，有些地方仍把油条称为油炸桧或油炸鬼。

闻誉恐，闻过欣。直谅士，渐相亲。

【译文】

如果听到他人的称赞，就感到恐怖不安，听到别人指出自己的过错就欢喜接受，那么正直诚信之人，就会渐渐喜欢并亲近我们了。

【解析】

俗话说："生我者父母，成我者朋友。"一个人再有才华和能力，要取得事业的成功，也需要众人的支持与帮助。树立谦虚好学的态度，养成海纳百川的心胸，多亲近正直之人，多结交诚信之友，多聆听批评之语，离成功也就不远了。

【人物】

刘　备

刘备（公元161年—公元223年6月10日），字玄德，东汉末年幽州涿郡涿县（今河北涿州）人，汉景帝之子中山靖王刘胜的后裔，三国时期蜀汉开国皇帝，著名政治家，史家又称他为先主。

刘备的祖父刘雄被举为孝廉，官至东郡范令。刘备的父亲刘弘早亡，少年刘备与母亲以织席贩履为业，生活很艰辛。年少时，刘备与公孙瓒一起拜同郡卢植（原九江太守）为师求学。传说刘备身长七尺五寸，两手下垂至膝，还能看见自己的耳朵。刘备喜怒不形于色，喜欢结交豪杰，当地豪侠争着依附刘备。刘备为人谦和、礼贤下士、宽以待人。他志向远大、知人善用，素以仁德为世人称赞。

据说，刘备与关羽、张飞结拜为兄弟，情同手足。刘备求贤若渴，曾三顾茅庐恳请诸葛亮出山辅佐大业，传为千古佳话。刘备兄弟曾参与镇压黄巾起义，救援过北海孔融、徐州陶谦。陶谦病亡后将徐州让与刘备。刘备早期颠沛流离，投靠过多个诸侯，赤壁之战与孙权联盟击败曹操，趁势夺取荆州，而后进取益州，建立蜀汉政权。《九州春秋》记载：刘备在荆州数年，曾经与刘表一起如厕，见髀①里肉生，慨然流涕。还坐，表怪问备，备曰："吾常身

---

① "髀"读音 bì，指股部或大腿。如髀肉是指大腿上的肉。

不离鞍，髀肉皆消。今不复骑，髀里肉生。日月若驰，老将至矣，而功业不建，是以悲耳。"

陈寿评刘备机会、权力、才干和谋略都不及曹操，但刘备弘毅宽厚，知人待士，百折不挠，终成帝业。刘备自己也曾说过，自己做事"每与操反，事乃成尔"。刘备的宽厚与曹操的奸诈形成了鲜明的对照。公元221年，刘备在成都称帝，国号汉，年号章武，史称蜀或蜀汉，占有今四川、云南大部，贵州全部，陕西汉中和甘肃白龙江一部分。公元223年，刘备病逝于白帝城，终年六十三岁，谥号昭烈皇帝，庙号烈祖，葬惠陵。后世有众多文艺作品以其为主角，在成都武侯祠有昭烈庙作为纪念。

【嘉言】

方以类聚，物以群分。

出自《易经·系辞上》。

原指各种方术因种类相同聚在一起，各种事物因种类不同而区分开。后来演变为"物以类聚，人以群分"，比喻同类的东西常聚在一起，志同道合的人相聚成群。

【故事】

永 安 托 孤

关羽大意失荆州，连连兵败，后被东吴所俘获，斩杀于市。刘备誓死为兄弟报仇，率举国之兵讨伐东吴，兵败白帝城，忧伤成疾。临终之时，刘备把诸葛亮召至白帝城永安宫，对他说："你的才能十倍于曹丕，儿子刘禅若可辅佐就辅佐他，如其不才，可取代之。"诸葛亮泣拜说："臣敢竭股肱[①]之力，效忠贞之节，继之以死。"刘备又嘱赵云："早晚看觑吾子，勿负朕言。"刘备遗命太子刘禅，对诸葛丞相要"事之如父"。

刘备在遗诏中，还告诫太子刘禅曰："勿以恶小而为之，勿以善小而不为。惟贤惟德，能服于人。"其中"勿以恶小而为之，勿以善小而不为"后来成为千秋万代传颂的嘉言。其大意是，先主刘备临终之时劝勉儿子刘禅要始终不渝、坚持不懈地进德修业，要有所作为，依靠德行建功立业。好事要从

---

① "肱"读音gōng，指胳膊上从肩到肘的部分，也泛指胳膊。股肱，大腿和上臂，比喻左右辅助得力之人。股肱之力是指自己的所有力量，形容做事已竭尽全力。出自《左传·僖公九年》："臣竭其股肱之力，加之以忠贞。其济，君之灵也，则以死济之。"

小事做起，积小成大，则可以成就大事；坏事也要从小事开始防范，否则积少成多，也会坏了大事。

因此，不要因为好事小而不去做，更不能因为不好的事小而去做。小善积多了，就成为利益天下的大善；而小恶积多了，则成为身败名裂、祸国殃民的大恶。

无心非，名为错。有心非，名为恶。

【译文】

无心之过，称之为"错"。若是明知故犯，那便是"恶"。

【解析】

人生犯错误是难免的，但能及时改正错误，以后不再犯类似的错误，也是难能可贵的。"孝悌忠信礼义廉耻"是儒家"八德"。"耻"字在"八德"中排在末位，但若能知"耻"，却能唤醒前面的"七德"。若不知耻了，前面的"七德"尽丧。犯了过错，知道羞耻，还可救药。若是恬不知耻，得意忘形，离大祸也就不远了。

【人物】

赵　盾

赵盾（公元前655年—公元前601年），即赵宣子，嬴姓，赵氏，名盾，谥号宣，时人尊称其赵孟或宣孟。春秋中前期晋国卿大夫，赵衰之子，杰出的政治家、战略指挥家。晋文公之后，晋国出现的第一位权臣，集军政大权于一身，担任执政，号称正卿，法治晋国。是赵氏孤儿赵武的祖父。赵盾在晋国执政期间，权倾朝野，使晋国君权首次受到冲击与削弱，树赵氏之威，使赵氏一族独大晋国。一生侍奉三朝，维护了晋文公开创的霸业。

【嘉言】

人非圣贤，孰能无过？

出自《左传·宣公二年》。

原文为："人谁无过，过而能改，善莫大焉。"其意思是说，一般人不是圣人和贤人，谁能不犯错误呢？错了能够改正，没有比这更好的了。

【故事】

有过不改酿大祸

晋灵公生性残暴,时常借故杀人。一天,厨师送上来的熊掌炖得不太透,他就残忍地当场杀死了厨师。其尸体正好被赵盾、士季两位正直的大臣看见。他们了解情况后,非常气愤,决定进宫去劝谏晋灵公。

士季先去朝见,晋灵公从他的神色中看出是为自己杀厨师这件事而来的,便假装没有看见他。直到士季往前走了三次,来到屋檐下,晋灵公才瞟了他一眼,轻描淡写地说:"我已经知道自己所犯的错误了,今后一定改正。"士季听他这样说,也就用温和的态度道:"谁没有过错呢?有了过错能改正,那就最好了。如果您能接受大臣正确的劝谏,就是一个好的国君。"

但是晋灵公并没有真正认识到自己的过错,行为依然残暴如故。相国赵盾曾屡次劝谏,他不但不听,反而十分讨厌,竟派刺客去暗杀赵盾。不料刺客不愿去杀正直忠贞的赵盾,宁可自杀。晋灵公见此事不成,便假意请赵盾进宫赴宴,准备在席间杀他。结果赵盾被卫士救出,他的阴谋又未能得逞。最后这个作恶多端的国君,终于被赵盾的弟弟赵穿杀死。

过能改,归于无。倘掩饰,增一辜。

【译文】

知错能改,是勇者的行为,错误就会减少直至消失。如果为了面子,死不认错,还要去掩饰,那就是错上加错了。

【注释】

辜,读音 gū。辜的本义是"根据古俗惩处",转义为"罪行""罪犯"。

《说文解字》上说:"辜,罪也。"段玉裁注:"辜本非常重罪,引申之,凡有罪者皆曰辜。"

【解析】

俗话说:"金无足赤,人无完人。"世上几乎没有完美无缺之人,每个人都是在不断地纠正自己的过错中得到进步与提高。在生活、工作及经营当中,有一些过错,都是难免的。只要我们真心悔过,知错能改,止恶扬善,则善莫大焉。改正错误，去除不良习惯，并不是一件容易的事，有时需要巨大的勇气和坚韧的毅力。

【人物】

关 羽

关羽，约生于东汉桓帝年间，字云长，河东解良（今山西运城解县）人。三国时期蜀汉著名将领。关羽早期跟随刘备辗转各地，曾被曹操生擒。关羽于白马坡斩杀袁绍大将颜良，与张飞一同被称为万人敌。

赤壁之战后，刘备助东吴周瑜攻打南郡曹仁，别遣关羽绝北道，阻挡曹操援军，曹仁退走后，关羽被封为襄阳太守。刘备入益州，关羽留守荆州。建安二十四年，关羽围襄樊，曹操派于禁前来增援，关羽擒获于禁，斩杀庞德，威震华夏，曹操曾想迁都以避其锐。后曹操派徐晃前来增援，东吴吕蒙又偷袭荆州，关羽腹背受敌，兵败被杀。

关羽去世后，逐渐被神化，被民间尊为"关公"，又称"美髯公"。儒家奉关羽为"武圣人"，道家奉关羽为"关圣帝君"，佛家称关羽为"伽蓝菩萨"。历代朝廷多有褒封，清代奉为"忠义神武灵佑仁勇威显关圣大帝"。

【嘉言】

但改过者，第一须发耻心，第二须发畏心，第三须发勇心。具是三心，则有过斯改，如春冰遇日，何患不消乎？

摘自《了凡四训》。

明代袁黄（字了凡）认为，改过有三重境界："然人之过，有从事上改者，有从理上改者，有从心上改者。工夫不同，效验亦异。"他认为改过的最高境界是"从心上改"。为此，他提出了"耻心""畏心""勇心"。

【故事】

千里护皇嫂

据历史传说，关羽与刘备、张飞曾在桃园结义，刘备是大哥，关羽为二弟，张飞为三弟。三兄弟虽是异姓兄弟，却是生死之交。蜀汉的先主刘备在打天下的时候，待关羽像亲兄弟一样同床而睡。在许多人面前，关羽总在刘备的旁边立着，跟着刘备去周旋一切，无论什么艰难危险，都毫不退避。

有一回曹操带了军队，攻破了下邳的城池，关羽被围困，曹操差张辽去劝降。关羽就与张辽约定三个条件：一是只降汉朝，不降曹操；二是赡养他的二位嫂子；三是一旦知道刘备的下落，便要去寻找他。曹操思虑半天，最后终于答应了。

当时，先主刘备的妻子甘夫人和糜夫人都被曹操捉住了，曹操就让关羽和二位夫人在一个房间里同住。关羽点燃了蜡烛，秉烛立于门外，整夜读《春秋》，直到天明。曹操见此，更加敬佩。曹操对关羽三日一小宴、五日一大宴，又送美女和金银财宝无数。关羽让美女服侍嫂嫂，财物则交嫂嫂暂时收藏。曹操又将吕布的赤兔马送给了关羽，关羽再三拜谢。曹操感到奇怪，问他为什么以前得到东西从不感激，而今天却再三拜谢。关羽说有了这千里马，便可早一天找到他的大哥刘备。后来，关羽得到了刘备的消息，便挂印封金，保着两位嫂子，过五关斩六将，历尽艰难险阻，终于与大哥刘备、三弟张飞等人相会。

至今，北方很多人家，宅子里多供奉关公，以保全家平安；南方不少商人，也在店铺里供奉关公，还有人称关公为"武财神"。事实上，关羽一生不爱财，可南方为什么还供奉关公呢？因为关公是"忠义"的化身，有了"忠义"，自然财源也会滚滚而来。

第五章　泛爱众

凡是人，皆须爱。天同覆，地同载。

【译文】

只要是人，就是同类，不论是什么人，我们都要相互关心，皆须相亲相爱。因为，我们共同生活在同一个蓝天下，同一个大地上。

【注释】

"天同覆"的"覆"读音 fù。其本义为翻转、倾覆。引申出覆盖。

《说文解字》上说："覆，嬰也。一曰盖。"嬰，读音 fěng，有"翻"的意思，如翻车、翻船等。

【解析】

"泛爱众"是学生主修的第五门课。"泛爱众"类似"博爱"，就是以广泛的爱心对待社会大众。人类生活以爱为纽带，缺乏了人间之爱，生活不仅乏味，还可能痛苦不堪。一个人的爱心从何而来？爱心从慈孝中来！对父母不孝，对孩子不慈，其心可诛，又何来爱心？

与亲人相处，要尽爱心，尤其对父母应尽孝心，对孩子应尽慈心。慈孝之道，大道也。弘扬慈孝之道，才能和睦家庭，笃行人伦，共享天伦之乐。即便与同学、同事、朋友等人交往，也要讲平等博爱，将心比心，推己及人，以心换心，以德报德。

爱人者，人恒爱之。我们不仅要懂得爱人，还要懂得爱物（爱惜动物、植物、矿物等世上万物）。唐朝著名诗人白居易在《鸟》中写道："谁道群生性命微，一般骨肉一般皮。劝君莫打枝头鸟，子在巢中望母归。"

我们同是天地所生，皆是人类，对同类要有爱心，并将爱心付诸行动，才能构建共生、共荣、共享的人类命运共同体。爱不仅是一种心境，也是一种体验，还是一种实践。人间之爱，要用心去体会、去感受、去笃行。

将心比心，体悟别人对爱的需要。没有人能够孤立地生活在世界上，也没有人愿意孤苦地生活在世界上。每个人都需要别人的关爱，也需要给予别人关爱。爱是相互的，老人爱孩子，孩子爱老人；丈夫爱妻子，妻子爱丈夫。爱是可以延伸的，也是可以拓展的。不同种族，甚至不同物种之间，皆可以爱为纽带，增强相互之间的信任与联系。

【人物】

董 仲 舒

　　董仲舒（公元前179年—公元前104年），汉族，广川郡（今河北衡水景县广川镇大董古庄）人，汉代著名思想家、哲学家、政治家、教育家。

　　董仲舒的《天人三策》与《春秋繁露》以儒家学说为基础，以阴阳五行为框架，兼采"黄老"等诸子百家的思想精华，建立起一个具有神学倾向的新儒学思想体系。汉武帝元光元年（公元前134年），汉武帝下诏征求治国方略。儒生董仲舒在《举贤良对策》中系统地提出了"天人感应""大一统"学说和"表彰六经"的主张。董仲舒的儒家思想维护了汉武帝的集权统治，为当时社会政治和经济的稳定做出了一定贡献。

　　董仲舒曾任江都易王刘非国相10年，任胶西王刘端国相4年，后辞职回家。此后，在家著书。汉武帝太初元年（公元前104年），董仲舒病逝。汉代大儒司马迁曾师从董仲舒，他跟从董仲舒学《春秋》，跟从孔安国学《尚书》。董仲舒是我国首位将儒家思想成功推向封建社会政治舞台的儒学大师。董仲舒所倡导的"三纲五常"等思想，于今仍有重要的借鉴价值与深远影响。

【嘉言】

　　子曰："仁者安仁，知者利仁。"

　　出自《论语·里仁》。

　　其意思是有仁德之人安于仁道，有智慧之人利于仁道。

　　董仲舒说："仁者，人也。义者，我也。谓仁必及人。义必由中，制也。"

　　仁离不开人，仁是内心之善、内在之美、内在之德也。义就是义务，就是适宜，义也离不开人。由自己的仁爱之心所生出来的义就是义务，就是正义，就能体现公义与道义。"义者，宜也"。宜即合宜，人的动机行为要合乎道理，要做合乎天理人情之事。

【故事】

古代商人的家庭教育

　　古代的商人多受儒家思想影响，虽然有些商人弃学经商，但修身、齐家、忠君、爱国的志向与情怀未变。他们非常重视对子弟的教育，重视"养教结合"。如鼓励子弟立志报国，养成勤俭节约的品格，塑造孝敬父母长辈、甘于奉献的精神等。不论是晋商、还是徽商，对子弟的教育都非常严格，重视启蒙教育与社会实践。

歙①商鲍相庭说过："富而教不可缓乎也，徒积赀（读音 zī）财何益乎？"歙商郑敬伟教育子女说："非勤无以生财，非俭无以足用，非礼无以立身，非义无以处事。"由于徽州男子大多在外经商，无暇顾及家庭，以至于"娶妇数月则出外，或数十年，至有父子邂逅而不相认识者。"因此，豢养教育就责无旁贷地落到了徽商妇人身上。徽商妇女甘于承担家庭责任，其中不少妇女眼界开阔，对子女要求严格，能够因势利导，因材施教，可谓女中丈夫。徽商精神被胡适先生称之为"徽骆驼"。

行高者，名自高。人所重，非貌高。

【译文】

德行高尚者，名望自然就高。大家所敬重的是他的德行，而不是他的容貌。

【注释】

"行高者"的"行"读音为 xìng，第四声，意为德行。

【解析】

俗话说："人不可貌相，海水不可斗量。"

不论是经商，还是从事其他行业，我们都要立志修养品德，不断培养能力，切实提高素质。人们总是钦佩德才兼备之人，讨厌缺德少才之人。

在当今教育变革时代，我们的大学和社会培养的人大概有四种：一是德才兼备，这是优品；二是德优于才，这是正品；三是有才少德，这是毒品（危险品）；四是无德无才，这是废品。尽管第三四种人是少数，但危害却非常大，不可不察，不可不防也。

---

① 歙，读音 shè。此处为安徽歙县之地名。歙县的商人，也称为歙商。早在东晋、南北朝时期，歙县商人即在江南城镇进行贸易。至明朝成化、弘治年间，遂形成了一个人众资巨、颇具特色的徽商集团，开始称雄商界。明嘉靖至清嘉庆的近 300 年间是徽商鼎盛时期。当时徽商的足迹遍及全国乃至海外，故在长江中下游地区，尤其是江浙一带有"无徽不成镇"之誉。

【人物】

范 仲 淹

范仲淹（公元989年—公元1052年），字希文，汉族。苏州吴县人。北宋杰出的思想家、政治家、文学家。

范仲淹幼年丧父，母亲改嫁长山朱氏，遂更名朱说。大中祥符八年（公元1015年），范仲淹苦读及第，授广德军司理参军，迎母归养，改回本名。

后历任兴化县令、秘阁校理、陈州通判、苏州知州等职，因秉公直言而屡遭贬斥。康定元年（公元1040年），范仲淹与韩琦共任陕西经略安抚招讨副使，采取"屯田久守"方针，巩固西北边防。庆历三年（公元1043年），出任参知政事，发起"庆历新政"。不久后，新政受挫，范仲淹被贬出京，历知邠（读音bīn）州、邓州、杭州、青州。

皇祐四年（公元1052年），改知颍州，范仲淹扶疾上任，于途中逝世，年六十四。追赠兵部尚书、楚国公，谥号文正，世称范文正公。著有《范文正公文集》传世。

【嘉言】

先天下之忧而忧，后天下之乐而乐。

出自范仲淹《岳阳楼记》。

范仲淹"先忧后乐"的思想及个人节操，为仁人志士树立了良好的榜样，对千秋后世影响深远。范仲淹的"先忧后乐"，既不是悲观，也不是乐观，而是一种达观！范仲淹的达观，在古代非常难能可贵；在当今，这种达观精神就越加弥足珍贵。人生不论是顺境，还是逆境，皆要达观。达观之境，皆在道中；达观之善，皆在德中；达观之美，皆在心中。一个人，若能看得开，想得通，咽得下，拿得起，放得下……则渐近达观之境矣。

【故事】

不为良相便为良医

范仲淹出生的第二年，父亲就不幸去世了。范家失去了生活来源，范仲淹之母谢氏贫而无依，只好带着尚在襁褓中的范仲淹，改嫁山东淄州长山县一户姓朱的人家。从此，范仲淹改姓名叫朱说，在朱家长大成人。

范仲淹从小读书就十分刻苦，一心想要济世救人。他读书的时候，白天晚上都很用功。五年中，他没有脱过衣服上床睡觉，有时夜里感到昏昏欲睡，就用凉水浇在脸上。他常常是白天苦读，什么也不吃，直到日头偏西才吃一点东西。就这样，范仲淹领悟了六经的主旨，立下了造福天下的志向。

有一次，他遇到一个算命先生，问道："你看我以后能不能当宰相？"算命先生说："小小年纪，口气是不是有点太大了？"范仲淹有点不好意思地说："那你看我可不可以当个医生？"算命先生很好奇，怎么两个志愿相差这么大？就问范仲淹为什么？范仲淹回答说："唯有良医和良相可以救人。"算命先生说："你有这颗存心，真良相也。"后来，范仲淹果然出将入相，政绩特别卓著，文学成就也非常突出。

才大者，望自大。人所服，非言大。

【译文】

真正有才能之人，声望自然会大。人们所佩服的是他的德与才，而不是因为他会自吹自擂。

【解析】

真正有大才者，必以大德为基。"才"只有以"德"为平台，才更有意义。一个人若有点小才华，而不重视修德，其才也不可能太大，更不可能被仁德英明的领导所重用，自己也难以成就大的事业。

古人重视德才兼备，必须是"德"先"才"后。有才无德是小人，有才丧德就可能蜕变为坏人。人生不仅是逐渐得到的过程，也是逐渐失去的历程，但人生最不能丧失的就是天良。一个人的德与才是通过学习、修身、实行而逐步养成的，绝不是靠自我吹嘘而得来的。不自量力而又爱自我吹嘘之人，很难成就大事，也往往被人瞧不起。

【人物】

姜 太 公

姜太公，本名姜尚，姜姓，字子牙，曾被封于吕地，故又称吕尚，被尊称为太公望，后人多称其为姜子牙、姜太公。中国历史上最享盛名的政治家、军事家和谋略家。

姜太公辅佐文王、武王伐纣，为开创周王朝建立了丰硕的功勋。传说姜太公著有兵书《六韬》。《史记》中说:"周西伯昌之脱羑里归,与吕尚阴谋修德以倾商政,其事多兵权与奇计,故后世之言兵及周之阴权皆宗太公为本谋。"

【嘉言】

民之所欲,天必从之。

出自《尚书·泰誓》。

这句话包含了朴素的以人为本的思想,体现了"顺乎天而应乎人",体现了人民利益与社会发展规律的一致性。

【故事】

太公钓鱼

据说姜太公是炎帝的后代,年轻的时候曾在商朝的首都朝歌(今河南汤阴)宰过牛,在黄河边上的孟津(今河南孟津)卖过酒。据说,他贩米米贱,贩面面贱,做什么买卖都亏本钱。有一次,做买卖又亏了本。在回家的路上,他仰天长叹,正好有一只乌鸦从他头顶飞过,把屎尿拉了他一脸。人若倒了霉,喝口凉水也塞牙缝。

后来,姜子牙隐居在渭水河畔,没事就在河边垂钓。他每天都去钓鱼,可是连一条也没有钓回来过。有一天,姜尚的老婆给他送饭。他老婆趁他吃饭的工夫,把鱼竿拿出来一看,鱼钩是直的,他老婆气得想骂人。她把直钩窝了个弯儿,并在鱼钩上放了点儿剩饭渣,不一会儿就钓上了好几条鱼。等姜太公吃完饭,看着活蹦乱跳的鱼说:"这是龙子,那是龙孙。"他一边说着话,一边把鱼都放回河里去了。他老婆更生气了,把姜尚臭骂一顿,毅然决然地离他而去了。

后来,周文王外出打猎,在渭水河畔遇见了姜太公。看到老人须发斑白,有七八十岁了。奇怪的是他一边钓鱼,一边嘴里不断地唠叨:"快上钩呀!愿意上钩的快来上钩!"再一看,老人钓鱼的鱼钩离水面有三尺高,并且是直的,不是弯的,上面也没有钓饵。文王看了很纳闷,就过去和老人攀谈起来。

在谈话中,文王发现姜子牙是一个眼光远大、学问渊博的人。他上通天文,下知地理,对政治、军事各方面皆有造诣,特别对当时的政治形势,分析得头头是道。姜尚的话句句都说到了文王的心坎上。

文王本来就是为了推翻商朝,到处寻找大贤人。这眼前的姜子牙,不就是自己要寻访的大贤人吗？文王恳切地对姜子牙说："我们盼望您很久了，请您到我们那里去，帮助我们治理国家吧！"文王诚恳地把姜太公请了回去，并委以重任。后来，姜子牙辅佐武王伐纣成功，建立了周朝。

己有能，勿自私。人所能，勿轻訾。

【译文】

自己有才能，不要自私自利。别人有才能，不要心生嫉妒，更不要随意毁谤。

【注释】

"勿轻訾"的"訾"读音 zī。其意思是"诋毁""毁谤"。

【解析】

一个有才能的人，一定要舍得付出，愿意服务大众，甘于报效国家，才更有价值。凡是人，或多或少都有一些私心，适度的自利也无可厚非。但做人不能过于自私自利，从"小私"到"大公"是一种觉悟，从"自利"到"利他"是一种智慧。

要学会欣赏别人的才能，不断提高自己的才能。"嫉妒心"或多或少都会存在于自己的意识之中。但嫉妒心太重，则是一种病态心理，终会害人害己。

【人物】

白　圭

白圭（公元前463年—公元前385年），名丹，战国时人，出生在东周的都城洛阳，曾担任魏国国相，后弃官经商致富，是古代著名的经济谋略家和理财家，有人称其为商祖，《史记·货殖列传》记载了其事迹，并称其为"天下言治生者祖"。

【嘉言】

吾治生产，犹伊尹、吕尚之谋，孙吴用兵，商鞅行法是也。是故其智不足与权变，勇不足以决断，仁不能以取予，彊（同强）不能有所守，虽欲学吾术，终不告之矣。

出自司马迁的《史记·货殖列传》。

商祖白圭强调经商必须有"智、勇、仁、强"四个方面的品质与能力。

【故事】

取子有道

古都洛阳是东周时期的政治经济中心，其工商业比较发达，到了春秋战国时期，洛阳的商业还是比较繁华的，很多富商巨贾都来此经商。

《史记·货殖列传》记载："天下熙熙，皆为利来；天下攘攘，皆为利往。"白圭也曾在洛阳经商。白圭是一个热心钻研学问、并将学问应用于经营中的商人。白圭潜心研究伊尹、姜子牙的谋略，熟读孙武、吴起的兵法，还钻研商鞅等人的法家著作。

白圭认为，经商发财致富，就要像伊尹、吕尚那样筹划谋略，才能站得高看得远；也要像孙武、吴起那样用兵打仗，才能出奇制胜；还要像商鞅推行法令那样果断，才能抓住时机。如果智不能权变，勇不足以决断，仁不善于取舍，强不会守成守业，就没有资格去谈论经商之术了。

白圭通过观察市场行情和年成丰歉的变化，奉行"人弃我取，人取我与"的经商策略与方法。白圭还喜欢研究天文学，他通过多年对日月星辰运行规律的研究观察，发现它们的运行位置对丰年和灾年有着很大的影响。他经常根据天象来预测下年的雨水多少以及粮食的丰歉情况。若当年丰收，来年大旱，今年就大量收购粮食，囤积货物。想让粮价增长，就专买下等谷物；想让成色提高，就专买上等谷物。他根据天时地利进行经营，获利颇丰。

白圭为国理财，常从大处着眼，通观全局，在经营上从不嫌弃小惠小利，也从不靠诡计进行欺诈。他将货物流通与发展生产联系起来，既能使经营生财，又能使生产有利其发展，他认为只有以足补缺，以丰补歉，使全国各地物资互补流通，才能在辅民安民基础上，实现国家的富强。其具体做法是：如果一个地方盛产蚕茧，就购进这些产品，用谷物等其他当地缺少的东西去换。如果一个地方粮食丰产，就去购进他们的粮食，然后用丝、漆等必需品去和他们交换。这样就使全国的货物得到流通，既利于人民生活，又能从中赚取利润，可谓一举两得，既利国又利民。

白圭把其经商之道称为"仁术"。白圭经商善于把握时机，善于根据形势的变化采取一些随机应变的举措。比如，秋收季节谷物大量上市，价格一定很低廉，若是丰年，则价格更是低廉，这时他就用丝帛交换农民的谷物。到了灾年，他就用谷物交换农民手中的丝帛。他把这个经营策略称之为"人弃我取，人取我与"。意思就是当别人不太需要某种货物的时候，这种货物的价格就一定十分的低廉，这是买进的时机。当人们急需某种货物的时候，其价格一定会上涨，这时就应该卖出。他的这种贱买贵卖的操作策略，其利润比正常经营自然要大得多。

白圭还很注重扶植农民的生产，以保证和扩大自己的商品来源。他曾经向农民供应优良的谷物种子，既为自己获取了利润，又帮助农民增加了产量，使自己掌握了更充足的货源。白圭把自己的商业经营建立在发展农业生产的基础之上，通过商业来促进农业生产，通过农业生产的发展来推进商业经营。

白圭尽管经商致富，但他在日常生活中却非常俭朴，他的吃穿和他家的仆人几乎一样。白圭非常重视取与予的辩证关系，先予后取，取予结合。他关心劳动者的疾苦，了解社会需求，提出"欲长钱，取下谷；长石斗，取上种"的思想。他告诉人们，在灾年歉收时，老百姓多买下等的谷物，因此要注意薄利多销。要让老百姓增收，需要好的种子。白圭重视经世济民，常怀仁者之心，关心百姓疾苦，在慈善方面也是相当慷慨的。

白圭善于测度。他曾到中山国和齐国游历，而这两个国家的君主都想把白圭留下，帮着治理国家，可是白圭却婉言拒绝了。有人问其原因，白圭回答说："这两个国家没有必行之事，那么信用已经到了尽头；不注重声誉，那么名誉已经到了尽头；没有仁爱，亲情已经到了尽头；旅行的人没有干粮、居家的人没有食物，财力已经耗尽；不能用人、又不能自己奋发图强，事功已经到头。一个国家出现了这五种现象，一定会灭亡的。"

白圭是古代商业中最早收授门徒的人，有人称其为商业的"祖师"。白圭收受门徒的标准很严格，他认为良商要具备以下条件：要通权达变，权衡利弊，把握时机，出奇制胜；要勇敢果断，当机立断；要有仁爱之心，明白取予之道，遵守"人弃我取，人取我与"的经营原则；还要有耐心和毅力，能够守正待机，不轻举妄动。

白圭的经商思想对后世影响很大，一直到明清，我国的徽商还保留了白圭的很多遗风。近代著名的民族资本家荣宗敬（荣毅仁的伯父）就恪守白圭"人弃我取"的经营原则，而南洋最著名的华侨企业家陈嘉庚奉行"人弃我取，人争我避"的经营思想，也是对白圭经营理论的继承和发展。

勿谄富，勿骄贫。勿厌故，勿喜新。

【译文】

不要谄媚巴结富有的人，也不要对穷人傲慢无礼。不要喜新厌旧，对于老朋友要珍惜，对于新朋友要真诚。

【注释】

谄，读音 chǎn。有巴结、奉承的意思。有违自己的本心，曲意迎合他人。《说文解字》上说："谄，谀也。"清代段玉裁注："谄者未有不谀。"

【解析】

俗话说："贫贱之交不可忘，糟糠之妻不下堂。"

朋友相交是缘分，结交新朋友，不忘老朋友。尤其是贫贱之交，更是难能可贵，更要倍加珍惜，终生莫忘。

夫妻是人伦的核心，能结为夫妻，更是莫大的缘分。夫妻不仅要共患难，更要同富贵。在一生之中，夫妻若能相互帮扶，彼此敬重，同心同德，不离不弃，实属弥足珍贵，更要倍加珍惜。

【人物】

乔 致 庸

乔致庸（公元1818年—公元1907年），字仲登，号晓池，乳名亮儿，人称"亮财主"。历经清嘉庆、道光、咸丰、同治、光绪五朝，活了89岁，是乔门中最长寿的人。

历史上的乔致庸，是天下闻名的晋商奇才、儒商典范。他所开票号汇通天下，资产高达数千万两白银，富可敌国。他经历丰富，一生多姿多彩。他个性鲜明，儒雅中带有勇武，精明中带有大道，狡黠而不失本分，多情而又多忧。

【嘉言】

首重信，次讲义，三求利。

摘自《商道》2007年第1期卷首语。

这句话的意思是：首先，做人经商重视信，以信誉招徕顾客；其次，要讲道义、重公义、尚大义、行正义，坚持以义待人，信义为先；第三，树立"义以生利"的义利观，要靠正当的手段和途径获取利益，不义之财坚决不取。

【故事】

经商秘诀

乔致庸之所以称为儒商，并非其形象儒雅。电视剧中的乔致庸，个性冲动，时而率真宽厚，时而狡黠傲气，未免失之中和。但据有关史料来看，他既不是冲动之人，也不是迂腐之人。乔致庸之儒，在其商道。乔致庸成为一代晋商的秘诀大致归结为三点：知人、严规、明德。

过去的家族企业，往往寄希望于家长。家长贤，则家族旺；家长愚，则家族衰。在管理事务中，为防大权旁落，很少让外人插手。不少山西票号在这方面表现比较开放。乔致庸在用人方面颇有先见，能知人善任，宽严相济，大度慷慨，慎始慎终，人乐为用。初开票号，人才短缺，乔致庸聘用了票号熟手阎维藩为总经理，立时打开了局面。

阎维藩，本是祁县下古县村人，十七岁时入平遥蔚长厚票庄当学徒。因聪明好学，应对灵活，深得掌柜赏识，后被派往福州分号掌事。在福州期间，为争取业务曾为官府垫支白银十五万两，后被平遥总号得知，认为阎维藩私自结交官吏，违背号规，因而派人查处，阎维藩决计辞职还乡。乔致庸闻讯，认为阎维藩有胆有识，敢作敢为，是个不可多得的人才，便礼聘其为大德恒总经理。阎维藩感恩戴德，殚精竭虑，总揽号事达二十六年之久。即使在甲午战争、八国联军侵华、辛亥革命的特殊时期，阎维藩也调度有方，应对得当，使大德恒获利不减。乔致庸还与阎维藩结为儿女亲家，义上加亲，合作无间。

大德通票号的发展则得到另一位重要人才的加盟。高钰原为普通学徒，但是好学肯干，敢于进言，得到乔致庸的赏识，予以重用。在有所建功后，又给予"身厘"，初只三厘，后加至一分，年终分红可达二万余两。高钰不负所托，执掌号权长达二十五年。在乔致庸过世后，仍不离不弃，尽心尽力，毫不懈怠。

"严规"是指乔致庸治店严格，重视以规约人，防范风险，增进信誉。这一点，也在票号经营上体现得最为明显。票号经营，风险很大，虽有好的人才辅佐，放手发展，但若无科学合理的内部制度，就会让放手变成放任，影响企业的效率与信誉。乔致庸每立一店，必与经理人合作，严定号规。

这些号规内容全面，既包括奖惩制度、人事方案，也包括经营守则、道德约束。光绪二十二年（公元1896年），乔致庸就曾合账重议大德通号规。据《山西票号史料》记载："凡事之首要，茂规为先。始不茂规，后头难齐。今将议定规矩，开列于左……各顶身力，每年应支：一俸者以一百五十两，九厘以一百三十五两，八厘以一百二十两，七厘以一百一十两，六厘以一百两，五厘以九十两，三厘以八十两，二厘以七十两，一厘以六十两，每年春冬两标下支。除应支外，分文不准长支。如有不合者，勿论铺辞、辞铺，但是不到年终，不管生意余亏即按应支结清。……定人力故股，一厘至六厘，四年清结，七厘至一俸，六年清结。若初顶身股，未经账期而故者，勿论多少，三年清结。若功绩异常，或临故有毁之事，宜加宜减，众东另议。于光绪二十二年（公元1896年）重议故股章程。"

这条规则实是非常重要的薪酬制度，按绩级定身股也是山西票号最有特色的奖励制度。1901年重订的蜀庄章程则是严明经营守则，主要包括四大方面：其一，宗旨宜坚定也；其二，择主宜认真也；其三，操守宜讲明也；其四，自立宜切究也。其余各店，无论分总，莫不有规。

最能体现乔致庸之儒的在于"明德"。无论做人办事，还是任人立规，乔致庸都十分重视道德水平。他觉得，如果才能平庸，但经营有"德"，店面还可维持。如时间长久，奠定信誉，还可能有大的发展。如有才无德，经营全在取巧投机，虽有短期获利，长久必坏大事。乔致庸曾不远万里来到武夷山贩茶，此地自然条件优越，茶叶质量上乘，口味香醇。然而在与当地茶商交谈过程中，乔致庸了解到，在包装上标明了一斤的茶叶会在运输途中损耗掉一部分，使得分量不足。于是，他决定每包改装成一斤一两，为的是让买家能拿到足量的茶叶。

乔致庸恪守"诚信经商"之道，懂得舍小利而谋大利。他重视勤俭谦和之德。号规中说："近来票号习气，竟尚极欲穷奢，心高气傲者有之，志得意满者有之，以及荡检逾闲，任意贪占衣物者更有之，此皆局量福浅，规模卑狭，所见太小，欲速则能达之故。我号谦慎相传，以高傲自满、奢华靡丽为深戒。且勤为黄金之本，谦和乃圣贤之基，自来成功立业，未有不从谦和勤俭中来者。我号来此占庄，须以谦和勤俭为根本，以务将来大成基础，既不负涉水登山之苦，兼可获公私两益之功。甚勿以川省富锦，奢靡相尚，致催饱饭忘家之消。至于等剀切申明，总以实力奉行为要，伙等果能遵行，不难破格起擢。倘有不循号规，与此反对者，则勿谓号中之待人薄也。"

勤俭谦和，不仅为圣贤之基，也是乔致庸毕生奉行的立店之本。在他平日的训讲中，乔志庸也屡屡强调"人弃我取，薄利广销，维护信誉，不弄虚伪"的道理，曾云经商之道首重信，次讲义，第三才是利。要以信誉赢得顾客，不能以权术欺人，更不能将"利"字放在首位，赚昧心钱。正是基于此，才使乔氏票号能够在社会动荡及信用风险极大的情势之下，赢得民众及官府的信任。乔致庸对于道德规约的重视在家族内一直延续下来。

在1913年重订的大德恒、大德通两记号规中，还可清晰见到经商营誉的条款。如不准在外巨数支使，以致无纪律也；不准私自挏物，致累人格也；不准就外厚道，致滋舞弊也；不准私带亲族，影射号中银钱也；不准私行囤积，放人名贷款也；不准奢侈浪费，以耗财力也；不准侵蚀号中积蓄也；不准花酒赌博，致堕品行也；不准吸食鸦片，致干禁令也。如有违反，一经查悉，立即出号，决不宽贷。这些条款既是营业守则，也是为人准则。可见票号经营，实则是信誉经营，此言不虚。

对于整个山西票号来说，道德信用的打造最为关键。山西票号的兴起没有国家政策支持的背景，完全是民间经济智慧的产物。何况时至晚清时期，政府无能，贪污失义之事不断，票号如果没有自身坚实的资本及信用支持，如何能够维持下去？因此，绝大多数的山西票号都将道德信誉视为生命，这种集体道德意识也铸就了晋商的集体辉煌。

人不闲，勿事搅。人不安，勿话扰。

【译文】

对于正在忙碌的人，不要去打扰他。当他人身心欠安之时，不要说话打扰他，以增加他的烦恼与不安。

【解析】

与人相处，应设身处地，为他人着想，不要轻易打扰他人的生活与工作。如果的确需要求人帮助，也要问人忙不忙，有没有空闲接待自己。与人相处，还要察言观色，如果别人身体欠佳，就不要像个话痨一样说个没完。即使与亲人相处，也要根据对方的性格及心理，判断对方需要什么，不需要什么。就像挠痒痒一样，要挠到痛痒处。只有这样，才能与人相处得更加融洽。

【人物】

韩　非

韩非（约公元前280年—公元前233年），战国末期著名思想家。尊称韩非子或韩子。韩王（战国末期韩国君主）之子，荀子的学生。作为法家代表人物，备受秦王嬴政赏识，但遭到李斯等人的嫉妒，最终被下狱毒死。他被誉为得老子思想精髓最多的二人之一（另一人为庄周）。著有《韩非子》，全书共五十五篇，十万余字，在先秦诸子散文中独树一帜，呈现韩非的唯物主义与效益主义思想。

韩非积极倡导君主专制主义理论，目的是为专制君主提供富国强兵的霸道思想。《史记》载：秦王见《孤愤》《五蠹》[①]等书后说："嗟乎，寡人得见此人与之游，死不恨矣！"可见当时秦王对韩非的重视。《韩非子》也是间接补遗史书对中国先秦时期史料不足的重要参考文献，其著作中许多民间传说和寓言故事也成为成语典故的出处。

【嘉言】

凡说之难，在知所说之心，可以吾说当之。

出自韩非的《说难》。

这句话的意思是：劝说的难处，就在于能了解被劝说者心理，怎样用合适的语言，针对他的心理去说服他。

俗话说："话多不如话少，话少不如话好。""话好"不一定是奉承之语。"话好"强调的是说话不多不少，恰到好处，能够让人入心入脑。俗话说："言多必失。"有的时候，沉默是金，能起到"此时无声胜有声"的作用。但该说话时，还得说合适的话。

因此，研究对方的心理，思量说什么？如何说？的确十分重要，也特别必要。说话不仅是语言表达，也是语言艺术，还是打开心灵的一把钥匙。

【故事】

教 人 说 话

《史记》载："非为人口吃，不能道说。"据说韩非是个结巴，口齿不伶

[①] 蠹，读音dù。蠹是蛀蚀器物的虫子。五蠹是指当时社会上的五种人，包括学者（战国末的儒家）、言谈者（纵横家）、带剑者（侠客）、患御者（依附权贵逃避战争或劳役的人）和工商之民。

俐。可是，韩非作为口吃患者，却热衷于教人如何说话。韩非出身贵族，是韩国国君的亲兄弟，过着衣食无忧的生活。韩非喜欢刑名之学，特地跑到山东拜荀子为师。

学成回国后，韩非打算报效自己的国家。谁知，他的韩王哥哥竟然瞧不起他的能力，不愿采纳他的思想。韩非特别恼火，索性专心著述，潜心创作。没过多久，韩非就写出了《说难》这篇千古名文。这是一篇专门教导人们如何在君主面前说话的论文。有趣的是，韩非口齿不伶俐，但写出的话却句句在理，简直让人无法反驳。

韩非认为，想要成功说服一个人，必须掌握对方的心理活动，这是最基本也是最难做到的地方。想要靠嘴皮子吃饭，才智尚在其次，口才更是不入流，也无须畏首畏尾不尽情表达，只要弄清对方的兴趣爱好、志向抱负，总能找到合适的切入点，从而打开对方的心扉。

人有短，切莫揭。人有私，切莫说。

【译文】

别人有短处，千万不要去揭穿。对于他人的隐私，千万不能四处张扬。

【解析】

每个人都有自尊，尤其爱面子之心，人或多或少皆有之。做人要注意维护他人的面子，自己才能不丢面子。别人的短处或隐私若传到自己这里，就要深埋在心底，决不能到处传说。如果说出去了，不仅伤害别人的面子，还损害自己的德行。这种既伤和气，又伤厚道的事，千万不能做。在日常生活中，有些人爱说三道四，道人短长，从而招来祸患。这类事，古今皆有。为人千万不要搬弄是非，这是害人又害己的缺德之事！

【人物】

刘　伶

刘伶，字伯伦，西晋沛国（今安徽淮北）人，魏晋时期名士，"竹林七贤"之一，他与阮籍、嵇康、山涛、向秀、王戎和阮咸并称为"竹林七贤"。

刘伶嗜酒不羁，被称为"醉侯"，好老庄之学，追求自由逍遥、无为而治。曾在建威将军王戎幕府下任参军，因无所作为而罢官。泰始二年（公元

266年）朝廷征召刘伶再次入朝为官，被刘伶拒绝。

刘伶现今存世的作品只有《酒德颂》和《北芒客舍》。其作品生动地反映了魏晋名士崇尚玄虚、消极颓废的心态，也表现出对"名教"礼法的蔑视，以及对自然的向往，后世以刘伶为蔑视礼法、纵酒避世的典型。

【嘉言】

来说是非者，便是是非人。

出自《五灯会元》。

该书是宋朝释普济将《景德传灯录》等五种重要灯录汇集删减而成，全书共二十卷。《五灯会元》流传于世，不仅为内学者提供了禅史研究的丰富资料，而且也扩大了外学者的视野。"禅宗语要，具在五灯！"书中原文为，祖见乃问："百丈野狐话又作么生？"师曰："来说是非者，便是是非人。"祖大悦。

说到百丈野狐，此乃禅宗公案。百丈，即百丈怀海禅师（约公元720年—公元814年），唐代禅宗高僧，我国禅宗丛林清规之制定者。福州长乐人，俗姓王。他先在福州长乐龙泉禅寺出家，其后半生常住于洪州百丈山（今江西奉新），立有《百丈清规》，其中"一日不作，一日不食"最为著名，在禅宗影响深远，故世称百丈禅师。据传，百丈怀海禅师每次上堂弘法之时，总有一个老人随众听法。这一天，这个老人问百丈禅师："大修行之人还落因果也无？"禅师对云："不落因果，堕在野狐身。"老人又追问："大修行之人还落因果也无？"百丈禅师曰："不昧因果。"老人言下大悟，作礼曰："某已脱野狐身。住在山后，乞依亡僧津送。"于是百丈禅师领着僧众到后山岩下，以杖挑出了一只死狐，并依法火葬。

【故事】

闲 言 恼 友

曾国藩年轻的时候，疾恶如仇，仗义执言，眼中容不得沙子。但随着年龄和见识的增长，他逐渐褪去了身上那股傲气，不再意气用事。

有一次，曾国藩的父亲过生日，郑小珊前来祝寿。郑小珊是曾国藩的湖南老乡，同为京官，年长曾国藩近十岁。他精通医术，常为曾国藩家人诊病。因此，他与曾国藩往来十分密切。当时曾国藩刚入翰林院，得意忘形，拉着郑小珊的手，夸夸其谈，口无遮拦，一副骄傲自大的样子。这下惹恼了郑小珊，于是郑小珊愤怒离去。

事后曾国藩察觉到了自己的错误，懊悔不迭，亲自上门跟郑小珊道歉，两人才重归于好。此后,曾国藩特别注意自己的言行,下定决心戒掉自己的傲慢自大。

道人善,即是善。人知之,愈思勉。

【译文】

赞美别人的善行,本身就是美德。因为别人知道后,必定会更加勉励行善。

【解析】

见到或听到别人的善行,一定要见贤思齐,多向善人善行学习。对别人的善行要适当宣扬,引导更多的人向上向善。能够经常学习、赞赏别人的善德善行,不仅扩大自己的心胸,也是提升自我境界的有效途径。这对行善者是鼓舞,对其他人也是鼓励。

【人物】

孔颖达

孔颖达(公元574年—公元648年),字冲远,一作仲达、冲澹,冀州衡水人,唐初十八学士之一,唐朝经学家,孔子的第三十一世孙。生于北齐后主武平五年(公元574年),八岁就学,曾从刘焯[①]问学,日诵千言,熟读经传,善于词章,隋大业初,选为"明经",授河内郡博士,补太学助教。

隋末大乱,避地虎牢(今河南荥阳汜水镇西北)。入唐,任国子监祭酒。曾奉唐太宗命编纂《五经正义》,融合了南北诸多经学家的见解,是集魏晋南北朝以来经学大成的著作。卒于贞观二十二年(公元648年),终年七十五岁。

【嘉言】

谦者,屈躬下物,先人后己,以此待物,则所在皆通,故曰亨。而小人行谦则不能长久,惟君子有终也。

这是孔颖达对《易经》谦卦卦辞"谦,亨,君子有终"的解读。

[①] 刘焯(公元544年—公元610年),字士元,信都昌亭(今河北武邑)人。隋代学者、天文学家。焯,读音 zhuō。

谦卦是《易经》中唯一"上上吉"之卦。"谦"是一种态度，也是一种觉悟。

【故事】

真诚到永远

张瑞敏是海尔集团董事局主席、首席执行官。如今，海尔集团享誉全球，家喻户晓，尤其是海尔的"真诚到永远"更是深入人心。

海尔的成功之路还要从张瑞敏砸冰箱说起。1984年，三十四岁的张瑞敏入主青岛市电冰箱厂。他是短短一年中被派来的第四任厂长，前三位厂长都已负气离开。他刚一上台，就颁布了十三条规定，从禁止随地大小便开始，揭开了海尔现代管理之路。

1985年的一天，一位朋友要买一台冰箱，结果挑了很多台都有毛病，最后勉强拉走一台。朋友走后，张瑞敏派人把库房里的四百多台冰箱全部检查了一遍，发现共有七十六台存在各种各样的缺陷。张瑞敏把职工们叫到车间，问大家怎么办？多数人提出，也不影响使用，便宜点儿处理给职工算了。当时一台冰箱的价格八百多元，相当于一名职工两年的收入。张瑞敏说："我要是允许把这七十六台冰箱卖了，就等于允许你们明天再生产七百六十台这样的冰箱。"他宣布，这些冰箱要全部砸掉，谁干的谁来砸，并抡起大锤亲手砸了第一锤，很多职工砸冰箱时都流下了眼泪。

在接下来的一个多月里，张瑞敏发动和主持了一个又一个会议，讨论的主题非常集中："如何从我做起，提高产品质量？"三年之后，海尔人捧回了我国冰箱行业的第一块国家质量金奖。张瑞敏说："长久以来，我们有一个荒唐的观念，把产品分为合格品、二等品、三等品还有等外品，好东西卖给外国人，劣等品出口转内销自己用，难道我们天生就比外国人贱，只配用残次品？这种观念助长了我们的自卑、懒惰和不负责任，难怪人家看不起我们，从今往后，海尔的产品不再分等级了，有缺陷的产品就是废品，把这些废品都砸了，只有砸得心里流血，才能长点记性！"

一场砸冰箱的事件，不仅使海尔成了当时注重质量的代名词，同时也震服了海尔所有的人，从而确立了张瑞敏在海尔的绝对领导地位。海尔砸冰箱由此成为中国企业注重质量最典型的一个事件，通过这一事件的传播，海尔注重企业管理、注重产品质量的形象被极大地树立起来。

三十年之后，对当年砸冰箱之勇，张瑞敏感慨地说，"现在你想砸也不可能了，如果再出质量问题，不是这么少一点，当时只有几十台，现在动辄就是几万台。"

扬人恶，即是恶。疾之甚，祸且作。

【译文】

张扬他人的过失或缺点，本身就是一种恶行。如果过分指责，并宣扬别人的过错，就会给自己招来灾祸。

【解析】

谚语："口为祸福之门。"

即便这个人有恶，甚至作恶多端，最好也不要四处乱说，更不能轻易批评恶人，以免招来无端横祸。

古人云："静坐常思己过，闲谈莫论人非。"

经常反省自己的过失，时常警惕口舌之患。

【人物】

郑　玄

郑玄（公元127年—公元200年），字康成，北海郡高密县（今山东高密）人。东汉末年儒家学者、经学大师。

郑玄曾入太学攻《京氏易》《公羊春秋》及《三统历》《九章算术》，又从张恭祖学《古文尚书》《周礼》和《左传》等，最后从马融学习古文经学。游学归里之后，复客耕东莱，聚徒授课，弟子达数千人，家贫好学，终为大儒。党锢之祸起，遭禁锢，杜门注疏，潜心著述。晚年守节不仕，却遭逼迫从军，最终病逝于元城，年七十四。

郑玄治学以古文经学为主，兼采今文经学。他遍注儒家经典，以毕生精力整理古代文化遗产，使经学进入了一个"小统一时代"。著有《天文七政论》《中侯》等书，共百万余言，世称"郑学"，为汉代经学的集大成者。唐贞观年间，列郑玄于二十二"先师"之列，配享孔庙。宋代时被追封为高密伯。后人建有郑公祠以纪念。

【嘉言】

福祸无门，惟人自召。善恶之报，如影随形。

出自《太上感应篇》。

这句话是该书的开篇之语。传说老子得道成仙后，作《太上感应篇》这一道教经典著作，该书在道教及民间影响广大深远。

【故事】

炫富惹祸

沈万三是元末明初在江浙一带富有传奇色彩的人物，是古代商界的一位旷世奇才，也是当时的大富商。沈万三，名富，字仲荣，在兄弟中排行老三。明初，将百姓按资产分为哥、畸、郎、官、秀五等，各等中又分三级。最富者曰万户。沈富又是富中之最富者，谓之沈万户三秀，简称沈万三，又恰好他在家中排行第三，于是人们都叫他"沈万三"。

沈万三靠着眼光老到，转农为商，支持义军，海上贸易，终成富豪。沈万三致富后，妻妾成群，纵情声色。他共娶了十三房妻妾。在妻妾中，仅小妾九娘与众不同，她擅长琴棋书画，聪明过人，善解人意，颇有见地。朱元璋打败张士诚后，沈万三要帮助朱元璋修建城墙，九娘就觉得这样的事情做不得，并多次劝阻沈万三。可是，沈万三被财富冲昏了头脑，没有听进去，由此为自己埋下了倾家荡产的祸根。

朱元璋定都南京后，建造城墙资金缺口很大。沈万三得知此事后，上书自请出资建造都城，也就是聚宝门（今中华门）、水西门、西水关在内的这一段共约十公里的工程。为了让朱元璋龙颜大悦，沈万三倾尽全力。他舍得花钱，注重质量，日夜坚守在工地上，和雇工同吃同住同劳动。在他的带动下，工程终于提前三天完成了。

在完工庆贺的那天，明太祖朱元璋亲自为沈万三斟了酒庆贺，并说："古时候就有个白衣天子，号称'素封'。在我看来，说的也许就是您老人家啊。"沈万三听后，受宠若惊。当他听到朱元璋要犒赏三军时，沈万三头脑发热，便上前请求，由他出巨款代为劳军。可他万万没想到，朱元璋勃然大怒，拍着桌子大叫道："一个老匹夫不把我皇帝放在眼里，居然还胆敢替我犒劳天下之军！简直是个乱民，给我拉出去砍了。"马皇后劝道："如今大明初建，若再随便杀人，就会落下一个滥杀无辜的罪名。沈万三是一个不祥之人，自然也就由上天来处置了，不如免掉他的死罪，改为其他的惩处。"朱元璋听后，感觉有理，于是没收了沈万三的全部家财，并将其全家发配云南，沈万三最终客死异乡。沈万三炫富惹来大祸，正是"祸兮福之所倚，福兮祸之所伏"啊！

善相劝，德皆建。过不规，道两亏。

【译文】

　　朋友之间应该互相规过劝善，共同建立良好的品德修养。如果有错不能互相规劝，两个人的品德都会有缺陷。

【解析】

　　朋友之间要真诚相待，相互勉励，相互规谏，互通有无，启迪智慧，共同发展。当今，不少人信奉相互利用的朋友关系，朋友之间相互规谏越来越少了，而相互利用却越来越多了。说朋友的好话，可以当众说。但规谏朋友一定要在只有两个人的私密场合，最好没有第三者在场，还要用婉转的方式。规谏朋友不是一件容易事，事先要琢磨规谏的时机与方式。弄不好自己生一肚子气，还得罪了朋友。

【人物】

王　亥

　　王亥（公元前 1854 年—公元前 1803 年），又名振，夏代商国第七任诸侯王，王姓始祖。王亥是契的六世孙。契是帝尧的异母弟。尧称帝后，封契为火正（司徒），后被封为契玄王，被后世尊为"火神"，又被赐封建立商国。王亥是冥的长子，还是商朝开国之君商汤的七世祖。

　　王亥不仅帮助父亲冥在治水中立了大功，还在商丘服牛驯马发展生产，并发明了牛车作为运载工具。王亥带领同族之人用牛车拉着货物，到外部落去做买卖，促进了当地农牧业的迅速发展，促进了部落之间的货物交易，也使商国逐渐富裕起来。

　　王亥开创了商业贸易的先河，久而久之人们就把从事贸易活动的商部落人称为"商人"，把用于交换的物品叫"商品"，把商人从事的职业叫"商业"，把商丘称为"华商之都"。王亥肇始经商，造福自己的国家及其他部落的民众，受到后人的崇拜。

　　有一天，王亥和弟弟王恒一起从商丘出发，载着货物，赶着牛羊，长途跋涉，来到了河北有易氏（今河北易水一带）。有易氏的部落首领绵臣见财起意，杀害了王亥，夺走了货物和牛羊，并赶走了王亥的随行人员。王亥的弟弟王恒日夜兼程逃回商丘。王亥之子上甲微非常悲愤，欲为王亥报仇。但由于诸多原因，当时未能立即出兵。四年以后，王亥的儿子借助河伯之师，灭了有易氏，杀了绵臣，为父亲王亥报了仇。

商朝建立后，追尊王亥庙号为商高祖，殷墟甲骨文中称"商高祖王亥""高祖王亥"。王亥在商朝人的心目中具有极大的神威。有时商朝人甚至用祭天的礼节来祭祀王亥。人们在祈祷风调雨顺时，也往往祭祀王亥，希望得到王亥的保佑。在商族先公中，只有亥称王。王亥在商人的心目中有着王者风范、王者之尊的地位。人们还尊称王亥为"华商始祖"，被后人奉为"中斌财神"[①]。

【嘉言】

以末起家，以本守之。

摘自晋商格言。

古代有"士农工商"四民，"商"排在末尾。经商就要守住士子之心。上面一个"士"，下面一个"心"，就是"志"字。俗话说："人穷志不短。"如果一个人经商致富了，更要重视明志积德，决不能穷奢极欲，更不能醉生梦死。如果意志消沉了，财富也就慢慢地离我们而去了。

【故事】

何 必 曰 利

孟子为了推行仁政，周游列国三十五载。有一天，孟子去拜见魏国的梁惠王。梁惠王说："老先生，你不远千里而来，一定带来了对我国有利的高见吧？"

孟子回答说："大王！何必说利呢？只要说仁义就行了。大王说'怎样使我的国家有利？'大夫说'怎样使我的家庭有利？'一般人士和老百姓说'怎样使我自己有利？'结果是上上下下互相争夺利益，国家就危险了啊！在一个拥有一万辆兵车的国家里，杀害其国君的人，一定是拥有一千辆兵车的大夫；在一个拥有一千辆兵车的国家里，杀害它国君的人，一定是拥有一百辆兵车的大夫。这些大夫在一万辆兵车的国家中就拥有一千辆，在一千辆兵车的国家中就拥有一百辆，他们所拥有的兵车不算不多。可是，如果把义放在后，而把利摆在前，他们不夺得国君的地位是永远不会满足的。反过来说，

[①] 我国民间供奉五路财神，分别是：中斌财神王亥（中）；文财神比干（东）、范蠡（南）；武财神关公（西）、赵公明（北）。中斌财神是财神的核心，尊位更高。

从来没有讲仁的人却抛弃父母的,从来也没有讲义的人却不顾君王的。所以,大王只说仁义就行了,何必说利呢?"

凡取与,贵分晓。与宜多,取宜少。

【译文】

财物的取得与给予,一定要分得清清楚楚。宁可自己少拿一些,也要多给别人一些,这是为人处世的道理。

【注释】

"与"的本义为"赐予"或"给予"。

《说文解字》上说:"与,赐予也。一勺为与。"

勺为示意字,勺即酌,以物与人不问所欲,当斟酌而与之。

【解析】

清代著名文人纪晓岚写过一副对联:"事能知足心常泰,人到无求品自高。""无求"并不是没有追求,而是把功名利禄看淡,不被外物所羁绊。"无求"是一种宽阔的胸怀,更是一种淡泊的境界。俗话说:"君子忧道不忧贫。"君子志在道德学问,志在为社会做贡献。取予之道,贵在予也,难亦在予。

【人物】

陈 嘉 庚

陈嘉庚(公元1874年10月21日—公元1961年8月12日),著名的爱国华侨领袖、企业家、教育家、慈善家、社会活动家,福建省泉州府同安县集美社(今福建厦门集美)人。

1913年,陈嘉庚回家乡集美先后创办了集美小学、集美中学、师范、水产、航海、商科、农林等校(统称集美学村)和厦门大学。厦门大学、集美学村等各所学校的师生都尊称他为"校主"。

1990年3月11日,国际小行星中心和小行星命名委员会把一颗编号为2963的小行星命名为"陈嘉庚星"。

陈嘉庚一生为辛亥革命、民族教育、抗日战争、解放战争、新中国的建设作出了卓越贡献。晚年的陈嘉庚,请人在鳌园刻录"台湾省全图",念念不忘国家统一。

【嘉言】

夫公益义务，固不待富而后行，如必待富而后行，则一生终无可为之日。

摘自陈嘉庚先生一九一九年六月在新加坡南洋华侨中学演讲之语。

【故事】

倾囊办学

南洋最著名的华侨企业家陈嘉庚所奉行的"人弃我取，人争我避"的经营思想，就是对商祖白圭经营理论的继承与发展。陈嘉庚的父亲在新加坡做生意，经营着一家米店和小厂。陈嘉庚在继承父业的基础上，遵循白圭所倡导的"取予之道"，不断创新管理，才逐渐把事业做大。陈嘉庚事业达至顶峰之时，不过拥资二千万元左右。在当时的华人企业家中，比他富有的人不在少数，但为国家和民族兴学育才始终如一地慷慨输捐，自己一生都过着非常俭朴生活的，唯有陈嘉庚。

黄炎培先生曾说过："发了财的人，而肯全拿出来的，只有陈先生。"陈嘉庚倾资兴学重点，一是集美学校，二是厦门大学，三是新加坡华侨学校。1919年，陈嘉庚所办企业资产总值达四百万银圆左右，便雄心勃勃地回国筹办全国第一家侨办大学——厦门大学。他作为表率带头认捐四百万银圆。其认捐数额正好与他当时拥有的全部资产总值相当。陈嘉庚在爱国兴学方面舍得投入，气魄之大，目光之远，举世罕见。陈嘉庚说："民智不开，民心不齐，启迪民智，有助于革命，有助于救国，其理甚明。教育是千秋万代的事业，是提高国民文化水平的根本措施，不管什么时候都需要。"

将加人，先问己。己不欲，即速已。

【译文】

想托别人办的事情，在托人办事之前，先要反躬自问："如果换作是我，我愿意吗？"如果连自己都不愿意，就要立刻停止，决不能强加于人。

【解析】

待人之道，要时常将心比心，经常换位思考。世界上有一条公认的"黄金法则"就是:"你不愿意别人怎样对待你,你就不该怎样对待别人。"

【人物】

包 拯

包拯(公元999年—公元1062年7月3日),字希仁。庐州合肥(今安徽合肥肥东)人。北宋名臣。人称包公。

天圣五年(公元1027年),包拯登进士第。累迁监察御史,曾建议练兵选将、充实边备。历任三司户部判官,京东、陕西、河北路转运使。入朝担任三司户部副使,请求朝廷准许解盐通商买卖。知谏院时,多次论劾权贵。授龙图阁直学士、河北都转运使,移知瀛、扬诸州,再召入朝,历权知开封府、权御史中丞、三司使等职。

嘉祐六年(公元1061年),任枢密副使。因曾任天章阁待制、龙图阁直学士,故世称"包待制""包龙图"。嘉祐七年(公元1062年),包拯逝世,年六十四。追赠礼部尚书,谥号孝肃,后世称其为"包孝肃"。有《包孝肃公奏议》传世。

包拯廉洁公正,立朝刚毅,不附权贵,铁面无私,且英明决断,敢于替百姓申不平。京师有"关节不到,有阎罗包老"之语。后世将他奉为神明崇拜,认为他是奎星转世,由于民间传其黑面形象,耿直仗义,敢于为民申冤,人称"包青天"。

【嘉言】

子曰:"己所不欲,勿施于人。"

出自《论语·卫灵公》。

子贡问曰:"有一言而可以终身行之者乎?"子曰:"其'恕'乎!己所不欲,勿施于人。"其意思是:自己不喜欢的,也不要强加给对方。

【故事】

秤 的 来 历

秤,读音chèng,形声。秤,从禾,从平。"平"指"镇压""压下去"。"禾"指"五谷"。从禾,是指用秤衡量禾稻等五谷的轻重;从平,是指秤杆要平,称出来的重量才准确,"平"意味着"公平"。秤的本义:五谷的重量。秤是衡量轻重的器具。

相传商圣范蠡在经商中发现，人们买卖东西，都是用眼估堆，很难做到公平交易，便产生了创造一种测定货物重量器具的想法。有一天，范蠡在回家的路上，偶然看见一个人从井中汲水，方法极巧妙：在井边竖一个木桩，再将一横木绑在木桩顶端。横木的一头吊木桶，另一头系上石块，此上彼下，轻便省力。范蠡受到启发，回家就模仿起来：他用一根细而直的木棍，钻上一个小孔，并在小孔上系上麻绳，用手来掂。细木的一头拴上吊盘，用以装盛货物，一头系一鹅卵石作为砣。鹅卵石移动得离绳越远，能吊起的货物就越多。于是他想：一头挂多少货物，另一头鹅卵石要移动多远才能保持平衡，必须在细木上刻出标记才行。但用什么东西做标记呢？范蠡思索很久，仍不得要领。

有天夜里，范蠡外出小解，一抬头看见了天上的星宿，便突发奇想，决定用南斗六星和北斗七星做标记，一颗星代表一两重，十三颗星代表一斤。从此，市场上便有了秤这种衡量轻重的器具。最早的秤一斤为十三两。但时间一长，范蠡又发现，一些心术不正的商人，卖东西时缺斤少两，克扣百姓。他想，怎样把秤改进一下，杜绝奸商们的恶行呢？终于，他想出了改白木刻黑星为红木嵌金属星形，并在南斗六星和北斗七星之外，再加上福、禄、寿三星，以十六两为一斤。据说，北斗七星主亡，南斗六星主生，福禄寿三星则代表天地良心。范蠡作秤的目的是促使买卖公平、诚实不欺、不赚昧心钱。意在告诫人们：做买卖不能缺斤少两，若少人一两，则损福；若短人二两，则损福少禄；若缺人三两，则损福少禄折寿！做买卖若短人四两及以上，必遭灭顶之灾。从此，十六两为一斤，半斤就是八两，故有"半斤八两"一说。

还有一种传说，木杆秤是由鲁班发明的。鲁班心灵手巧，运用杠杆原理制作了秤，根据北斗七星和南斗六星在杆秤上刻制十三颗星花，定为十三两一斤。秦始皇统一六国以后，让李斯负责度量衡的统一。李斯在制作衡器时犯了难，他请示秦始皇，秦始皇也没有给出具体意见，只是书写了"天下公平"四个字。据说，李斯按照四时与四方相乘的道理，将秤统一为十六两一斤。也有人说，李斯数了数"天下公平"四个字的笔画，共总是十六画，受此启发，才制作出了十六秤。

1959 年，我国开始实行一斤等于十两的秤。1959 年 6 月 25 日国务院发布《关于统一计量制度的命令》，确定米制为中国基本计量单位，在全国推广使用，保留市制。米制是在 18 世纪末由法国创立的一种测量单位制。国家明确规定："市制原定十六两为一斤，因为折算麻烦，应当一律改为十两为一斤。"中药计量仍袭旧制不变。

恩欲报，怨欲忘。报怨短，报恩长。

【译文】

　　受人恩惠，要感恩在心，时时想着报答。别人有对不起自己的事，应该宽大为怀，尽快把它忘掉。报怨之心不能积太久，久则生病。报恩要铭记不忘，常思报答。

【解析】

　　在现实生活中，为人处事既要重恩德，又要讲原则。别人对我们有恩，我们就不能轻易忘记，有机会就要把报恩付诸行动。报恩不急于一时，有些恩德，尤其是大恩大德，是一辈子也报答不完的。

　　恩恩怨怨，世人皆难免。"怨"长期积在心中，就会成为心理负担。因此，抱怨要短，及时从抱怨的心态中走出来。否则，心怀怨恨就像整日生活在地狱之中，只有仇恨而没有快乐。只有生活在感恩的世界中，才能获得快乐与幸福。俗话说："找好处开了天堂路，认不是闭上地狱门。"

【人物】

韩　信

　　韩信（约公元前231年—公元前196年），汉族，淮阴（今江苏淮阴）人，西汉开国功臣，中国历史上杰出的军事家，他与萧何、张良并列为汉初三杰。

　　韩信早年家贫，常从人寄食。秦末参加反秦斗争投奔项羽，后经夏侯婴推荐，拜治粟都尉，未得到重用。萧何向刘邦保举韩信，刘邦于是拜韩信为大将军。韩信对刘邦分析了楚汉双方的形势，举兵东向，三秦可以夺取。刘邦采纳了这一建议，立即作了部署，很快占取了关中。在楚汉战争中，韩信发挥了卓越的军事才能。平定了魏国，又背水一战击败代国与赵国。之后，他又北上降伏了燕国。汉四年，韩信被拜为相国，率兵击齐，攻下临淄，并在潍水全歼龙且率领援齐的二十万楚军。于是，刘邦遣张良立韩信为齐王。次年十月，又命韩信会师垓下，围歼楚军，迫使项羽自刎。汉朝建立后解除兵权，徙为楚王。被人告发谋反贬为淮阴侯，后吕后与相国萧何合谋，借口韩信谋反将其骗入长乐宫中，斩于钟室，夷其三族。

韩信是中国军事思想"谋战"派代表人物，被萧何誉为"国士无双"。刘邦评价说："战必胜，攻必取，吾不如韩信。"韩信被后人奉为"兵仙""战神"。"王侯将相"韩信一人全任。"国士无双""功高无二，略不世出"是楚汉之时人们对他的评价。作为统帅，他率军出陈仓、定三秦、擒魏、破代、灭赵、降燕、伐齐，直至垓下全歼楚军，无一败绩，天下莫敢与之相争。作为军事理论家，他与张良整兵书，著有兵法三篇。

【嘉言】

或曰："以德报怨何如？"子曰："何以报德？以直报怨，以德报德。"

出自《论语·宪问》。

有个学生问孔子："以恩德回报怨恨怎么样？"孔子告诉他："那拿什么来报恩德呢？拿公正来回报怨恨，拿恩德来酬报恩德。"从这段对话来看，孔子并不认同"以德报怨"。"以德报怨"不仅违背自己的心，也违背世道公平正义。

【故事】

千金酬漂母

《史记》上记载：韩信小时候，家中贫寒，父母双亡。他虽然用功读书、拼命习武，然而，挣钱的本事却一个也不会。迫不得已，他只好到别人家吃"白食"。为此常遭别人冷眼。韩信咽不下这口气，就来到淮河水边垂钓，用鱼来换饭吃，经常饥一顿饱一顿。

淮河岸边上有个老妈妈经常为人家漂洗衣物，人称"漂母"。她见韩信忍饥挨饿，非常可怜，就把自己带的饭分一半给他吃。天天如此，从未间断。韩信很高兴，对那位老妈妈说："我一定要重重地报答您老人家！"老妈妈生气地说："大丈夫不能养活自己，我是可怜你这位公子才给你饭吃，难道是希望你报答吗？"

古人云："滴水之恩当涌泉相报。"韩信被封王之后，依然没有忘记漂母的分食之恩。于是派人四处寻找这个老妈妈。韩信见到漂母之后，向她行跪拜之礼，举行了招待盛宴。漂母临走之时，韩信还赠予她千金作为酬谢。

待婢仆，身贵端。虽贵端，慈而宽。

【译文】

对待家中的婢女与仆人，最重要的是自身品行端正。品行端正固然重要，对人还要仁慈宽厚。

【注释】

婢，读音 bì。是指被役使的女子，如婢女。

《说文解字》上说："婢，女之卑者也。"

【解析】

当今，倡导人人平等。对待家政人员、服务人员都要态度端正、和和气气。这关乎一个人的道德修养。对待被雇佣的人员，不要认为自己高人一等，他们就该低人一等。

俗话说："山外有山，人外有人。"谦虚谨慎是美德，也是胸怀。在待人处事中，方显人的胸怀、格局及道德修养。坚持以人为本，就要不断地正己化人，以自己的德行来感化人、引导人、影响人。

【人物】

商 汤

商汤（约公元前 1670 年—公元前 1587 年），即成汤，子姓，名履，今河南商丘人。古书中说："汤有七名"。见于记载的有：汤、成汤、武汤、商汤、天乙、天乙汤。汤是契的第十四代孙，王亥的七代孙，主癸之子，商朝开国君主。

商汤原是夏朝方国商的君主，在伊尹、仲虺（读音 huī）等人的辅助下陆续灭掉邻近的葛国（今河南宁陵）以及夏代的方国韦（今河南滑县，即后来的大彭）、顾（今河南范县）、昆吾（今河南许昌）等，十一征而无敌于天下，成为当时的强国，而后作《汤誓》，与桀大战于鸣条（今河南封丘东），最终灭夏。

经过三千诸侯大会，汤被推举为天子，定都亳（亳，读音 bó，今河南商丘谷熟镇西南），定国号为"商"，成为商朝的开国君主。商汤汲取夏朝灭亡的经验教训作《汤诰》，要求其臣属"有功于民，勤力乃事"，否则就要"大罚殛汝"[①]。对那些亡国的夏民，则仍保留"夏社"，并封其后人。汤重视"以宽治民""以德服人"。

因此，在商汤统治期间，阶级矛盾较为缓和，政权较为稳定，国力也日益强盛。《诗·商颂·殷武》上称："昔有成汤，自彼氐羌，莫敢不来享，莫敢不来王，曰商是常。"商汤为商国君主十七年，作《汤誓》后自号武王，建立商朝后又在位十二年。百岁而崩，庙号太祖，因其长子太丁早逝，由次子外丙继位。据传其葬处有六个地方，说法最多的是在河南商丘北面。

【嘉言】

上德不德，是以有德；下德不失德，是以无德。上德无为而无以为，下德为之而有以为。

出自《道德经》第三十八章。

"上德"往往是指内在且恒常之德。"上德"是"无为"而"无不为"之德，亦即把道充分体现出来的德。"下德"一般是指"有为"之德。这是按照特定礼仪所表现出来的德。"下德"一般是不会长久的，也往往因时因地或因诸多原因而失效。

天地人间先有道，后有德。道是自然而然地存在着，不以人的意志为转移。德则是人们对道的认识而有所得，对内作用自己，对外影响他人，形成共同的规范与准则。不认识道，不用心体悟道，不仅无所得，还可能有所失。对道的认识若有偏差，其德就会偏离道。做人有做人之道，也有做人之德；做事有做事之道，也有做事之德；经商有经商之道，也有经商之德。人生贵在弘道立德，才能皆有所得。

【故事】

以 人 为 本

刘备听从诸葛亮的计谋，火烧新野之后，带领一群追随自己的老百姓南下撤退。在撤退之初，诸葛亮曾劝说刘备趁刘琮刚刚降曹，荆州军民大部不甘就伏之时，迅速袭占襄阳，如此名正言顺，荆州可垂手而得，那时不妨请回大公子刘琦，荆州人心必然转向，如此集荆州全州之力，与曹操相抗衡，

---

① 殛，读音 jí，其意思为"杀死"。《说文解字》上说："殛，诛也。"罚殛，意指诛戮。

虽然仍不免处于弱势，但总胜过这样仓皇奔命，毫无还手之力。可刘备不干。刘备认为，刘表新丧，自己此时袭击刘琮，一是于心不忍，二是不免给世人留下趁丧打劫之嫌。如此不仁不义，自己如何能做？

刘备赶到襄阳，在城外向刘琮喊话，希望浪子回头、迷途知返。可刘琮死不露头。据史载："……刘备乃驻马呼琮，琮惧不能起。琮左右及荆州人多归先主。"刘备只得带领队伍和老百姓向江陵进发。

追随刘备的老百姓携家带口，行走速度很慢，眼看曹操的队伍就要追上来了。左右不忍看见刘备成为曹操的俘虏，俱相劝道："宜速行保江陵，今虽拥大众，被甲者少，若曹公兵至，何以拒之？"刘备答道："夫济大事必以人为本，今人归吾，吾何忍弃去！"

诸葛亮不禁叹气，又不由感到欣慰。自己没有跟错人！能把自己的命运与老百姓绑在一起的必定是明主。"以人为本"由此而来。

势服人，心不然。理服人，方无言。

【译文】

依仗权势压服别人，别人就会口服而心不服。唯有以理服人，别人才会心悦诚服而没有怨言。

【解析】

不论是在家庭、学校、企业，还是各类组织中，品行端正、以身作则都是非常重要的。尤其是领导人更要仁慈宽厚，率先垂范，严于律己，宽以待人。

你的品行高了，别人自然佩服。道德是管理中最为重要的力量。以德服人反映了个人修养之境界，当首推之，以理服人则次之，以势服人更次之。

【人物】

张 弼 士

张弼士（公元1841年—公元1916年），名振勋，号肇燮①，字弼②士，广

---

① 肇，读音 zhào。其意思是开始，初始，引发。燮，读音 xiè。其意思是谐和，调和。
② 弼，读音 bì。其意思是辅助。《说文解字》上说："弼，辅也。"

东大埔县西河镇人。幼时因家贫,随父读书三年即辍学。1858年,十七岁的张弼士只身漂洋过海,到荷兰属巴达维亚(今印尼雅加达)。他先后在米店、纸行等华人办的商店里当勤杂工,经历了种种艰难的谋生历程。在印尼的鱼档打小工时,因建议老板将剩余的鱼制成鱼干,结果老板获利,他也从此步入商界。

张弼士继承了岳父的小酒行经营酒类,后获荷兰殖民者批准承包酒税、典当税和一些地区的鸦片烟税,财富日增。1866年,他在印尼雅加达创办裕和垦植公司,随后又创办了裕兴、笠旺等垦植公司。到了1868年,他经营的垦植公司遍布整个千岛之国。1878年,他创办了日里银行,涉足金融业务。1880年,他成立东兴公司专门投资开办锡矿开采加工业。1886年,他创办裕兴轮船(货运)公司,开创了民族海航业的先河。

【嘉言】

孟子曰:"以力服人者,非心服也,力不赡也;以德服人者,中心悦而诚服也,如七十子之服孔子也。"

出自《孟子·公孙丑上》。

赡,读音shàn,其意思是"富足""足够"。这段话的意思是说:依仗武力使人屈服的,不能让人心悦诚服,只是因为其力量不足以对抗的缘故;依靠道德使人家服从的,人家才会心悦诚服,就像孔子的七十个高徒敬重、佩服孔子那样。"以德服人"这个成语源于此,"以理服人"这个成语也由此引申而来。

【故事】

张裕葡萄酒

1892年,张弼士投资300万两白银创办张裕葡萄酿酒公司。张裕公司是中国第一个工业化生产葡萄酒的厂家,也是当时亚洲最大的葡萄酒生产经营企业。

张弼士与葡萄酒的不解之缘,始于1871年。当时他在雅加达应邀出席法国领事馆的一个酒会,一位法国领事讲起,咸丰年间他曾随英法军队到过烟台,发现那里漫山遍野长着野生葡萄。驻营期间,士兵们采摘后,用随身携带的小型制酒机榨汁、酿制,造好的葡萄酒口味相当不错。说者无意,听者有心,张弼士暗暗记下了烟台的这段典故。

1891年,张弼士实地考察了烟台的葡萄种植和土壤水文状况,认定烟台确为葡萄生长的天然良园，于是向清政府要员提出要在烟台办葡萄酒厂。张弼士在创建张裕葡萄酒品牌时，十分注意名人效应，"张裕葡萄酿酒公司"的匾牌就是请当时状元出身的帝师翁同龢（读音 hé）写的。他请康有为到公司参观，酒香助兴，康有为写下了一首诗："浅饮张裕葡萄酒，移植丰台芍药花。更复法华写新句，欣于所遇即为家。"

张弼士心怀"取之于社会，用之于社会"的"儒商"抱负。一生致力于"兴实业""办教育""捐助社会福利以报效国家"。1900 年，黄河决口成灾，他一次募集白银百万两。他的慈善行为深得清光绪皇帝的称誉，清廷为其赐建"乐善好施"牌坊。

第六章　亲仁

同是人，类不齐。流俗众，仁者希。

【译文】

　　同样是人，但品行高低各不相同。大多数人都是平凡人，而仁慈博爱的人却很少。

【解析】

　　"亲仁"是学生学习的第六门课。"亲"是"亲近"，"仁"是指"仁者"。"仁者"是指道德高尚、品行端正而又有真才实学之人。"亲仁"就是要亲近仁者，以师事之，跟随他学习。这是讲择师。一个人多亲近良师益友，才能有所成就。良师在我们迷惘的时候能鼓励我们，为我们指明人生方向。益友，包括要好的同学和同事，能支持、帮衬我们，为我们排忧解难。

　　俗话说："入芝兰之室，久而不闻其香。"你每天接触的都是高人，你的境界就慢慢地提高了；你每天接触的都是善人，你的内心就慢慢地变善了。古人讲"天地君亲师"，"师"虽然排在末位，却非常重要。一个人，若不遇明师，难以开智慧。没有师道，也难以传人道。不谙人道，又岂能洞晓天道？我们生于天地之间，要存仁爱之心，仁民爱物，做一个道德高尚之人。

　　《论语》是儒家经典之一，由孔子的弟子及其再传弟子编撰而成。它以语录体和对话文体为主，记录了孔子及其弟子的言行，集中体现了孔子的政治主张、伦理思想、道德观念及教育原则等。《论语》与《大学》《中庸》《孟子》《诗经》《尚书》《礼记》《易经》《春秋》并称"四书五经"。通行本《论语》共二十篇。

　　曾有人考证，"仁"字在《论语》一书中出现的概率很高。《论语》的关键字是"仁"，儒学的核心思想是"仁"，"仁"是孔子最重要的思想之一。"仁"是"仁义礼智信"五常的核心，"仁"也是做人做事的基础。

　　《说文解字》上说："仁，亲也。从人从二。"段玉裁注："独则无耦，耦则相亲，故仁字从人二。"《中庸》上说："仁者，人也。"

【人物】

箕 子

箕子，名胥余，殷商末期人，是文丁的儿子，帝乙的弟弟，纣王的叔父。官太师，封于箕①。在商周政权交替与历史大动荡的时代中，因其道之不得行，其志之不得遂。箕子为免受奸臣妖姬陷害，像比干那样落得被剖腹挖心的悲惨下场，只能装疯卖傻。纣王见此，以为箕子真疯，遂将他囚禁起来，并贬为奴隶。

后来箕子看到殷商国运衰落，于是逃离国都，来到当今的朝鲜，在朝鲜建立了王国。其流风遗韵，至今犹存。箕子与微子、比干，在殷商末年齐名。孔子曰："微子去之，箕子为之奴，比干谏而死，殷有三仁焉。"孔子将箕子赞为"殷末三仁"，意指箕子与商纣王时的另外两个重臣微子和比干同样值得敬重、称道。

【嘉言】

曾子曰："夫子之道，忠恕而已矣。"

"忠恕"是"仁"的两个方面。学会忠，相对容易些；学会恕，就比较难了。学会恕的人，气度更大，内心更阳光。"仁"既是合而为一的系统观，也是一分为二的辩证观。"仁"是重要的思维方式，也是一种以人为本的价值观。一个人领会了"仁"的思想与精神，不仅自爱，更要爱人。爱父母，爱妻子，爱兄弟，爱姊妹，爱亲戚，爱朋友，爱万物，爱天地苍生。"仁"是一种理智的爱，也是一种伟大的爱。大学之道"在止于至善"就是要焕发人的仁善本性，以仁爱为出发点，孜孜追求仁德至善。

【故事】

仁 者 无 敌

据《孟子·梁惠王》记载，梁惠王对孟子说："魏国曾一度在天下称强，这是老先生您知道的。可是到了我执政的时候，东边被齐国打败，连我的大儿子都死掉了；西边丧失了七百里土地给秦国；南边又受楚国的侮辱。我为这些事感到非常羞耻，希望替所有的死难者报仇雪恨，我要怎样做才行呢？"

孟子回答说："只要有方圆一百里的土地就可以使天下归服。大王如果对

---

① 箕，读音 jī。用竹篾（读音 miè）、柳条或铁皮等制成的扬去糠麸或清除垃圾的器具，如"簸箕"。箕，古地名，即现在的山西省太谷、榆社一带。

老百姓施行仁政，减免刑罚，少收赋税，深耕细作，及时除草。让身强力壮的人抽出时间修养孝顺、尊敬、忠诚、守信的品德，在家侍奉父母兄长，出门尊敬长辈上级。这样就是让他们制作木棒也可以打击那些拥有坚实盔甲锐利刀枪的秦楚军队了。因为那些秦国、楚国的执政者剥夺了老百姓的生产时间，使他们不能够深耕细作来赡养父母。父母受冻挨饿，兄弟妻子东离西散，他们使老百姓陷入痛苦深渊之中，大王去征伐他们，有谁来和您抵抗呢？所以说：'仁者无敌啊！'大王请不要疑虑！"

"仁者无敌"并不是说仁者有多大本事，能打败所有敌人，而是说真正的仁者，有一颗纯真善良之心，时时以仁爱为本，处处以慈悲为怀。仁者心里没有敌人，眼里自然就没有敌人了，看谁也就顺眼了。

果仁者，人多畏。言不讳，色不媚。

【译文】

对于真正品行高尚之人，人们都会心存敬畏。仁者说话直言不讳，也不阿谀奉承。

【注释】

讳，读音 huì，其意思是有顾忌不敢说或不愿说。

《说文解字》上说："讳，忌也。"

【解析】

从字形上看，"仁"左偏旁为"亻"，右部为"二"。因此，"仁"反映的是两个人之间的关系。人与人之间的关系再复杂，都可以划分为"两两关系"。如父子、母女、夫妻、兄弟、姐妹、君臣、朋友、同学、同事皆可划分为"两两"之关系。

"仁"反映的并不是绝对平等的爱，在生活中，老人对孩子要慈祥，一团和气，多提孩子尽孝行善的好事，鼓励孩子上进。做子女的要多承担孝养老人的责任，多感念老人的恩德。这样父辈与子辈就好相处了。

夫妻是五伦中最重要的，没有夫妻和合，就没有人类。夫妻是平行对等的关系，心中多念及对方的好处，懂得感恩、沟通、敬重、谅解，才能和睦相处，相敬如宾。

上级与下级好似"君臣"关系，做上司的要仁厚，做下属的要忠诚。如此，才能同心同德，齐心协力，共存共荣。

朋友之道以信义为重，守诚信，尽责任，践承诺，朋友关系就能保持下去，而且越处越好。否则，像酒肉朋友，早晚要分道扬镳。

【人物】

刘　基

刘基（公元1311年—公元1375年），字伯温，浙江青田（今浙江文成）人。元末明初政治家、军事家、文学家，明朝开国元勋。

元至顺年间，刘基举进士。至正二十年（公元1360年），受朱元璋礼聘而至。他上书陈述时务十八策，倍受宠信。参与谋划平定张士诚、陈友谅与北伐中原等军事大计。朱元璋即位后，任太史令，进《戊申大统历》，奏请立法定制，以止滥杀。奏请设立军卫法，又请肃正纪纲，曾谏止建都于凤阳。洪武三年（公元1370年），封诚意伯，故又称刘诚意。次年赐归。刘基居乡隐形韬迹，只饮酒弈棋，口不言功。因左丞相胡惟庸诬陷而被夺禄。入京谢罪后，不久即逝世。明武宗时赠太师，谥号"文成"。

刘基精通天文、兵法、数理等，尤以诗文见长。诗文古朴雄放，不乏抨击统治者腐朽、同情民间疾苦之作。与宋濂、高启并称"明初诗文三大家"。著作均收入《诚意伯文集》。

刘基辅佐朱元璋平天下，计划立定，人莫能测。朱元璋多次称他为"吾之子房"。在中国民间，也流传着"三分天下诸葛亮，一统江山刘伯温；前朝军师诸葛亮，后朝军师刘伯温"的说法。

【嘉言】

孟子曰："仁者爱人，有礼者敬人。爱人者，人恒爱之；敬人者，人恒敬之。"

出自《孟子·离娄下》第二十八章。

爱与敬，都是相互的。你不爱人，人也不爱你。你不尊重人，人也不尊重你。

【故事】

巧商善意，尖商不奸

"巧商而善意，广见而多记。"这是东汉王充在《论衡·知实》中赞美子贡之语。天下无巧不成书，巧商之道在于内心良善，将心比心，推己及人，能够换位思考。经商贵在"恕"道。子贡有经商头脑，依靠经商发家致富，是孔子学生中最富裕的人。子贡经商成功，就在于奉行"恕"道。巧商之巧就在于"恕"字，恕道贵在能深入了解他人的想法，洞察别人的需求，在合适的时间买进卖出。巧商之巧在于及时预测，在于果断抓住机遇，巧妙避开威胁。巧商不仅要广见多闻，还要分析所见所闻，以便预测行情。巧商要有个好记性，把重要的事记在心头。巧商还要经常从对方的角度考虑问题，深刻体会对方的感受，从而促进交易。

常言道："无誉不成商，无尖不成商，无巧不成商。"古人非常重视信誉，这是商人立于人世间的根本。如晋商谚语："售货无诀窍，信誉第一条。"古代的米商做生意，除了要将斗装满之外，还要再多舀一些，让斗里的米冒尖儿。这种实实在在，绝不让顾客吃亏的商人称为"尖商"。自古以来，尖商不奸！"尖商"被误传为"奸商"，乃至"无奸不商"，真是令人悲叹！

晋商谚语："宁叫赔折腰，不让客吃亏。"做生意，不能占客人的便宜。中国有句老话"顾客至上"。在《易经》中，每卦的主卦在下，客卦在上。顾客在上恐怕由此而来。尊敬顾客、爱护顾客、保障顾客的利益是经商的根本。

在世间，人与人打交道，皆是缘分。他正要买，你正好卖，一拍即合，这就是巧合。巧商不仅是缘分，还需要把握机缘，及时地进行沟通。谚语："三分生意七分谈，人无笑脸休开店。"就强调了和气与沟通的重要性。巧商，守本分，怀善意，出好心，达人需，才能增强人与人之间的相互信任。巧商，就得博闻强记，把人与事皆记在心底。记得住，才能相见如故。做买卖碰巧达成交易，若能记住对方，再见面时自然会增加几分亲切感。经商就要心怀善意，广见多记，勤谨谦虚，集思广益，待人以诚，守住信誉。

能亲仁，无限好。德日进，过日少。

【译文】

能够亲近有仁德的人，就能得到无限的益处。与仁者亲近，德行就会一天比一天地增进，而过失就会一天比一天减少。

【解析】

德和过、对和错、善和恶，皆是一对又一对的矛盾。人生最为高远的志向就是"立德"，而要把德立起来，就要坚持修身，不断地修正自身过错，朝着正确方向努力。

什么是正确的方向？六个字可概括之，即"向上，向善，向前！"。为人要有积极向上的心态，向上就阳光；还要虔诚向善，向善才能扬善抑恶；更要勇敢向前，即便是以退为进，也要迂回地前进。向上、向善、向前的路径选择，有时是当局者迷，看不清方向。若经常亲近仁者，明师的一句话就可能点醒梦中之人。

【人物】

袁　了　凡

袁黄（公元 1533 年—公元 1606 年），初名表，后改名黄，字庆远，又字坤仪、仪甫，初号学海，后改了凡，后人常以"了凡"称之。

袁了凡是明朝重要的思想家，其《了凡四训》融会道教哲学与儒家理学，劝人积善改过，强调从治心入手的自我修养，提倡记功过格，在社会上流行一时。

【嘉言】

积善之家，必有余庆，力行善事，多积阴德。

出自《了凡四训》。

"力行善事，多积阴德"后被《益世联语》收录。有句老话："修德有功，性德方显。以德服人，德而后得。多积阳德，众人护之。广积阴德，众神庇之。"

大家都能看得见的"德"称为阳德，不为大家所知的"德"称为阴德。在人的一生中，广积阴德，更是大德，必有福报。

【故事】

胡　庆　余　堂

清代红顶商人胡雪岩，白手起家，凭借其超凡能力在中国商史上写下了灿烂的一笔。胡雪岩（公元 1823 年—公元 1885 年），姓胡，名光墉，幼名顺官，字雪岩，湖里村人，经历清道光、咸丰、同治、光绪四朝。胡雪岩怀着一颗爱国之心，协助左宗棠兴办洋务，以图强国。怀着一颗仁厚之心，开办胡庆余堂，以图济世救人。胡庆余堂地处杭州历史文化街区清河坊，是国内保存最完好的国药字号，也是保存最完整的清代徽派商业古建筑群之一。

胡庆余堂是胡雪岩全盛时期创办的药店。同治十三年（公元1874），胡雪岩筹设胡庆余堂雪记国药号。胡庆余堂以一个熟药局为基础，重金聘请浙江名医，收集古方，总结经验，选配出丸、散、膏、丹、胶、露、油、酒的验方400余个，精制成药，便于携带和服用。由于战争频繁，疠疫流行，"胡氏辟瘟丹""诸葛行军散""八宝红灵丹"等药品备受欢迎。此后，胡雪岩亲书"戒欺"字匾，教诫职工"凡百贸易均着不得欺字，药业关系性命，尤为万不可欺""采办务真，修制务精"。其所用药材，直接向产地选购，并自设养鹿园。胡庆余堂的药材选购是非常苛刻的，正是因为如此苛刻，才有了上等的药材和一流的疗效。如今，胡庆余堂成为国内规模较大的全面配制中成药的国药号，饮誉中外，对中国医药事业发展起到了重要的推动作用。胡庆余堂始终秉承"戒欺"祖训、"真不二价"的经营方针，已成为保护、继承、发展、传播祖国五千年中药文化精粹的重要场所，是杭州人文历史文化不可或缺的重要组成部分。

胡庆余堂告诉我们：一座建筑无论如何华丽如何坚固，总有褪色和衰败的一天。而一种道德、一种精神，可以穿越岁月，永久地留给后世——"为人不可贪，为商不可奸。经商重信义，无德不成商。"

不亲仁，无限害。小人进，百事坏。

【译文】

不亲近仁人君子，就会有无穷的祸害。这样一来，不肖的小人会趁机接近，很多事情都因此而败坏。

【解析】

任何社会都有小人，任何时候都有小人，任何单位也都有一些小人，每个人的身边都会有一些小人。俗话说："莫以小人之心度君子之腹。"事实上，小人与君子是一种"双面人格"，一个孩子，若不教导，自然只是小孩子，心智也就不会成熟。人们往往深陷"小人之格局"，追求"名闻利养"，追逐自私自利。

一个人要成为君子，是非常难的。需要不断地修正自己，打破一个个"小格局"，不断扩大心胸，提升境界，提高觉悟。与君子相交，就能培养自己的君子人格；与小人相交，自然会养成小人习性。

【人物】

邵逸夫

邵逸夫，1907年11月19日生于上海。原名邵仁楞，祖籍浙江宁波镇海。香港电视广播有限公司（TVB）荣誉主席，邵氏兄弟电影公司的创办人之一。他是著名的电影制作人、娱乐业大亨、慈善家。

邵家八兄弟姐妹中，他排行第六，旧上海时代，人称"邵老六"，来港后被尊称为"六叔"。邵逸夫在1958年于中国香港成立邵氏兄弟电影公司，拍摄过逾千部华语电影，另外他旗下的香港电视广播有限公司（惯称无线电视）主导着中国香港的电视行业。

1990年，中国政府将中国发现的2899号行星命名为"邵逸夫星"。1991年，美国旧金山市将每年的9月8日定为"邵逸夫日"。2002年，他创立了有"东方诺贝尔"之称的邵逸夫奖，每年选出世界上在数学、生命科学、医学及天文学卓有成就的科学家进行奖励。

2011年，邵逸夫正式退休。2014年1月7日，邵逸夫逝世，享年一百零七岁。

【嘉言】

子曰："君子喻于义，小人喻于利。"

出自《论语·里仁》。

喻，通晓，了解，明白。"君子"指道德文化素养较高之人，"小人"则相反，指道德文化素养较低之人。钱穆先生在《论语新解》中解释道："君子所了解的在义，小人所了解的在利。"君子多是善友，而小人多是恶友，交友不可不慎不察也。

【故事】

捐资助教

早年的邵逸夫并不热衷慈善。相反，关于他"吝啬"的传闻倒不少。1970年，一家养老院的老人看见邵逸夫每天坐着劳斯莱斯车经过养老院门口，于是冒昧给这位电影大亨写信，请他行善施德。不久，养老院收到邵逸夫寄来的一张仅500港元的支票。养老院随即把这张支票退还给了邵逸夫，邵逸夫因此事也被嘲笑了很久。有人说，邵逸夫之后的乐善好施起因于此。也有人说，这与他三哥邵山客之死有关。1983年，邵逸夫的三哥邵山客中风，陷入昏迷，只能靠药物维持生命。此时的邵逸夫睹物关情，感叹人生匆匆，钱财只是身外之物。邵逸夫知道，邵山客在新加坡时对员工比较吝啬，很少投身公益，在当地的口碑并不好，但留在身后的名声却不会随着棺材一起离开人世。邵逸夫不想步三哥后尘。1985年1月，也就是邵山客去世前两个月，邵逸夫以邵氏基金会的名义宣布捐出1.06亿港元，作为慈善用途。其中730万港元用来资助中国香港的大学和医院。另外3300万港元则捐给中国香港以外的六所大学，包括中国澳门的东亚大学等。1985年后，邵逸夫平均每年都拿出1亿多元用于支持内地各项社会公益事业，对于中国教育事业更是情有独钟。1985年他向浙江大学捐资1000万元。正如他所说："国家振兴靠人才，人才培养靠教育，培养人才是民族根本利益的要求。"邵逸夫视教育为立国之本，为此多年来他尽心尽责，不遗余力。

2008年5月12日，四川汶川发生了重大地震，牵动着全国人民的心。中国香港各界人士也纷纷解囊捐助。百岁老人邵逸夫及夫人邵方逸华在得知灾区学校遭到严重破坏，学生受到严重伤亡后，当即表示捐款1亿港元（约合人民币9000万元），为灾区师生重建校舍，使他们早日重返校园。

截至2012年，邵逸夫先生捐赠内地科教文卫事业的资金就多达47.5亿港元，捐建项目总数超过6013个，其中80%以上为教育项目，受惠学校上千所。邵逸夫历年对香港和内地捐助社会公益、慈善事务总额超过100亿港元。如今以"逸夫"两字命名的教学楼、图书馆、科技馆及文化艺术、医疗设施遍布全国各地。

邵逸夫先生曾经说过，"创业、聚财是一种满足，散财、捐助是一种乐趣。""宽容和做善事是一把健康钥匙，是生活幸福的良药。""我的财富取之于民，应回报民众。""大丈夫贵兼济，岂独善一身。"他还说过："宁波人从小就立志做大事，而这大事就是经商，注定了忙碌。我取名逸夫，就是想闹中求静，安安逸逸度过一生。"从邵逸夫不经意的言谈话语中却透露出慈善家的伟大情怀。

提起养生，有人问他有何秘诀，邵逸夫先生笑答："秘诀有三：一曰勤奋工作，二曰笑口常开，三曰每天练功。"他还提到："我是三不做的：第一不赌钱，第二不喝酒，第三不做不正常的事。"

第七章　余力学文

不力行，但学文。长浮华，成何人。

【译文】

如果所学的孝、悌、谨、信、泛爱众、亲仁等，不去实践，不坚持力行，而一味地读死书，就容易增长浮华不实的习气，不能成为一个真正对家庭和社会有用之人。

【解析】

《弟子规》一共讲了七个方面的内容。前六课，主要是讲孝、悌、谨、信、泛爱众、亲仁。"余力学文"是第七课，主要是通过学习经典，增长文化知识，提高自己的才干与技能。受教育的目的首先是做人，其次是做事。做人就要做有道德之人，做事就要做合乎道德之事。做人的德行是修来的，做事的本领是学来的。做人的根基在于弘扬人之本善，"孝"与"悌"是人的本善最重要的两个方面。

子曰："学而时习之，不亦说乎？"孔子所倡导的"习"不是简单的"复习""练习"，而是"实践"与"力行"，并逐步养成良好的习性与习惯。做人切忌空谈，做事重在实行。有些人夸夸其谈，讲得头头是道，自己却不力行，慢慢地就变成了伪君子，甚至沦落为口是心非的小人或坏人。

子曰："学而不思则罔，思而不学则殆。"学习与思考、调查与研究是辩证的关系，在学习、工作和生活之中，我们要正确处理三者之间的关系。不同的人，读书有不同的境界。基础层次是学习、掌握作者所阐述的基本理论知识与技能；再高一些的层次是学习作者的思维方式，养成善于思考的好习惯；更高一些的层次是学习作者的人品，读懂作者的人生观、价值观与世界观，用于修养自己。读书的乐趣是顿悟书中三昧，最重要的则是践行书中做人做事的道理。

本立道生：习弟子规做新儒商

【人物】

墨　子

墨子（约公元前468年—公元前376年），姓墨，名翟①，战国初期学者，著名思想家、政治家、军事家、社会活动家和自然科学家，墨家学派创始人。墨子出身微贱，曾学儒术，因不满其烦琐礼仪和学说，自创墨家学派以抗衡。《墨子》一书是由他的弟子及再传弟子所编。

墨子学说在当时影响很大，与儒家并称"显学"。他主张"兼爱""非攻"，提出"尚贤""尚同"的政治思想，主张从天子、诸侯国君到各级正长，都要"选择天下之贤可者"来充当；而人民则要服从君上，做到"一同天下之义"，天下人都要相亲相爱，反对以强凌弱的战争。墨家成员过着艰苦低下的生活，积极参加政治活动和防御战争，墨家成员为实现自己学派的宗旨而不怕奋斗牺牲。墨家强调"义利统一"，倡导"节俭与奋斗"，重视"农耕生产"。墨家思想中的合理因素为后来的唯物主义思想家所继承和发展，其神秘主义的糟粕也为秦汉以后的神学目的论者所吸收和利用。作为先秦墨家创始人，墨子在中国哲学史上产生过重大影响。墨子在上说下教中，言行颇多，但无亲笔著作。今存《墨子》一书中的《尚贤》《尚同》《兼爱》《非攻》《节用》《节葬》《天志》《明鬼》《非乐》《非命》等篇皆是弟子或再传弟子对其思想言论的记录。

《墨子》一书中有："兼相爱，交相利。"其意思是"既爱自己也爱别人，与人交往要彼此有利。"梁启超先生曾指出："兼相爱是理论，交相利是实行这一理论的方法。"兼相爱近于托尔斯泰的利他主义，交相利则近乎科尔普特金的互助主义。

墨子说过："夫爱人者，人必从而爱之；利人者，人必从而利之；恶人者，人必从而恶之；害人者，人必从而害之。"墨子强调了爱是相互的，利也是相互的。世界上没有无缘无故的爱，也没有无缘无故的恨。

【嘉言】

观乎天文，以察时变。观乎人文，以化成天下。

这句话出自《易经》的《贲卦·象传》。这句话的意思为：观察大自然的文饰，可以察知时序的变化规律；观察人类的文饰，可以教化天下民众。

---

① 翟作为姓氏时，读音zhái。墨翟，则读音dí。

《易·序卦》上说："贲者，饰也。"贲，读音 bì 或 bēn，从贝卉声，饰也。山火贲（读音 bì）是《易经》第二十二卦，属于中上卦。这个卦是异卦相叠，主卦为离，客卦为艮，亦即下离上艮。离为火为明，艮为山为止。文明而有节制。贲卦描绘了一场生动的婚嫁场面：娶亲的男方穿戴修饰整齐，有车不坐，一路奔跑到女方家，献上结婚的礼物，迎娶新娘，结成一桩美满的姻缘。

天文指天道自然，人文指家国人伦。天生阴阳，地育男女，男刚女柔，刚柔相济，男女和合，此天地阴阳之道也。人类社会效法天地阴阳之道，男女结为夫妇，由夫妇而成家庭，由家庭而成国家。天文孕育人文，人文化成家庭，家庭文质兼备，自然而然化成天下。家庭是社会基本单元，家庭需要刚柔相济、质文兼备、夫妇和合、化成人伦。

【故事】

巧 用 三 余

董遇生活在汉献帝兴平年间，当时兵荒马乱，百姓背井离乡、流离失所。董遇的父母相继死在乱军之下，仅留下孤苦的董遇兄弟二人。他俩只得远走他乡，投亲靠友，过着寄人篱下的生活。董遇从小酷爱读书，勤奋好学。即使家里发生了这样的不幸，生存环境又如此艰苦，但他总是揣着一本书，有空就掏出来诵读。看到他那专心的样子，哥哥常常笑他："书呆子，读书能填饱肚子吗？"每当此时，董遇总是自信地回答："能！哥哥，你看着吧。"然后继续刻苦读书。

白天，董遇兄弟俩上山打柴，然后背到街上卖几个钱，维持生活。每天早晨出门时，董遇首先想到的是将书带上，打柴空闲时，就拿出来诵读。哥哥看了总会心疼地劝慰他："砍了半天柴，还不嫌累呀。快把书收起来歇一歇吧！""我不累，看书就是最好的休息。"董遇就是这样见缝插针地刻苦自学。

董遇的学问越来越大，名声也越传越远。渐渐地，十里八乡的读书人纷纷慕名前来求教。不少人都问他，读书有什么窍门？董遇告诉人们："自己读书的窍门就是充分利用'三余'时间。"别人又问："什么叫'三余'时间？"董遇回答："'三余'就是三种空闲的时间。冬天，是一年中最空闲的季节；晚上，是一天中最空闲的时候；雨天，是平常最空闲的日子。这都是可以很好利用的空余时间啊！"董遇一生巧用"三余"时间，最终有所成就的事迹，一定会给当今的读书人诸多启示。

但力行，不学文。任己见，昧理真。

【译文】

如果只是一味地做，而不肯读书学习，就容易依着自己的偏见做事，而蒙蔽了真理。

【注释】

"昧理真"中的"昧"，读音 mèi，第四声，其意思是"暗""不明""昏""糊涂""隐藏""蒙蔽"等。

【解析】

由于生活环境不同，每个人都会养成自己的习惯，有些人还养成了执着甚至偏执的性格。若养成了偏执性格，很容易走极端。而蒙昧了真理，也就很难有真知灼见。因此，做人既要追求真又要笃行正。始终坚持追求真理，才能有正知、正见、正行。

【人物】

祖 冲 之

祖冲之（公元429年—公元500年），字文远，范阳郡逎县（今河北涞水）人，南北朝时期杰出的数学家、天文学家。祖冲之一生钻研自然科学，其主要贡献在数学、天文历法和机械制造三个方面。

他在刘徽开创的探索圆周率精确方法的基础上，首次将"圆周率"精算到小数点第七位，即在3.1415926和3.1415927之间，他提出的"祖率"对数学研究有重大贡献。由他撰写的《大明历》是当时最为科学进步的历法，对后世天文研究提供了正确方法。其主要著作有《安边论》《缀术》[1]《述异记》《历议》等。

---

[1]《缀术》是中国南北朝时期的一部算经，汇集了祖冲之和祖暅之父子的数学研究成果。缀，读音 zhuì。暅，读音 gèng。祖暅，又名祖暅之。这本书被认为内容深奥，以致"学官莫能究其深奥，故废而不理。"（《隋书》）《缀术》在唐代被收入《算经十书》，成为唐代国子监算学课本，当时学习《缀术》需要四年的时间，可见《缀术》的艰深。《缀术》曾经传至朝鲜、日本，但到北宋时这部书就已亡佚。

【嘉言】

子曰:"知之为知之,不知为不知,是知也。"

出自《论语·为政》。

此句中共有五个"知"字,前四个"知"都是"知道"的意思,最后一个"知"同"智",即聪明或智慧。

【故事】

夜 读 论 语

赵普(公元 922 年—公元 992 年),字则平,幽州蓟人,后徙居洛阳,北宋著名的政治家。赵普虽读书较少,但特别喜爱《论语》,有"半部《论语》治天下"之说。

赵普年轻的时候读书不多,学问也不大。后来,赵普辅佐赵匡胤发动陈桥兵变并作了皇帝,赵普也升为宰相。赵匡胤曾劝说赵普多读一些书,赵普为自己读书少深感惭愧。从此,只要有空赵普就苦读诗书。

有一天晚上,宋太祖赵匡胤找赵普商量国家大事,驾临赵普家中。看见赵普正在书桌前读《论语》,太祖感到非常惊讶,于是问道:"《论语》小时候都读过了,为什么现在还在读它呢?"赵普回答说:"论语中有修身、齐家、治国、平天下的大道理。以前我以半部《论语》助您平天下,现在以半部《论语》助您安天下。"

由此可知,《论语》是一本值得终身反复阅读、体悟、笃行的好书。学习《论语》不仅要熟读,也要研读,还要顿悟,更要坚持不懈地去笃行实践书中的道理。

读书法,有三到。心眼口,信皆要。

【译文】

读书的方法有三到:眼到、口到、心到。即:眼要看,口要读,心要记。三者相辅相成,缺一不可。

【解析】

宋代大学者朱熹说过:"读书有三到,谓心到,眼到,口到。心不在此,则眼看不仔细,心眼既不专一,却只漫浪诵读,决不能记,久也不能久也。

三到之中，心到最急，心既到矣，眼口岂不到乎？"

朱熹强调读书"三到"，可谓击中了读书的要害，是非常重要的读书方法。读书不仅要有"信心"，还得"上心"，更得"用心"。俗话说："思之，思之，鬼神告知。"这讲的是"心到"。读书要用眼来看，不仅看书，还要观察天地宇宙。要把看的书与现实生活以及生产实践有机结合起来。这讲的是"眼到"。"口"就是要坚持念书、背书。尤其是名篇佳作不仅要反复读，还要反复背诵。俗话说："读书三遍，其义自现。"只有多读书，甚至反复背诵，才能不断加深理解，从而消化吸收。这讲的是"口到"。

当今是知识爆炸的信息社会，了解与学习诸多知识很有必要。同时也是终身学习社会，跟上时代步伐，就要"活到老学到老"！无知必然愚昧，愚昧就会糟糕。"智慧"的"智"字从字形上看，就是"日日增长知识"。"知识"只有消化、吸收了，才是一个人成长的"营养"，一知半解是"夹生饭"，"夹生饭"是有危害的。

【人物】

王 阳 明

王守仁（公元1472年10月31日—公元1529年1月9日），汉族，本名云，字伯安，别号阳明。浙江绍兴府余姚县（今宁波余姚）人，因曾筑室于会稽山阳明洞，自号阳明子，学者称之为阳明先生，亦称王阳明。明代著名思想家、文学家、哲学家和军事家，陆王心学之集大成者，精通儒家、道家、佛家。弘治十二年（公元1499年）进士，历任刑部主事、贵州龙场驿丞、庐陵知县、右佥都御史、南赣巡抚、两广总督等职，晚年官至南京兵部尚书、都察院左都御史。因平定宁王朱宸濠（读音chén háo）之乱立下军功而被封为新建伯，隆庆年间追赠新建侯。谥文成，故后人又称王文成公。

王守仁与孔子、孟子、朱熹并称为孔、孟、朱、王。王守仁的学说思想王学（阳明学），是明代影响最大的哲学思想。其学术思想从中国传至日本、朝鲜半岛以及东南亚诸国，他集立德、立功、立言于一身，成就冠绝有明一代。弟子极众，世称姚江学派。其文章博大昌达，行墨间有俊爽之气。著有《王文成公全书》。

【嘉言】

子曰："君子不器。"

出自《论语·为政》。

其意思是说"君子不能像器具那样"。"器"是器具。孔子强调，君子不能像器具那样只有某一方面的作用。在孔子心目中，君子是具有理想人格与品格之人，应该具有多方面的道德修养、知识、才能与综合素质。

【故事】

脱 衣 知 耻

王阳明生于书香世家，从小就在私塾读书。有一天，王阳明问老师："何为天下第一等事？"老师见小小孩童竟有如此问题，就笑着回答："第一等事当然是好好读书，考取功名。"只见这小小孩童反驳道："依我看，天下第一等事乃是做圣贤！"这令老师惊叹不已。

长大后，王阳明考取了进士，开始了为官之道。明武宗正德元年（公元1506年），王阳明因反对宦官被谪贬至贵州龙场（贵阳府修文县治）。在此任上，他捕获了当地的一个强盗头目。

强盗头目在受审时跟王阳明说："我死罪难逃，之乎者也、道德廉耻我不想听了，要杀要剐你就痛快些！"

王阳明说："我不跟你谈道德廉耻。今天真热啊！咱俩把外衣脱了，再来审案可好！"强盗正被捆得难受呢！当然喜欢这个建议，于是两人把外衣脱了。

王阳明又说："怎么还这么热呀！咱俩干脆把内衣也脱了吧！"强盗又依了他。于是，大学问家与强盗头目在公堂里来了一场别开生面的肌肉大比拼。

王阳明又发话了："还是热得不行！我俩把裤子也脱了吧！"强盗头目愣了半天，又依了他。到此，两个人只剩下了一条内裤。

不想王阳明又来了个提议："罢了！罢了！咱俩还是把裤头也脱了吧，图他个轻松自在！"眼看这场脱衣表演就要进入到高潮了，谁知那强盗头目却在这关键时刻掉了链子，连着说："这可使不得！万万使不得！"

于是，王阳明开始因势利导："为什么使不得？说明你内心还有一些羞耻感。这羞耻感何尝不是道德良知的一种表现呢？看来我还是可以跟你讲道德廉耻的！"至此，强盗头目被彻底折服，乖乖地认罪伏法。

方读此，勿慕彼。此未终，彼勿起。

【译文】

正在读着这本书时，就不要想着那本书。这本书还未读完，就不要再去读另一本书。读书要用心专一,才能有所成就。

【解析】

俗话说:"样样通,样样松。""百样通不如一样精。"读书贵在一门深入,贵在专精,唯精唯一,而不能一味地贪多图广。

读书重在掌握要领,真正把纲领落实在生活与工作之中,最忌心急气躁,不能深刻地领会学问,不能踏实地笃行学问。

当今,读书的方法可把精读与泛读相结合,重要的一定要精读,不太重要的可以泛读,无关紧要的浏览一下就够了。读书是有乐趣的,力行书中的道理更是其乐无穷!

【人物】

欧 阳 修

欧阳修(公元1007年—公元1072年),字永叔,号醉翁、六一居士,汉族,吉州永丰(今江西吉安永丰县)人,北宋政治家、文学家,且在政治上负有盛名。因吉州原属庐陵郡,以"庐陵欧阳修"自居。他官至翰林学士、枢密副使、参知政事,谥号文忠,世称欧阳文忠公。后人又将其与韩愈、柳宗元和苏轼合称"千古文章四大家"。与韩愈、柳宗元、苏轼、苏洵、苏辙、王安石、曾巩被世人称为"唐宋散文八大家"。

欧阳修是在宋代文学史上最早开创一代文风的文坛领袖。领导了北宋诗文革新运动,继承并发展了韩愈的古文理论。其散文创作高度成就与其正确的古文理论相辅相成,从而开创了一代文风。欧阳修在变革文风的同时,也对诗风词风进行了革新。在史学方面也有较高的成就。

【嘉言】

书山有路勤为径,学海无涯苦作舟。

出自《增广贤文》。

这是我国唐代著名诗人、哲学家韩愈的一句治学名联,后被《增广贤文》收录。

韩愈的这句话意在告诉人们,在读书、学习的道路上,没有捷径可走,没有顺风船可驶,要想在广博的书山、学海中汲取更多更广的知识与学养,"勤奋"和"潜心"是两个必不可少的条件。

【故事】

芦苇作笔，沙地为纸

欧阳修在四岁时就失去了父亲，他家境贫穷，更没有钱供他上学。于是，欧阳修的母亲就用芦苇秆在沙地上写画，教他写字。欧阳修的母亲还给他诵读许多古人的名篇佳作，还让他学习写诗。

后来，欧阳修年龄大些了，而家里没有书可读，他就经常从城南李家借书来读。他把借来的书一字一句地认真抄录下来，以便反复阅读。欧阳修天资聪颖，又刻苦勤奋，读书非常专一，经常是书还没抄完，他却能背诵这篇文章了。欧阳修白天黑夜几乎废寝忘食，一心一意地刻苦读书。

从小时候起，他写的诗歌文章，文笔就非常老练，像大人的作品一样有文采。欧阳修的叔父欧阳晔由此看到了家族振兴的希望，曾对欧阳修的母亲说："嫂无以家贫子幼为念，此奇儿也！不唯起家以大吾门，他日必名重当世。"

宽为限，紧用功。工夫到，滞塞通。

【译文】

不妨把学习计划的期限安排得宽松一些，但在读书学习时则要抓紧时间。只要工夫到了，不懂的地方自然就通达了。

【注释】

《说文解字》上说："滞，凝也。"滞，读音 zhì，其意思是"有凝积，不流通"。

《说文解字》上说："塞，隔也。"塞，读音 sè，本义为"阻隔""堵住"。"滞塞"的意思是"阻滞""停滞""阻塞""不流通"等。

【解析】

在制定读书计划的时候，不妨宽松一些，而在实际执行之时，就要加紧用功，严格执行，不可以懈怠偷懒。日积月累，功夫深了，原先窒碍不通、困顿疑惑之处，自然而然就都迎刃而解了。

俗话说："好记性不如烂笔头。"读书时，不懂或有疑惑的地方，要用笔记录下来。读书之时，若有了感悟或顿悟，也要及时捕捉这些思想火花，并用自己的语言进行描述,记在本子上。不论知识,还是思想,都要坚持日积月累,才可能厚积薄发。

【人物】

程　颐

程颐(公元1033年—公元1107年),汉族,字正叔,洛阳伊川(今河南洛阳伊川县)人,世称伊川先生,出生于湖北黄陂,北宋理学家和教育家。为程颢之胞弟。历官汝州团练推官、西京国子监教授。

元祐元年(公元1086年)除秘书省校书郎,授崇政殿说书。程颐与其胞兄程颢同学于周敦颐,共创"洛学",为理学奠定了基础,世称"二程"。他的学说以"穷理"为主,认为"天下之物皆能穷,只是一理""一物之理即万物之理",主张"涵养须用敬,进学在致知"的修养方法,目的在于"去人欲,存天理",认为"饿死事极小,失节事极大",宣扬"气禀"说。

程颐的著作有《周易程氏传》《遗书》《易传》《经说》,被后人辑录为《程颐文集》。明代后期与程颢合编为《二程全书》,有中华书局校点本《二程集》。

【嘉言】

外物之味,久则可厌;读书之味,愈久愈深。

这是程颐关于读书的名句。

这句话的意思为:"其他东西的滋味,时间长了就会让人厌烦;而读书的滋味,却是时间越久越觉得深厚。"因此,多读书,勤读书,读好书,品好书,就能尝到读书的乐趣,品出书中的隽永美妙之味,书也就越读越深厚了。

【故事】

黄泥习字

在颜真卿三岁的时候,父亲就生病去世。母亲只好带着他回到外婆家。颜真卿的外公是位书画家,母亲也是个知书达理的人。他们见颜真卿很聪明,就教他读书写字。颜真卿练起字来很专心,一笔一画从不马虎,一写就是大半天。母亲见儿子练字这样用心,心里又是欢喜又是忧愁。喜的是儿子将来一定会有出息，愁的是家境贫寒无钱买纸。颜真卿很懂事，见母亲为没钱买纸的事犯愁，就悄悄地自己琢磨开了。

有一天，颜真卿高兴地对母亲说："我有不花钱的纸笔了，您老就别发愁了！"母亲问："傻孩子，纸笔哪有不花钱的呢？""您瞧，这不是吗？"颜真卿手里举着一只碗和一把刷子，欢快地说，"这只碗是砚，这把刷子当笔，碗里的黄泥浆就是墨！"母亲又问："那……纸在哪儿呢？"颜真卿用手指了指墙壁，认真地说："这就是纸。不信，我写给您看！"说完，他拿起刷子，在碗里蘸满了泥浆，走到墙壁前挥笔写了起来。等到墙上写满了字，他又用清水把字迹冲洗掉，然后又重新写起来。看到儿子有了不花钱练字的好法子，母亲高兴地笑了。

由于颜真卿刻苦好学，长大以后，他不仅练就了一手好字，也成了一个博学多才之人。颜真卿写过一首劝学诗："三更灯火五更鸡，正是男儿读书时。黑发不知勤学早，白首方悔读书迟。"

心有疑，随札记。就人问，求确义。

【译文】

读书时，如果心中有疑问，就要随时做笔记，以便向别人请教，求得准确涵义。

【注释】

札，读音 zhá，本义为古代用来写字的小木片。

《说文解字》上说："札，牒也。"牒，读音 dié，字从片，从枼（读音 yè），枼亦声。"枼"本指记载有家世的薄木片。牒字本义为竹木片编成的文书。

【解析】

读书还要勤学多问，不论是向老师求教，还是同学朋友之间交流心得体会都是十分有益的。有些人有了疑问不好意思请教别人，长期闷在心中，就会抑制学习的积极性。当然，自己有了疑问，不去认真思考，就急着问别人，也会抑制学习的创造性。所谓"能者为师"，多向有学问的人请教，必然能增加自己的学问。

《大学章句》上说："是以《大学》始教，必始学者即凡天下之物，莫不因其已知之理而益穷之，以求至乎其极。至于用力之久，而一旦豁然贯通焉，则众物之表里精粗无不到，而吾心之全体大用无不明矣。此谓格物，此谓知之至也。"

这段话是儒学大师朱熹注解《大学》的名言，也是对"格物致知"的生动阐释，同时也告诉了我们长期修学与顿悟之间的关系。用现代的语言表达就是："因此，《大学》一开始就教学习者接触天下万事万物，用自己已有的知识去进一步探究，以彻底认识万事万物的原理。经过长期用功，总有一天会豁然贯通，到那时，万事万物的里外巨细都被认识得清清楚楚，而自己内心的一切认识能力都得到淋漓尽致的发挥，再也没有蔽塞。这就叫万事万物被认识研究了，这就叫知识达到顶点了。"

【人物】

鲁　班

鲁班（公元前507年—公元前444年），春秋时期鲁国人，姬姓，公输氏，字依智，名班，人称公输盘、公输般、班输，尊称公输子，又称鲁盘或鲁般，惯称"鲁班"。

木工师傅们用的手工工具，如钻、刨子、铲子、曲尺，划线用的墨斗，据说都是鲁班发明的。而每一件工具的发明，都是鲁班在生产实践中得到启发，经过反复研究、试验出来的。鲁班体现了古代工匠精神，他的名字已经成为古代劳动人民智慧的象征。

【嘉言】

为学读书，须是耐心，细意去理会，切不可粗心。为数重物，包裹在里面，无缘得见。必是今日去一重，又见得一重。明日又去一重，又见得一重。去尽皮，方见肉。去尽肉，方见骨。去尽骨，方见髓。

这是宋代大学者朱熹的名言。这段话强调读书，不仅要耐心，还要细心。强调读书是由表及里的过程，要体验读书的滋味就不要怕麻烦，要一层一层地深入下去。读书有读不懂的地方是很正常的，读不懂的地方就要刻意记下来，以后再反复研读，细心揣摩，总有恍然大悟的时候。

读书有疑问也是很正常的，有疑问的地方也要记下来，先不要着急问人，而要自己悉心琢磨，经过反复琢磨还是捉摸不透，再去请教高人。带着疑问读书，在读书中逐渐消除疑问，总有豁然开朗的那一刻，那是读书最快乐的时刻！

【故事】

不耻下问

卫国大夫孔圉①，又称仲叔圉，春秋时期卫国大夫，卫灵公时名臣。他聪明好学，难能可贵的是他为人谦虚、不耻下问。在孔圉死后，卫国国君为了让后代的人都能学习和发扬他好学的精神，因此特别赐给他一个"文"的称号。后人就尊称他为"孔文子"。

孔子的学生子贡也是卫国人，他认为孔圉并不像人们所说的那样好，不应得到那么高的评价。孔子听了微笑说："孔圉非常勤奋好学，脑子聪明又灵活，而且更重要的是，为了获得知识，经常向比自己地位低下的人请教，一点儿也不感到羞耻。"经过孔子这样的解释，子贡终于服气了。"不耻下问"一词也由此而来。

房室清，墙壁净。几案洁，笔砚正。

【译文】

书房要收拾得整齐、清洁，墙壁要保持干净。书桌要保持洁净，笔墨纸砚等文具要摆放端正。

【注释】

几，是指小或矮的桌子，如茶几。砚，读音 yàn。是指磨墨用的文具。

【解析】

"笔、墨、纸、砚"俗称文房四宝，起源于南北朝时期。在南唐时，"文房四宝"特指安徽宣城诸葛笔、安徽徽州李廷圭墨、安徽徽州澄心堂纸，安徽徽州婺源龙尾砚。自宋朝以来"文房四宝"则特指宣笔（安徽宣城）、徽墨（安徽徽州歙县）、宣纸（安徽宣城泾县）、歙②砚（安徽徽州歙县）。

当今，一般家庭的书房中，笔和纸仍是不可缺少的，虽然笔不是毛笔了，纸也不是宣纸了。但要养成爱惜"文房四宝"的习惯，不用的纸和笔，

---

① 圉，读音 yǔ。圉是养马的地方，也指"边陲""防御"，还是古代乐器名。
② 歙，读音 xī，指吸气；又读音 shè，地名，如安徽歙县。歙砚，全称歙州砚，中国四大名砚之一，与甘肃卓尼县洮砚、广东端州（今肇庆）端砚、黄河澄泥砚齐名。

皆要收拾干净，放回原处，物有所归，整齐有序。这是良好的习惯，也是基本的素养。保持整洁的读书环境，还可能激发良好的心境，从而更加努力上进。

【人物】

蔡　伦

蔡伦，字敬仲，东汉桂阳郡人。汉明帝永平末年入宫给事，章和二年（公元 88 年），蔡伦因有功于太后而升为中常侍，蔡伦又以位尊九卿之身兼任尚方令。蔡伦总结了前人造纸的经验，并革新造纸工艺，终于制成了"蔡侯纸"。元兴元年（公元 105 年）奏报朝廷，汉和帝下令推广他的造纸法。建光元年（公元 121 年），因权力斗争自杀身亡。蔡伦的造纸术被列为中国古代"四大发明"，蔡伦的造纸术沿着丝绸之路经过中亚、西欧向整个世界传播，为世界文明的传承和发展做出了不可磨灭的贡献。

千百年来，蔡伦备受人们尊崇，被造纸业奉为造纸鼻祖和"纸神"。麦克·哈特的《影响人类历史进程的 100 名人排行榜》中，蔡伦排在第七位。在美国《时代》周刊公布的"有史以来的最佳发明家"中，蔡伦也榜上有名。在 2008 年北京奥运会开幕式上，特别展示了蔡伦发明的造纸术。

【嘉言】

纸上得来终觉浅，绝知此事要躬行。

出自《冬夜读书示子聿》。

这是陆游晚年作的一首教子诗，子聿[①]是陆游的小儿子。前两句为"古人学问无遗力，少壮工夫老始成。"这首诗饱含了诗人深邃的教育理念，寄托了诗人对子女的殷切期望。诗人就知识的获取，从两方面谈了自己的看法：一是要花气力，下功夫；二是"要躬行"，亲身在实践中去体会。诗中表达的思想不仅是冬夜读书的体会，更是诗人勤奋学习的经验总结。

---

① 陆游共有七个儿子，长子陆子虞、次子陆子龙、三子陆子修、四子陆子坦、五子陆子约、六子陆子布、七子陆子聿。陆子聿，字怀祖，官溧阳令、知严州。藏书家、刻书家，陆游的文集《渭南文集》就是他编的。聿，读音 yù。聿的本义指书写用的笔。《说文解字》上说："聿，所以书也。楚谓之聿，吴谓之不律，燕谓之弗，秦谓之笔。"朱骏声《说文通训定声》上说："聿，秦以后皆作笔。"

【故事】

心正则笔正

唐代著名书法家柳公权不仅书法成就名传千古，也以"心正则笔正"的"笔谏"被后世传为佳话。

有一天，唐穆宗召见柳公权。在朝堂上，穆宗皇帝问柳公权如何才能将书法写好。柳公权对曰："用笔在心，心正则笔正。"如果心不正、品不高，下笔自然不正，落墨自然无法，字也就写歪了。

唐穆宗怠于朝政，柳公权正好以书喻政，一方面表达了自己对书法创作的态度，另一方面也借此巧妙进谏。从此，"心正笔正"流传后世，也成为书法伦理标准之一。

事实上，做人更要心正身直，求真行正，敦伦务实，才能成为一个真正的人。

墨磨偏，心不端。字不敬，心先病。

【译文】

如果把墨磨偏了，说明你心不在焉。如果字写得不工整，说明你浮躁不安。

【解析】

在古代，研墨是写字前的必备，如何把墨研好，磨得均匀，浓淡适宜，也大有学问。元代知名学者陈绎（读音 yì）曾在《翰林要诀·肉法》中说："磨墨之法，重按轻推，远行近折。"也就是说，研墨要按一定的方向均匀地重按轻推，以圆形或椭圆形由远到近（由外到内）周而复始地转磨，用力不要过大，心情不要太急，墨与砚池应保持垂直，不要倾斜，以防止墨粒脱落下来。

这不仅考验一个人的耐心与意志，也是养成平心静气的过程。别小看研墨这件小事，各种坏毛病都是不重视细节而逐步形成的，而要改变不良习惯却并非易事。汉字是中华文明的重要载体。把字写好写端正也不是一件容易事。有人练字练了一辈子也没有把字写好。"意在笔先""笔正字正""下笔如神"，这些古语蕴含着深刻的哲理。读书写字需要端正态度，千万马虎不得。

【人物】

陆九渊

陆九渊(公元1139年3月26日—公元1193年1月18日),字子静,抚州金溪(今江西金溪)人,南宋哲学家、官员,陆王心学的代表人物。因书斋名"存",世称存斋先生。又因讲学于象山书院,被世人称为"象山先生",学者常称他为"陆象山"。

陆九渊于宋孝宗乾道八年(公元1172年)进士及第,初调靖安主簿,历国子正。有感于靖康时事,便访勇士,商议恢复大略。曾上奏五事,遭给事中王信所驳,遂还乡讲学。绍熙二年(公元1191年),升知荆门军,甚有政绩。绍熙三年十二月(公元1193年1月18日),陆九渊逝世,终年五十四岁。嘉定十年(公元1217年),追谥文安。

陆九渊为宋明两代"心学"的开山之祖,与朱熹齐名。陆九渊主张"心即理"说、"发明本心""尊德性""大做一个人""践履工夫"等,言"宇宙便是吾心,吾心即是宇宙"。上承孔孟,下启王守仁,形成"陆王学派"。著有《象山先生全集》。

【嘉言】

人之知识,若登梯然,进一级,则所见愈广。上者能兼下之所见,下者必不能如上之所见。

出自《陆象山集·语录》。

其意思是:人学知识,就像登梯子一样,每上一个台阶眼界就会开阔一些。

清朝左宗棠曾引用这句话以教育子弟。学习不仅是一个人知识积累的过程,也是境界不断提升的过程。唐代王之涣的"欲穷千里目,更上一层楼"也寓意人的思想境界与知识层级的提升。

【故事】

惜字会

惜字会是杭州民间儒生自愿结合、倡导尊孔尚儒、爱惜字纸的会社组织。清时,吴山上有金龙阁、火德庙两处惜字会,除每日雇人沿街收取外,每月还定期收买各种废纸、旧书、淫书,然后汇总火焚,纸灰投入钱塘江。

民国以后,金龙阁、火德庙已废,城里如同善堂、见心里、同仁里以及江干、湖墅,都成立惜字会,除收买外,还在大街小巷,或挂竹篓,或钉铁盒，以便行人随时拾取投入，每到一定时期焚化，纸灰投入江中。

过去，惜字会在嘉兴一带十分流行，逐渐成为一种习俗。在嘉兴南湖北侧有一个狭长的小岛，名小瀛洲。嘉兴人称这里为小南湖或小烟雨楼。岛的北端有一建筑，名仓圣祠。据说，这座"仓圣祠"是清光绪年间由嘉兴民间"惜字会"募银建造的。祠有三间，内供仓颉塑像，当地文人都定期集中顶礼膜拜，以纪念这位"字圣"。

据说，纪念仓颉的仓圣祠在全国仅嘉兴这一处，嘉兴的仓圣祠很有地方文化特色。仓圣祠在抗战时期遭破坏，门窗被人拆卖，仅剩几根柱子支撑着破漏的屋顶。中华人民共和国成立后，政府大力整修园林，并对仓圣祠进行多次维修，如今已成为南湖一处颇具特色的旅游景点。

列典籍，有定处。读看毕，还原处。

【译文】

书籍课本应分类，排列整齐，放在固定的位置。当读完一本书后，一定要放回原处，以便下次查找。

【注释】

籍，读音 jí。《说文解字》上说："籍，簿书也。"

"籍"之本义为古代登记赋税、户口等的档案簿书，相当于现代的登记册、户口簿之类。典籍是古代重要文献的总称。在不同领域，有不同的代表性典籍。

【解析】

物资管理中有"ABC 分类法"。ABC 即 Activity Based Classification，这是按照主次进行分类库存控制的有效方法。

图书也可以按照学科门类进行分类摆放，重要的书放在容易取放的明处，不太重要的书可以放在暗处。让物有所归，书有定处，看完的书放回原处。养成好习惯，就能提高取书、读书、放书的效率，从而事半功倍。

【人物】

托忒克·端方

托忒克·端方（公元 1861 年—公元 1911 年），字午桥，号陶斋，清末大臣，金石学家。满洲正白旗人，官至直隶总督、北洋大臣。

端方幼年时被过继给伯父桂清为嗣子，1889年，二十八岁的端方才正式受命做官，因其工作勤勉，仕途比较顺利。1898年3月，在翁同龢与刚毅的保荐之下，端方第一次被光绪帝召见，由此获得了年轻皇帝的青睐。

戊戌变法中，朝廷下诏筹办农工商总局，端方被任命为督办。端方由于参加戊戌变法，后被慈禧革职。宣统三年起，端方为川汉、粤汉铁路督办，入川镇压保路运动，为起义新军所杀。谥忠敏。著有《陶斋吉金录》《端忠敏公奏稿》等。

【嘉言】

多建一座图书馆，就可以少建一座监狱[1]。

图书馆是一个供人借阅书籍并阅读的地方。图书馆本身就是一种内涵深厚的文化，这种文化是由过去、现在、未来三者递进、传承而发展的。加强图书馆建设，功在当代，利在千秋。倡导全民阅读，切实提高全民素养，能增强人民群众的获得感与幸福感。

【故事】

图书馆的由来

早在周代，我国就有图书馆出现了，不过，那时不叫图书馆，叫"盟府"，主要保存盟约、图籍、档案等与皇室有关的资料。严格地说，这只是图书馆的雏形。老子可以称得上中国历史上第一位图书馆馆长。周代的"守藏室"就是藏书之所，而"守藏室之史"就是专门管理图书的官职。

到了西汉，皇室就开始大量收藏图书了，开国之相萧何还在宫内设置了专门用来藏书的石渠阁、天禄阁。汉武帝是一位重视保存典籍的开明之君，他不但在宫内修建了专门收藏图书的"秘府"馆舍，还以官方命令在全国广泛征集图书。东汉桓帝时设置的秘书监一职，就是专门管理图书秘籍的官员。

唐代的魏征就曾经担任过秘书监一职，他为唐代的书籍整理，做出了不可磨灭的贡献。到了明代，秘书监一职被废止了，图书馆馆长的职务也并入了翰林院。清代除了文渊阁、文津阁、文澜阁这些图书馆外，还在翰林院、

---

[1] 法国著名作家维克多·雨果有一句名言："多办一所学校，就可少建一座监狱。"此寓言就是在这句名言的基础上，演变而来。宋代著名诗人、书法家黄庭坚说："士大夫三日不读书，则义理不交于胸中，对镜觉面目可憎，向人亦言语无味。"图书馆是借阅图书的地方，也是读书的场所。当今，全民阅读正形成新风尚，要重视图书馆建设，尤其要加强乡村图书馆建设。

国子监、内府等机构也收藏过图书,这些机构的长官在做好本职工作的同时,也负责管理这些图书,算是兼职的图书馆馆长。

唐代以前,图书主要由官府掌握,民间是不允许大量藏书的。唐代民间私人图书馆的出现,开了我国历史上私人藏书的先河。唐代末年,眉州的"孙家书楼",藏书量在四川首屈一指;明朝范钦的天一阁,也是享誉古今,天下闻名的"图书馆"。

真正使用"图书馆"一词,还是从"江南图书馆"开始的。1907年,两江总督托忒克·端方奏请清廷创办了江南图书馆,并委派缪荃孙为图书馆总办(馆长)、陈庆年为坐办(副馆长)。他奏请清政府筹款7.3万元,将"八千卷楼"藏书全部收购,还购得武昌范氏"月槎木樨香馆"的藏书4557种,与此同时,又在南京清凉山之侧的龙蟠里惜阴书院旧址兴建书库两幢,崇楼广厦,共44间,珍藏宋、元、明、清秘籍珍本,名家批校本,精抄本共达5万余册。经过3年筹建,于1911年11月正式对外开放阅览。

江南图书馆不但最先使用"图书馆"三个字,也是历史上第一次把藏书推到了公众面前的图书馆。

虽有急,卷束齐。有缺坏,就补之。

【译文】

即便有急事需要暂时离开,也要把书本整理好,放回原处再离开。若发现书本有损坏,应当及时修补完整。

【解析】

古代得到一本书是很难的,古人对书也非常爱惜。尤其借别人的书来读,更是怕不小心损坏了。当今得到一本书比古代容易多了,但也要存恭敬之心,爱惜这些书籍。

如何对待书,也彰显一个人的道德品位。从小养成爱惜书的习惯,从小事做起,井井有条,就能少出差错,提高泰然处之的能力。

【人物】

张　衡

张衡(公元78年—公元139年),字平子。汉族,南阳西鄂(今河南南阳石桥）人，南阳五圣之一，与司马相如、扬雄、班固并称汉赋四大家。中国东汉时期伟大的天文学家、数学家、发明家、地理学家、文学家，在东汉历任郎中、太史令、侍中、河间相等职。晚年因病入朝任尚书，于永和四年（公元 139 年）逝世，享年六十二岁。北宋时被追封为西鄂伯。

张衡在天文学方面著有《灵宪》《浑仪图注》等，数学著作有《算罔论》，文学作品以《二京赋》《归田赋》等为代表。《隋书·经籍志》有《张衡集》14 卷，久佚。明人张溥编有《张河间集》，收入《汉魏六朝百三家集》。张衡为中国天文学、机械技术、地震学发展作出了杰出贡献，发明了浑天仪、地动仪，是东汉中期浑天说的代表人物之一。

张衡被后人誉为"木圣"（科圣），由于他的贡献突出，联合国天文组织将月球背面的一个环形山命名为"张衡环形山"，太阳系中的 1802 号小行星命名为"张衡星"。后人为纪念张衡，在南阳修建了张衡博物馆。

【嘉言】

读书以过目成诵为能，最是不济事。

出自清代郑板桥《潍县署中寄舍弟》。

这句话的意思是：假如读书把"过目成诵"作为追求的目标，这种追求最无济于事。这句话通过对"过目成诵"现象的否定，希望人们能脚踏实地、扎扎实实地学习，坚持追求真知灼见，并贯彻于实践之中。

郑板桥（公元 1693 年—公元 1766 年），原名郑燮（读音 xiè），字克柔，号理庵，又号板桥，人称板桥先生，江苏兴化人，祖籍苏州。清代书画家、文学家，扬州八怪之首。郑板桥一生只画兰、竹、石等，自称"四时不谢之兰，百节长青之竹，万古不败之石，千秋不变之人"。其诗书画，世称"三绝"。郑板桥书法，用隶体掺入行楷，自称"六分半书"，人称"板桥体"。曾书写"难得糊涂""吃亏是福"等流传于世的作品。郑板桥为官清正廉洁，爱民如子，深受民众爱戴。

【故事】

绿色天元，帮助人成功

李景春，男，1956 年 5 月出生，天元集团创始人，天元书院院长，山西省当代儒学研究会副会长，全国劳动模范，博鳌儒商杰出人物，新时代儒商的典范。

山西天元集团创建于 1982 年，是一家有 40 多年发展历程的企业。公司前身是阳泉市供销社下属的家电门市部,从一个3万元、6个人的路边小店,历经企业创业、改革创新、绿色转型三个阶段,发展成集家用电器销售、废弃电器电子回收无害化处理、再生资源循环利用、新能源汽车销售和报废汽车回收无害化处理等多产业为一体的绿色环保型多元化集团。天元集团以红色党建文化和中华优秀传统文化引领企业绿色发展,选择从传统商贸业向绿色循环经济产业转型发展,贯彻创新、协调、绿色、开放、共享的新发展理念,加快建设以实体经济为支撑的现代化产业体系,初步构建了家电循环、汽车循环、城市矿产循环三条循环产业链,实现了对再生资源利用价值链的整合,走出一条"文化+产业"的高质量发展道路。山西天元集团于2019年获得了工信部颁发的"绿色工厂"荣誉称号。

2009年,天元集团创始人李景春先生在外地考察,他目睹了手工作坊拆解废旧家电对环境的破坏,看到污染土壤一百年不能使用,手工拆解对水的污染,导致当地百姓癌症发病率非常高。看到这些危害生命、污染环境的现象,他非常痛心。后来,他了解到,每年报废的家电,相当于一座喜马拉雅山。李景春感到,苦心经营家电二十多年,企业却没有很好地完成社会责任。他深刻地认识到,实现资源节约与环境保护,就是德行落地。于是,天元集团把企业使命定位为"绿色天元",坚定不移地走绿色发展之路。

2015年,山西天元集团准备建设环保循环工业园区。该园区附近有一个村庄,曾经是历史上的"响马村"。刚建园区的时候,村民们经常堵路堵门,严重影响了工程的进度,因为园区是省重点项目,所以政府想要派驻警务室,帮助维持秩序。但李景春说,不要,先让我用儒家文化试试。于是公司着手,把仁爱、孝悌、德善的儒家文化理念传递到村子里,连续多年给老人赠送米面油,发福利,像对待自己父母一样对待村里的老人,开办德善斋素食餐厅为孤寡老人和留守儿童免费提供素食午餐。刚开始,有的老人说,怎么只给我们吃素食,影响健康。义工向李景春反映了这个情况,说白给他们吃饭,还不领情。但李景春说,行有不得,反求诸己,是我们的问题。我们只给他们吃,只照顾生活,没有给他们"智"和"慧",这是我们做得不够。于是,公司开始组织老人学习儒家经典,有位老人说,学习了以后我才知道,今天我四个孩子都不管我,是因为我年轻的时候对父母不孝,孩子就是跟我学的。如今,4000多口人的村庄,老人变了,带动了整个村庄风气的变化。天元集团连续三年和村庄开展企村共建孝道文明村活动、评选"新村好媳妇"、举办各种孝老爱亲活动,实现了化恶为善,成功打造了文明村的文化品牌,过去的"响马村"如今变成了远近闻名的"孝道文明示范村"。

李景春先生长期学习、践行中华优秀传统文化，积极推行《弟子规》《论语》《大学》等传统文化。他认为，天元文化的核心，就是把儒家文化传播到周围，造福全社会。产业发展到哪里，文化就传播到哪里。他笃行孝悌为本，忠信为根。把员工当家人，把顾客当亲人。十七年来，他积极开展"天元孝子"和"天元好媳妇"的评选活动，促进了人心向上向善。天元集团秉承"帮助人成功"的企业精神，将中华优秀传统文化在企业中落地生根，成功转化员工、顾客、合作厂商、社区群众以及社会大众的思想，产生了良好的经济与社会效益。天元集团41年的实修、实证，探索出一条共同富裕之路，幸福企业之路，形成天元家国同构、中国式现代企业治理的企业文化体系。天元集团正在探索新时代以红色党建和优秀传统文化融合，建设中国式企业的治理成功道路。

非圣书，屏勿视。蔽聪明，坏心志。

【译文】

对于无益身心健康的不良书刊，应该摒弃，千万不要看。因为不良的书刊，会蒙蔽人的智慧与心志，败坏人的德行与操守，甚至使人迷失心性。

【注释】

"非圣书，屏勿视"的"屏"，读音bǐng，通"摒"，意为"放弃""除去"等。

【解析】

当代是信息社会，知识爆炸，各类图书，各种链接，令人眼花缭乱。读书一定要读有益于身心健康，有利于事业成长之书。因此，切实提高小孩子的甄别能力，鉴赏能力，就非常重要。当今，电脑和手机上有很多链接，不仅有各种电子游戏，甚至还有"黄赌毒"之类的网站。小孩子好奇心强，一旦接触了这些乌七八糟的东西，不仅伤害幼小的心灵，还会影响自己的心志。由此而颓废的人很多，务必引以为鉴。父母和老师等长辈也要以身作则，不该看的不看，不该读的不读，坚决拒绝"黄赌毒"，远离"打打杀杀"的电子游戏，为孩子树立良好的榜样。为了防微杜渐，家长最好对孩子所读之物进行适当查看，预防孩子接触不健康的读物、视频与电子游戏。

【人物】

沈　括

沈括（公元1031年—公元1095年），字存中，号梦溪丈人，汉族，浙江杭州钱塘县人，北宋政治家、科学家。

沈括出身于仕宦之家，幼年随父宦游各地。嘉祐八年（公元1063年），进士及第，授扬州司理参军。宋神宗时参与熙宁变法，受王安石器重，历任太子中允、检正中书刑房、提举司天监、史馆检讨、三司使等职。元丰三年（公元1080年），出知延州，兼任鄜（读音fū）延路经略安抚使，驻守边境，抵御西夏，后因永乐城之战牵连被贬。晚年移居润州（今江苏镇江），隐居梦溪园。绍圣二年（公元1095年），因病辞世，享年六十五岁。

沈括一生致力于科学研究，在众多学科领域都有很深的造诣和卓越的成就，被誉为"中国整部科学史中最卓越的人物"。其代表作《梦溪笔谈》内容丰富，集前代科学成就之大成，在世界文化史上有着重要的地位。《梦溪笔谈》被称为"中国科学史上的里程碑"。

【嘉言】

凡读无益之书，皆是玩物丧志。

出自清代王豫的《蕉窗日记》。王豫，清代嘉庆、道光年间的学者。

《蕉窗日记》之名句有："成德每在困穷，败身多因得志""才不称不可居其位，职不称不可食其禄"等。他强调"治家以'和平'两字为主"。

【故事】

义丐办学

道光十八年（公元1838年），在山东堂邑县西北乡柳林镇西武庄的一户穷苦人家，一个男婴呱呱坠地，因排行第七，就名叫武七。

在武七7岁时，父亲就去世了，他靠着和母亲乞讨度日。在十六七岁的时候，母亲安排他去馆陶县薛店的张变征家做长工，张变征是武七远房姨父，也是清朝贡生。武七在他家负责看果园、喂猪，任劳任怨、勤勤恳恳，一年多过去了，张变征做了一本假账欺哄不识字的武七，一分钱的工钱也没给他，武七愤而离开张家，因此还像疯了一样狂奔三天，并自名"义学症"，在以后兴办义学时的房屋、土地买卖契约上都署名"义学症"，人们也都叫他"义学症"。此后，武七开始以乞讨为生，但遭到家人强烈反对，亲戚朋友都不认他。21岁时，武七决定以乞讨方式积资办义学，目标是使贫苦人家子弟无钱也能读书，让他们读了书而不再被人欺负。

历经30多年，武七在山东、河北、河南、江苏等省，颠沛流离，艰难乞讨。在行乞过程中，他为自己设计了一个奇特发型，以吸引人们的目光。他先是卖掉右边的辫子，剃光了右边的头发；后来又剃光了左边的头发，而在右边又留起一撮头发。还表演"拿大顶""蝎子爬"等节目，或给人当马骑，供人取乐，甚至吃粪便、砖瓦，以得到办学款项。1888年，五十岁的武七用积攒三十多年的钱买了230亩田地作为学田，在堂邑县柳林镇东门外办起了他的第一所义学——崇贤义塾。学校建成以后，他到当地的进士、举人家跪请他们任教，到贫寒人家跪求他们送孩子上学，当年就招收了五十多名学生，学费全免。从此后，开学第一天时，武七都要先拜老师，次拜学生，这种仪式持续多年。第二年，他又在杨二庄兴办了第二所义学。1896年，他死的那年在临清建成了第三所也是最后一所御史巷义塾（现临清武训实验小学）。当年，他去世于御史巷义塾，各界人士一万余人参加了他的葬礼。

武七的义举在当时受到各界普遍高度的评价，山东巡抚张曜下令免征学田钱粮和徭役，并捐银200两。光绪皇帝封他为"义学学正"，赏穿黄袍马褂，敕建"乐善好施"牌坊，并赐名训，取"垂训于世"之意。武训事迹还被国史馆列入孝义传内。为了节省钱，武训终生未娶。后来，中国一代又一代教育家将武训作为教育的先导和效法的楷模。

勿自暴，勿自弃。圣与贤，可驯致。

【译文】

遇到困难或挫折的时候，不要自暴自弃，应该奋发向上，努力学习。圣贤的境界虽高，只要我们持之以恒，循序渐进，努力修学，也是可以达到的。

【注释】

"勿自暴，勿自弃"中的"自暴"意思是自己糟蹋自己。"自弃"意思是自己瞧不起自己。

"圣与贤，可驯致"中的"驯"，读音xún，原意为降服野马，在这里是"逐渐"的意思。

【解析】

唐代大诗人李白写道"天生我材必有用"。不论是读书,还是工作,都不要自暴自弃,坚持就是胜利。人生贵在立志,有了奋斗目标,就有了努力方向。

不论是生活,还是交往,都要结识君子与圣贤。古代的圣贤及当代的英雄都是我们立志学习的榜样。

世上的事,说难不难,说易不易。学习知识,追求真理,由不会到学会,就要不畏艰难,知难而进,勇敢攀登,才能登高而望,一览众山小。

俗话说:"读万卷书,行万里路。"① 理想要与现实相结合,理论要与实践相结合。求真笃正,砥砺前行。要做新儒商,就要见贤思齐,努力实行,义无反顾,勇往直前。

圣人、贤人、君子、小人皆是人,无非觉悟不同,境界有异。只要我们努力上进,奋发有为,矢志不移,坚持不懈,即便是普通商人也是可以成圣成贤。

【人物】

颛 顼

颛顼(读音 zhuān xū),姓姬,黄帝次子昌意之子,生于若水而居帝丘(今河南濮阳),号高阳氏。十岁佐帝少皞,十二而冠,二十岁登帝位,在位78年。颛顼帝改革历法,劝导农耕,战胜水灾,打败共工,统一华夏。颛顼去世后,由黄帝曾孙、玄嚣(少昊)之孙、蟜(读音 jiǎo)极② 之子帝喾继位。

颛顼帝前承炎黄,后启尧舜,奠定了华夏根基,是华夏民族共同的人文始祖。在神话传说中,颛顼是主管北方的天帝,帝颛顼所居玄宫为北方之宫,北方色黑属水,故颛顼以水德为帝,又称玄帝或黑帝。

【嘉言】

世上无难事,只怕有心人。

出自吴承恩的《西游记》。

---

① 明朝著名书画家董其昌《画禅室随笔——卷二》中有:"昔人评大年画,谓得胸中万卷书。更奇,又大年以宗室不得远游,每朝陵回,得写胸中丘壑,不行万里路,不读万卷书,欲作画祖,其可得乎?"清代梁绍壬《两般秋雨庵随笔》卷五有"读万卷书,行万里路,有耀自他,我得其助"之语。民间也流传一段话:"读万卷书,不如行万里路;行万里路,不如阅人无数;阅人无数,不如名师指路;名师指路,不如自己去悟。"

② 蟜极,姬姓,黄帝和嫘祖之孙,玄嚣之子,帝喾之父,尧、契、后稷之祖父。

《西游记》第二回：悟空道："这个却难！却难！"祖师道："世上无难事，只怕有心人。"悟空闻得此言，叩头礼拜。南宋陈元靓《事林广记》第九卷："世上无难事，人心自不坚。"

为人处世，不论是学习，还是经商，都难免遇到各种困难。要克服困难，就得下定决心，坚定信心，不能轻易半途而废。一个人，只要肯下决心去做，世界上也就没有什么办不好的事情了。

【故事】

鸿 泰 商 训

"鸿泰商训"，亦称"汪家商训"，又称"徽商古训"。在电视剧《新安家族》第一集中，鸿泰学堂中所有小学徒们每天一大早都齐声背诵这一经商的名训。"鸿泰商训"是徽商中最受推崇的商训，也是古代商道精神与文化在徽商身上的具体体现。

据说，古代徽州比较大的家族基本上都有这类家训。"鸿泰商训"是这类家训之集大成，目的在于促使商人在商道人生中，弘扬儒的精神，树立商业伦理道德。其实，商道中有人道，人道中见天道。

"鸿泰商训"突出了诚、和、衡、信、需、均、真、义、正等九个方面的理念，九九归一，就是商道，就是仁道，就是自强不息、厚德载物的天地精神。"鸿泰商训"在当今商业经营中仍具有积极的意义与重要的价值。

斯商，不以见利为利，以诚为利；
斯业，不以富贵为贵，以和为贵；
斯买，不以压价为价，以衡为价；
斯卖，不以赚赢为赢，以信为赢；
斯货，不以奇货为货，以需为货；
斯财，不以敛财为财，以均为财；
斯诺，不以应答为答，以真为答；
斯贷，不以牟取为贷，以义为贷；
斯典，不以值念为念，以正为念。

附录1:《弟子规》全文

在系统全面解析《弟子规》之后,在此附上《弟子规》全文是为了方便读者每天念诵。每天诵读《弟子规》,不仅有助于人们尽孝悌之道,更好地修身行善,而且有助于扩大胸怀与格局,提高境界与觉悟。不论是做人,还是做事;不论是经商,还是从政;不论是居家,还是在外。只要我们把人做真、做正、做好了,皆能有所成就!诵读《弟子规》是基础,践行《弟子规》是关键。一个人若能力行《弟子规》,必然造福家庭,造福人民,造福众生,造福国家,造福社会。

总　叙

弟子规,圣人训。首孝弟,次谨信。
泛爱众,而亲仁。有余力,则学文。

入　则　孝

父母呼,应勿缓。父母命,行勿懒。
父母教,须敬听。父母责,须顺承。
冬则温,夏则凊。晨则省,昏则定。
出必告,反必面。居有常,业无变。
事虽小,勿擅为。苟擅为,子道亏。
物虽小,勿私藏。苟私藏,亲心伤。
亲所好,力为具。亲所恶,谨为去。
身有伤,贻亲忧。德有伤,贻亲羞。
亲爱我,孝何难。亲憎我,孝方贤。
亲有过,谏使更。怡吾色,柔吾声。
谏不入,悦复谏。号泣随,挞无怨。
亲有疾,药先尝。昼夜侍,不离床。
丧三年,常悲咽。居处变,酒肉绝。
丧尽礼,祭尽诚。事死者,如事生。

出　则　弟

兄道友,弟道恭。兄弟睦,孝在中。

财物轻，怨何生。言语忍，忿自泯。
或饮食，或坐走。长者先，幼者后。
长呼人，即代叫。人不在，己即到。
称尊长，勿呼名。对尊长，勿见能。
路遇长，疾趋揖。长无言，退恭立。
骑下马，乘下车。过犹待，百步余。
长者立，幼勿坐。长者坐，命乃坐。
尊长前，声要低。低不闻，却非宜。
进必趋，退必迟。问起对，视勿移。
事诸父，如事父。事诸兄，如事兄。

谨

朝起早，夜眠迟。老易至，惜此时。
晨必盥，兼漱口。便溺回，辄净手。
冠必正，纽必结。袜与履，俱紧切。
置冠服，有定位。勿乱顿，致污秽。
衣贵洁，不贵华。上循分，下称家。
对饮食，勿拣择。食适可，勿过则。
年方少，勿饮酒。饮酒醉，最为丑。
步从容，立端正。揖深圆，拜恭敬。
勿践阈，勿跛倚。勿箕踞，勿摇髀。
缓揭帘，勿有声。宽转弯，勿触棱。
执虚器，如执盈。入虚室，如有人。
事勿忙，忙多错。勿畏难，勿轻略。
斗闹场，绝勿近。邪僻事，绝勿问。
将入门，问孰存。将上堂，声必扬。
人问谁，对以名。吾与我，不分明。
用人物，须明求。倘不问，即为偷。
借人物，及时还。后有急，借不难。

信

凡出言，信为先。诈与妄，奚可焉。
话说多，不如少。惟其是，勿佞巧。
奸巧语，秽污词。市井气，切戒之。

见未真，勿轻言。知未的，勿轻传。
事非宜，勿轻诺。苟轻诺，进退错。
凡道字，重且舒。勿急疾，勿模糊。
彼说长，此说短。不关己，莫闲管。
见人善，即思齐。纵去远，以渐跻。
见人恶，即内省。有则改，无加警。
唯德学，唯才艺。不如人，当自砺。
若衣服，若饮食。不如人，勿生戚。
闻过怒，闻誉乐。损友来，益友却。
闻誉恐，闻过欣。直谅士，渐相亲。
无心非，名为错。有心非，名为恶。
过能改，归于无。倘掩饰，增一辜。

泛 爱 众

凡是人，皆须爱。天同覆，地同载。
行高者，名自高。人所重，非貌高。
才大者，望自大。人所服，非言大。
己有能，勿自私。人所能，勿轻訾。
勿谄富，勿骄贫。勿厌故，勿喜新。
人不闲，勿事搅。人不安，勿话扰。
人有短，切莫揭。人有私，切莫说。
道人善，即是善。人知之，愈思勉。
扬人恶，即是恶。疾之甚，祸且作。
善相劝，德皆建。过不规，道两亏。
凡取与，贵分晓。与宜多，取宜少。
将加人，先问己。己不欲，即速已。
恩欲报，怨欲忘。报怨短，报恩长。
待婢仆，身贵端。虽贵端，慈而宽。
势服人，心不然。理服人，方无言。

亲 仁

同是人，类不齐。流俗众，仁者希。
果仁者，人多畏。言不讳，色不媚。
能亲仁，无限好。德日进，过日少。

不亲仁，无限害。小人进，百事坏。

余 力 学 文

不力行，但学文。长浮华，成何人。
但力行，不学文。任己见，昧理真。
读书法，有三到。心眼口，信皆要。
方读此，勿慕彼。此未终，彼勿起。
宽为限，紧用功。工夫到，滞塞通。
心有疑，随札记。就人问，求确义。
房室清，墙壁净。几案洁，笔砚正。
墨磨偏，心不端。字不敬，心先病。
列典籍，有定处。读看毕，还原处。
虽有急，卷束齐。有缺坏，就补之。
非圣书，屏勿视。蔽聪明，坏心志。
勿自暴，勿自弃。圣与贤，可驯致。

《弟子规》全文终

附录2：《陶朱公生意经》

《陶朱公生意经》，又称《陶朱公商经》或《陶朱公商训》。由于全文十八行，简明扼要地概括了经商做生意的十八个方面，后人亦称之为《陶朱公经商十八则》。陶朱公传说源于山东定陶，在我国民间及世界华商中广为流传。陶朱公，本名范蠡，字少伯，春秋末期政治家、军事家和经营思想家。相传，范蠡弃官离越后，经齐国西行至陶（今山东定陶），以陶为"天下之中，诸侯四通"，遂定居于陶。定陶之名也由此而始。范蠡经商理财，富甲天下。后世商人尊陶朱公为商祖、财神。《陶朱公生意经》是后人根据陶朱公经营思想加工整理而成，陶朱公的经商原则包含了经营和管理诸多层面，如：审时度势，预测行情；薄利多销，长远经营；质高货真，诚信致富；出奇制胜，善于竞争；识人用人，做好管理。当今，陶朱公的经商思想仍有诸多借鉴价值。商科师生或商人，若能悉心揣摩，领悟其哲理智慧，定会受益匪浅。

生意要勤快，切勿懒惰，懒惰则百事废；
接纳要谦和，切勿暴躁，暴躁则交易少；
价格要订明，切勿含糊，含糊则争执多；
账目要稽查，切勿懈怠，懈怠则资本滞；
货物要整理，切勿散漫，散漫则查点难；
出纳要谨慎，切勿大意，大意则错漏多；
期限要约定，切勿延迟，延迟则信用失；
临事要尽责，切勿放任，放任则受害大；
用度要节俭，切勿奢侈，奢侈则钱财竭；
买卖要随时，切勿拖延，拖延则良机失；
赊欠要识人，切勿滥出，滥出则血本亏；
优劣要分清，切勿混淆，混淆则耗用大；
用人要方正，切勿歪斜，歪斜则托付难；
货物要面验，切勿滥入，滥入则质价低；
钱账要清楚，切勿糊涂，糊涂则弊端生；
主心要镇定，切勿妄作，妄作则误事多。
工作要细心，切勿粗糙，粗糙则出品劣；
说话要规矩，切勿浮躁，浮躁则失事多；

附录3:《朱熹家训》

  君之所贵者,仁也。臣之所贵者,忠也。父之所贵者,慈也。子之所贵者,孝也。兄之所贵者,友也。弟之所贵者,恭也。夫之所贵者,和也。妇之所贵者,柔也。

  事师长贵乎礼也,交朋友贵乎信也。

  见老者,敬之;见幼者,爱之。有德者,年虽下于我,我必尊之;不肖者,年虽高于我,我必远之。慎勿谈人之短,切莫矜①己之长。仇者以义解之,怨者以直报之,随所遇而安之。

  人有小过,含容而忍之;人有大过,以理而谕之。勿以善小而不为,勿以恶小而为之。人有恶,则掩之;人有善,则扬之。

  处世无私仇,治家无私法。勿损人而利己,勿妒贤而嫉能。勿称忿②而报横逆,勿非礼而害物命。见不义之财勿取,遇合理之事则从。

  诗书不可不读,礼义不可不知。子孙不可不教,童仆不可不恤③。斯文不可不敬,患难不可不扶。守我之分者,礼也;听我之命者,天也。人能如是,天必相之。此乃日用常行之道,若衣服之于身体,饮食之于口腹,不可一日无也,可不慎哉!

【注释】

  ①矜,读音 jīn。《说文解字》上说:"矜,矛柄也。"矜是指自尊、自重或庄重的意思,可以引申为骄傲或者炫耀。试想,一个人拿着长矛站在这里待客,难道没有以矛仗势的味道吗?矜持之人犹冰也,孤傲自赏,人岂能不远离之?"切莫矜己之长"的意思是切莫炫耀自己的长处。这不仅是谦虚谨慎的修养,也是礼貌待客的态度。

  ②忿,读音 fèn。本义为心绪散乱。意思是生气或愤恨。《说文解字》上说:"忿,悁也。"悁,读音 yuān。意思是恼怒。《广雅》上说:"忿,怒也。"

  ③恤,读音 xù。《说文解字》上说:"恤,忧也。"恤是指对人产生同情,生出怜悯之心。"童仆不可不恤"的意思就是对待童仆一定要怜恤。

【解析】

  《朱熹家训》原载于《紫阳朱氏宗谱》。南宋中期,金、蒙南下,赋税苛重,百姓怨声载道,加之儒家衰弱,统治腐朽,纲常破坏,礼教废弛,道德沦丧，理想失落，社会动荡。为了拯救南宋，朱熹以弘扬理学为己任，奉行"格物致知、实践居敬"的教育理念，力主以"存天理、去人欲"为内容的道德修养，力求重整纲常，重建伦理，重塑价值理想。《朱熹家训》正是在这样的背景下产生的。《朱熹家训》虽然是封建社会的产物，长期为封建礼教服务，但其中却不乏有益而丰富的思想，至今仍有借鉴价值与深远影响。《朱熹家训》不愧为家规家训的名篇，寓做人之道理、伦理、情理、事理于一文。空闲之余，若能仔细品味，从中取几个字，悉心揣摩，加以领悟，认真笃行，则可用于修身、齐家、治国、平天下矣。这的确于己、于家、于国、于天下皆有裨益！

附录4：《朱柏庐治家格言》

黎明即起，洒扫庭除，要内外整洁；既昏便息，关锁门户，必亲自检点。一粥一饭，当思来处不易；半丝半缕，恒念物力维艰。宜未雨而绸缪，毋临渴而掘井。自奉必须俭约，宴客切勿流连。器具质而洁，瓦缶[①]胜金玉；饮食约而精，园蔬愈珍馐[②]。勿营华屋，勿谋良田。三姑六婆，实淫盗之媒；婢美妾娇，非闺房之福。奴仆勿用俊美，妻妾切忌艳妆。祖宗虽远，祭祀不可不诚；子孙虽愚，经书不可不读。居身务期质朴，教子要有义方。勿贪意外之财，勿饮过量之酒。与肩挑贸易，毋占便宜；见贫苦亲邻，须多温恤。刻薄成家，理无久享；伦常乖舛[③]，立见消亡。兄弟叔侄，须分多润寡；长幼内外，宜法肃辞严。听妇言，乖骨肉，岂是丈夫？重资财，薄父母，不成人子。嫁女择佳婿，毋索重聘；娶媳求淑女，无计厚奁[④]。见富贵而生谄容者，最可耻；遇贫穷而作骄态者，贱莫甚。居家戒争讼，讼则终凶；处世戒多言，言多必失。毋恃势力而凌逼孤寡，毋贪口腹而恣杀生禽。乖僻自是，悔误必多；颓惰自甘，家道难成。狎昵恶少，久必受其累；屈志老成，急则可相依。轻听发言，安知非人之谮[⑤]诉，当忍耐三思；因事相争，安知非我之不是，须平心暗想。施惠无念，受恩莫忘。凡事当留余地，得意不宜再往。人有喜庆，不可生妒忌心；人有祸患，不可生喜幸心。善欲人见，不是真善；恶恐人知，便是大恶。见色而起淫心，报在妻女；匿怨而用暗箭，祸延子孙。家门和顺，虽饔飧[⑥]不继，亦有余欢；国课早完，即囊橐[⑦]无余，自得至乐。读书志在圣贤，非徒科第；为官心存君国，岂计身家。守分安命，顺时听天；为人若此，庶乎近焉。

【注释】

①缶，读音 fǒu。本义为瓦器，圆腹小口，用以盛酒浆等。缶也是古代汉族的陶制乐器。《说文解字》上说："缶，瓦器，所以盛酒浆，秦人鼓之经节，象形。"

②馐，读音 xiū。本义为美味的食品或精美的食品。馐一般不单用，往往与其他的字组合在一起用。如珍馐、馐膳。珍馐一般是指珍贵而又精美的食品。

③乖，读音 guāi。《说文解字》上说："乖，戾也。"《广雅》上说："乖，背也。"古代，乖的本义为：背离、违背、不和谐等。现代汉语中则常用于褒

义，表示顺从、听话等意思，如"乖乖的"。"小乖乖"则是父母对幼儿的昵称。舛，读音 chuǎn。《说文解字》上说："舛，对卧也。"其本义为相违背、颠倒等。清代段玉裁在《说文解字》中注解："谓人与人相对而休也，相背，犹相对也。"试想，结发夫妻相背而卧，甚至分居，谁也不搭理谁，家庭能和睦吗？又何谈齐家？"乖舛"出自《文选·潘岳》："人度量之乖舛，何相越之辽迥。"乖舛的意思为谬误、差错、不顺遂等。

④奁，读音 lián。奁字从大，从区。"大"指"尺寸大"。"区"意为盛装食物的容器。"大"与"区"联合起来表示"大号的盛食器具"，这是奁字的本义。古代也指盛梳妆用品的匣子，泛指盛放各类器物的匣子。厚奁意思是指丰厚的嫁妆。

⑤谮，读音 zèn。其含义为：说别人的坏话，诬陷，中伤等。《玉篇》上说："谮，谗也。"《韩非子·奸劫弑臣》上说："处非道之位，被众口之谮。"

⑥饔，读音 yōng。专指早餐，泛指熟食，也有做饭、烹煮等含义。飧，读音 sūn。专指晚饭，亦泛指熟食、饭食等。孟子曰："贤者与民并耕而食，饔飧而治。"（见《孟子·滕文公上》。赵岐注解："饔飧，熟食也。朝曰饔，夕曰飧。"

⑦囊，读音 náng。一般是指装有物品的口袋，如成语"探囊取物"，又如"负书担囊"。橐，读音 tuó。也是指口袋。《说文解字》上说："囊，橐也。"囊橐泛指用于储存钱财或物品的口袋或袋子。《诗·大雅·公刘》："乃裹糇粮，于橐于囊。"毛传："小曰橐，大曰囊。"郑玄笺："乃裹粮食于囊橐之中。"

【解析】

《朱柏庐治家格言》是我国古代家规家训的名篇，虽有一定的历史局限性，但于今仍有重要的借鉴价值与启迪意义。熟读这篇治家格言，小则可修身，中则可齐家，大则可治国、平天下。其语言优美，便于记忆。全文多有对仗，浑然一体，对子孙乃至后人用心良苦，跃然纸上。今细细品味，其余音犹在，余味犹香也。"一粥一饭，当思来处不易；半丝半缕，恒念物力维艰""居身务期质朴，教子要有义方""伦常乖舛，立见消亡""家门和顺，虽饔飧不继，亦有余欢；国课早完，即囊橐无余，自得至乐""读书志在圣贤，非徒科第；为官心存君国，岂计身家"等名句朗朗上口，微言大义，的确值得我们好好品味，若能终生笃行，必有裨益！

后记

发愿心，求道心，增信心，弘儒兴商，尽吾心；

崇国士，尚勇士，做义士，立德树人，甘为士。

《说文解字》上说："志，意也。"《国语·晋语》上说："志，德义之府也。"《毛诗序》上说："在心为志。"《春秋·说题辞》上说："思虑为志。"孟子说："夫志，气之帅也。"孔子说："志于道，据于德，依于仁，游于艺。""志于道"乃士子之心意也。心上有士，才为志。孔子说："人能弘道，非道弘人。"道是一种客观存在，人则具有主观能动性，能够探索道、认识道、弘扬道。人通过对道的认识与弘扬，在人群与社会中立德，从而形成激励或约束人群及社会行为的道德规范。

早在两千五百多年前，孔子就率先开创了民间教育模式。一代又一代的民间教育家为国家培养了"士"这个阶层。士，事也。数始于一，终于十。从一从十。推十合一为士。士者，任事之称也。引申之，凡能事其事者，皆称为士。士为上古掌管刑狱之官。在商朝、西周、春秋时期，士为贵族阶层，多为卿大夫的家臣。春秋末年以后，"士"逐渐成为统治阶级中知识分子的统称。战国时期，有著书立说的学士，有为知己者死的勇士，有懂阴阳历算的方士，还有为人出谋划策的谋士等。弘道立德、经世济民、救死扶伤、保家卫国就是士的神圣责任。不管哪个朝代，哪个国家，"士"阶层都是不可或缺的，"士"在国家兴亡中肩负着重要而神圣的责任。

2003年3月，本人出任河北地质大学（原石家庄经济学院）商学院院长，以"弘扬儒学，培育新儒商"为人生使命！2020年7月，本人退居二线，培育新儒商的初心愈加坚定！2016年，在我的倡议下，商学院连续五年举办了五期新儒商试点班。我和赵现锋博士为新儒商班的学生共同讲授"易经智慧与儒商管理"课程，我讲12课时，他讲20课时。在授课中，我悉心听了他三轮课，感到受益匪浅。赵现锋博士长期研究、弘扬中华优秀传统文化，尤其对《易经》研究颇深，有独到见解。

恩格斯指出："正像达尔文发现有机界的发展规律一样，马克思发现了人类历史的发展规律，即历来为繁芜丛杂的意识形态所掩盖着的一个简单事实：人们首先必须吃、喝、住、穿，然后才能从事政治、科学、艺术、宗教等等。"① 美国著名社会心理学家马斯洛将人的需求分为生理、安全、社交、尊重和自我实现五个层次。人的需要与追求，是人类创造的动力。人立于需旁，人需和合为儒。做人阳光一些，需求少一些，幸福就多一些，烦恼也就少一些。儒，需人也，人需也。儒，君子之德也，天地之道也。《说文解字》上说："商，由外知内也。"做新一代儒商，贵在满足人之需，克制己之需；引导人之需，驾驭己之需。做新儒商，贵在立人立己，达人达己。世上多一个儒商，就可能少一个奸商。以培育新儒商为使命，弘儒兴商，推动商业焕发新风尚。

孟子曰："人有恒言，皆曰'天下国家'。天下之本在国，国之本在家，家之本在身。"（出自《孟子·离娄章句上》）。修身是齐家之本，不修身焉能齐家？齐家是治国之本，不齐家焉能治国？治国是平天下之本，不治国焉能平天下？家庭是社会的基本单元，孩子是家庭的未来，父母是孩子的第一任老师，教育孩子责任重大，父母有不可推卸的义务。人生第一件大事就是把孩子教育好，切实提高孩子对道德、规矩、善恶、好坏的认知能力。如果没有把孩子教育好，即便很富有，也不一定幸福。

我们长期学习《弟子规》，决心下足功夫写好《本立道生——习弟子规做新儒商》这本书。有人说，《弟子规》就是垃圾，就是封建糟粕，就是一棵大毒草。还有人说，《弟子规》培养不出健全的人格，只能培养"小奴才"。此类文章的作者说的也有一定道理。在长期研读《弟子规》中，我们也感到书中的确有一些糟粕。我们认为，家长和孩子在学习《弟子规》时，要注意甄别，有所取舍，以便适合自己和孩子。2020年秋季，有个北京朋友曹雯来看我，她跟我说，孩子刚上小学，老师让孩子背诵《弟子规》。孩子有时问她《弟子规》中的问题，有些问题把她都难住了，不知如何回答？的确有不少为人父母者没读过《弟子规》。只有父母读懂了《弟子规》，才能更好地引导孩子。因此，她非常期待能读到我们写的这本书。这对我们是莫大的鼓励。

为了更好地帮助大家理解《弟子规》，本书针对每一行十二个字进行研读，并分译文、注释、解析、人物、嘉言、故事，根据行文需要在个别地方插入"附记"。具体说：（1）译文是将弟子规的每一行十二个字，译为白话文。在译文时，尊重原文，力求准确、通俗、易懂。（2）注释是对孩子们难认、容易读错的字词进行注解，以便准确掌握字义。（3）解析是对这十二个字进行深度解

---

① 马克思于1883年3月14日在英国伦敦逝世。3月17日，安葬于伦敦城北的海格特公墓。《在马克思墓前的讲话》是恩格斯作为马克思的亲密战友在马克思墓仪上发表的讲话。该文选自《马克思恩格斯选集》第三卷，人民出版社，1995年版。2022年11月28日是恩格斯诞辰202周年。在此，向伟大的思想家、哲学家、革命家，马克思主义的创始人之一恩格斯致以崇高的敬意！

读，拓宽知识面，以启迪人心，激励人志。（4）人物主要选取有教育意义的人物，有圣人，也有伟人；有学者，也有科学家；有帝王将相，也有平民百姓。让这些人物活生生地展现出来，给人以力量，起到榜样的作用。（5）嘉言是选择名人名言或箴言，通过解读这些名言，以激发人的上进心。（6）故事则尽量选取通俗有趣、寓教于乐的人物事迹，以激励人的心志，加强人的修养。本书有意选取一些古今商人的故事或典型事迹，为培育新儒商强心壮行。

在本书的编写中，苗泽华负责总体策划，并负责前言、《弟子规》总叙、第一章、第二章、第三章、第四章、附录1、附录4和后记的撰写，赵现锋负责第五章、第六章、第七章、附录2和附录3的撰写，由苗泽华负责全书的修改与校对。

人生贵在知恩、感恩、报恩。首先是报天地化育之恩，没有天地，就没有众生。天地无私，自强不息，厚德载物，赋予人的本善天性。其次是报父母养育之恩，没有父母，也就没有我们自己，父母的恩德一辈子报答不完，尽孝行悌，就是一种报恩方式，也是做人的义务。再次是报答夫妻及家庭和乐之恩，让家庭充满快乐幸福。为富裕美好的生活而努力奋斗，也是一种报恩方式。最后是报答领导、老师、同学、同事、朋友的恩德，让社会充满正气，让人间充满情义。以自己的本善天性和知恩、感恩、报恩之心改造自己，改变环境，改良社会。行文至此，我不仅想到了自己的父母、妻子、孩子、兄弟姐妹，还想到了攻读学士、硕士、博士期间的诸位恩师。我衷心感谢学士论文指导教师河北大学李子植副教授，硕士和博士论文指导教师北京理工大学金胜谟教授和李金林教授。我还要真诚感恩1999年7月为我和赵淑琴、谢军安、郝建民合著的《中国市场经济构筑与发展》一书题写书名的原国家经济委员会主任、中国人民大学原校长袁宝华先生。袁老德高望重，热心提携后生晚辈，永远是我学习的榜样。2022年12月18—30日，我和赵现锋博士一起参加了中山大学黎红雷教授主讲的"首届新儒商智慧线上传习班"。在学习期间，尽管我生病了，夜里发高烧，浑身不得劲儿，但依然坚持认真听讲、做笔记、写心得，高质量地完成老师布置的作业。黎先生年近古稀，却始终坚持弘扬儒学、培养新儒商。黎先生师德高尚，勇毅前行，是我终身学习的楷模和导师。黎先生讲课生动，简明扼要，深入浅出，理论联系实际，尤其他讲的青岛海尔集团、山西天元集团、东莞泰威公司、宁波方太集团、苏州固锝公司等新儒商典范企业的事迹，使我感到震撼！黎红雷先生的教诲、关心与厚爱，给了我莫大的动力，更加坚定了我"弘扬儒学，培育新儒商"的人生使命。山西阳泉天元集团创始人李景春先生和东莞泰威公司创始人李文良先生提供了诸多资料，给予了鼎力支持，其典型事迹使我们深受启发。诸位老师的大恩大德永远激励着我们向上、

后记

向善、向前！在我们的一生中，很多人对我们有恩，真是说也说不尽，报也报不完。但一颗知恩、感恩、报恩的心要永存心中，永留人间。

在本书出版中，得到了中国轻工业出版社张弘老师的大力支持。编辑谢兢老师认真负责，悉心编辑，精益求精，令人感动。本书的出版还得到了企业管理出版社分社社长寇俊玲老师的帮助。本书的研究与撰写得到了河北地质大学原校长王凤鸣教授、副校长冯鸿雁教授和管理学院院长王汉新教授的大力支持。在长期教学科研及本书的撰写过程中，还得到了我妻子李金英教授的理解与支持。有时，就书中嘉言和故事的选取等诸多细节，我还与她反复探讨，耽误了她不少工夫。我们在本书撰写过程中，参考了大量的书籍文章以及百度百科上的资料。虽然书后列了部分参考文献，仍可能挂一漏万。若有遗漏，敬请作者谅解。在此，我们一并表示衷心感谢、感激与感恩。书中难免有不妥或纰漏之处，敬请诸位专家、学者和读者批评指正。

著书期间，喜逢党的二十大胜利召开。几个月来，通过系统深入地学习领会党的二十大报告精神，我们感到催人奋进，信心倍增，更加感到文化自信、自立自强的重要性。传承中华优秀传统文化，培育具有"共同富裕"家国情怀的新儒商，着力推动中国式现代化建设，任重而道远。在此，特以本人的一首小诗与诸位读者共勉：

    本立道生日月长，躬行孝悌序伦常。
    天地人和民风厚，立德树人安家邦。
    守正守业守初心，自信自立自刚强。
    亲子共读弟子规，勇做当代新儒商！

苗泽华
2023年2月6日（癸卯正月十六）写于正定众美凤凰府

参考文献

[1]习近平.习近平谈治国理政[M].北京：外文出版社，2014.

[2]习近平.高举中国特色社会主义伟大旗帜 为全面建设社会主义现代化国家而团结奋斗[M].北京：人民出版社，2022.

[3]习近平.扎实推动共同富裕[J].求是，2021，(20)：4-8.

[4]中共中央党史和文献研究院，中央"不忘初心、牢记使命"主题教育领导小组办公室.习近平关于"不忘初心、牢记使命"重要论述选编[M].北京：党建读物出版社，2019.

[5]陈国庆，注释.论语[M].西安：陕西人民出版社，1996.

[6](东汉)许慎.说文解字[M].(清)段玉裁，注.上海：上海古籍出版社，2014.

[7]陈国庆，张爱东，注译.道德经[M].西安：三秦出版社，1995.

[8]李毓秀.弟子规图说[M].贾存仁，修订.北京：中国华侨出版社，2012.

[9]李毓秀.弟子规[M].上海：上海古籍出版社，2010.

[10]刘保民，周琳.李毓秀考略[J].山西社会主义学院学报，2015，(1)：72-78.

[11]王东成，程金萍.弟子规读本[M].南京：江苏凤凰科学技术出版社，2019.

[12]陈欣.宝重《弟子规》[M].成都：巴蜀书社，2012.

[13]张振鹏.学《弟子规》做中华好老师[M].青岛：青岛出版社，2017.

[14]王玉峰，李锡琴.小学生必备国学读本：弟子规[M].沈阳：辽宁少年儿童出版社，2013.

[15]李明哲.四书五经[M].乌鲁木齐：新疆少年出版社，2002.

[16]赵萍.孝经[M].长春：吉林大学出版社，2010.

[17]孟轲.孟子[M].太原：山西古籍出版社，1999.

[18]王俊闯.弟子规密码[M].北京：中国文联出版社，2010.

[19](西汉)司马迁.史记[M].杨忠贤，李解民，吴树平，选评.北京：中国少年儿童出版社，2001.

[20]南怀瑾.易经杂说[M].上海：复旦大学出版社，2002.

[21]南怀瑾.易经系传别讲[M].北京：东方出版社，2015.

[22]南怀瑾.论语别裁[M].上海：复旦大学出版社，2016.

［23］冯友兰.中国哲学简史［M］.北京：新世界出版社，2004.
［24］曾仕强.易经的智慧［M］.西安：陕西师范大学出版总社有限公司，2010.
［25］钱穆.孔子传［M］.上海：生活·读书·新知三联书店，2002.
［26］杜维明.现代精神与儒家传统［M］.上海：生活·读书·新知三联书店，1997.
［27］纪良纲.商业企业伦理学［M］.北京：中国人民大学出版社，2005.
［28］（宋）朱熹，吕祖谦.近思录全译［M］.于民雄，译注.贵阳：贵州人民出版社，2009.
［29］（明）王阳明.传习录·书信［M］.陈明，等，注释.武汉：华中科技大学出版社，2016.
［30］胡适.哲学的盛宴（中国篇）［M］.北京：新世界出版社，2014.
［31］陈树文.周易与人生智慧［M］.北京：清华大学出版社，2010.
［32］许文胜.大成之道［M］.北京：东方出版社，2008.
［33］许文胜.和谐之道［M］.北京：东方出版社，2008.
［34］张钢.论语的管理精义［M］.北京：机械工业出版社，2015.
［35］梁漱溟.人心与人生［M］.上海：上海人民出版社，2011.
［36］杨朝明.孔子家语通解［M］.济南：齐鲁书社，2009.
［37］张格，高维国.诸子箴言［M］.石家庄：河北人民出版社，1998.
［38］方麟.弟子规有声读本［M］.北京：民主与建设出版社，2019.
［39］夏初，惠玲.校释.蒙学十篇［M］.北京：北京师范大学出版社，1993.
［40］中华传统美德故事——启迪心灵的钥匙（第四版）［M/OL］.弟子规公益网. http：//www.dizigui.cn/qidixilie.asp.
［41］陈才俊主编.弟子规［M］.北京：海潮出版社，2011.
［42］弟子规易解［OL］.弟子规公益网.http：//www.dizigui.cn/playdzgflv.asp?gqbh=19001&gqjs=1.
［43］郭敬燕.中华经典故事：弟子规故事［M］.北京：中华书局，2011.
［44］王阳光.弟子规故事［M］.北京：海豚出版社，2007.
［45］张立华.孔子父母"野合"及《檀弓》真伪考辨［J］.古籍整理研究学刊，1997，（1）：47-49.
［46］刘晓雪.孔孟之成长与家庭教育［J］.中国教师，2010，（23）：41-42.
［47］戴丽丽.孔母颜征在的家教故事［J］.家庭教育：中小学版，2009，（10）：45.
［48］戴丽丽.孔子母亲的家教观［J］.教育文汇，2009，（02）：49-50.
［49］周国荣.孔母"颜征在"考辨［J］.苏州大学学报，1997，（02）：92-95.

［50］曹定云.伏羲、女娲图像探源——兼论伏羲、女娲氏族的发源地［J］.海岱学刊，2016，（2）：1-9.

［51］段洁文.伏羲传说与中华文化考论［J］.今古文创，2022，（40）：25-26.

［52］纪燕.女娲造人神话文化意义阐释［J］.教育与教学研究，2007，（07）：20-21+128.

［53］王亚娥.炎帝传说与黄帝传说之同［J］.安康学院学报，2007，（06）：86-89.

［54］高强.齐鲁与炎黄关系论［J］.地域文化研究，2020，（3）：1-8+153.

［55］王晖.《五帝本纪》得与失：论司马迁的上古史观［J］.史学史研究，2020，（2）：7-19.

［56］筱一.仓颉造字［J］.翠苑·艺，2021，（06）：14-17.

［57］王长寿，杨梦丹.仓颉造字传说［J］.少年月刊，2021，（07）：36-37.

［58］张环.从尧选贤所想到的［J］.中国人才，1994，（02）：39.

［59］一慢，海涛.舜的故事［J］.阅读，2018，（41）：16-19.

［60］海子.虞舜的故事［J］.观察与思考，2016，（18）：18.

［61］吴艳，改改.禹的故事［J］.中国漫画，2020，（09）：22-23.

［62］吴艳，改改.周文王的故事［J］.中国漫画，2020，（12）：22-23.

［63］徐文成，刘生（图）.姜太公的传说［J］.中国钓鱼，2020，（11）：58-59.

［64］杨海文.孟母教子：从故事到传统［J］.中国民族博览，2020，（9）：93-95.

［65］李汉秋，王慧茹.孟母教子懿范千秋［J］.前进论坛，2007，（03）：20-21.

［66］李云贵.名人孝亲故事［N］.团结报（文化周刊·茶馆版），2020，（05）：30.

［67］樊庆军.闵子骞［J］.机构与行政.2019，（03）：60.

［68］沈文.魏征进谏［J］.前线.2015，（07）：122.

［69］王福星.隋唐往事：李世民在李渊睡着的时候号啕大哭，哭出了大唐万里江山［EB/OL］.https：//www.sohu.com/a/233350421_617763.

［70］黎芸.析文景之治［J］.新校园（上旬），2015，（07）：23.

［71］杞子兰.中华儒商第一人子贡［J］.躬耕（天下豫商），2008，（1）：62-63.

［72］孙玉良.端木赐为何能成为中华儒商鼻祖［J］.中国经济周刊，2007，（9）：51.

［73］唐金培.子贡儒商精神的历史意蕴与当代价值［J］.河北学刊，2015，（5）：60-63.

［74］王文章.端木子贡生平事略考［J］.中州今古，2003，（5）：67-68.

［75］郑楠.周太王亶父没有"古公"之雅号［J］.史林，1992，（01）：95-96.

［76］陆璐."泰伯奔吴"考辨［J］.中学历史教学参考.2021，（08）：53-56.

［77］阴山，杨寰.羑里：周文王的智慧操练［J］.中华遗产，2007，（7）：77-85.

［78］邓学青.周公旦［J］.黄河.黄土.黄种人，2022，（03）：63-64.

［79］夏至.司马光［J］.史志学刊，2022，（03）：65.

［80］许全兴."继往圣绝学"能"为万世开太平"吗？——张载"四为句"之我见［J］.北京行政学院学报，2022，（02）：1-9.

［81］葛涛.YKK："善的循环"经营哲学［J］.中国经贸画报，1998，（03）：79.

［82］丁宏武，解光穆.黄石公故事献疑［J］.甘肃社会科学，2003，（02）：32-35+46.

［83］徐日辉.治家与治国：两"朱子家训"漫议［J］.朱子学刊，2009，（00）：417-424.

［84］李想.子路负米［J］.少儿国学，2019，（16）：10-11.

［85］孙建滨，刘奎杰，乔万敏.朱熹与陆九渊"鹅湖会"的再思考［J］.沈阳农业大学学报（社会科学版），2010，12（03）：368-370.

［86］秦绮红.运用朱熹故事引领小学生学习朱子家训［J］.知识文库，2016，（01）：61+63.

［87］胥高婕.《朱子家训》对当代家庭德育的启示［J］.科教文汇（中旬刊).2018，（08）：20-22.

［88］戴木茅.古代迎合型自污的政治哲学阐释——以萧何买田为例进行的考察［J］.文史哲.2022，（04）：156-164+168.

［89］吴红梅.雷锋的故事［M］.成都：四川文艺出版社，2022.

［90］高可馨.为中华之崛起而读书［J］.少先队活动，2022，（09）：37.

［91］谢兰凤.陶朱公传说：领略商圣文化［J］.文化月刊，2017，（9）：40-43.

［92］刘孟达.范蠡的"共同富裕"思想及其当代鉴示［J］.作家天地，2022，（07）：38-40.

［93］娄荫池.财神范蠡经商传奇［J］.理财，2009，（07）：42.

［94］翁礼华.古代13位理财家——连载之三：范蠡理财之道［J］.新理财（政府理财），2010，（11）：94-96.

［95］东方.中国商业史上十大著名商人（下）［J］.商业文化，2019，（7）：68-81.

［96］王晓鹃.从《史记·货殖列传》看企业家精神在早期经济活动中的表现［J］.渭南师范学院学报，2020，（10）：6-14.

［97］高建军.深谋远虑、一心为公的赵云［J］.小学生必读（高年级版），2021，（06）：34-35.

［98］王淑芝.季汉丞相诸葛亮［J］.小学生必读（中年级版），2022，（04）：44-45.

［99］李昊.蜀汉贤相诸葛亮［J］.巴蜀史志，2020，（05）：36-37.

［100］闫谨.霍光：谨慎勤奋 成就大业［J］.人才资源开发，2012，（12）：101-102.

［101］曹孟莎.嫘祖养蚕［J］.美与时代（城市版），2020，（08）：136.

［102］毛雨辰.赵匡胤之"得天下"与"治天下"［J］.河西学院学报，2014，30（01）：91-95.

［103］孙梦菱.忆苦思甜，中华美德代代传；发愤图强，优秀争做华夏人［EB/OL］.豆丁网.https://www.docin.com/p-291305569.html&s%3D09433816C977C1B816FCE91A293997C3.

［104］杨慎－明代文学家、官员［EB/OL］.360百科.https://baike.so.com/doc/4577619-4788867.html.

［105］刘立祥.杨慎：辛未状元的悲壮人生［J］.文史天地，2021，（12）：47-51.

［106］梁建华，温键键.李嘉诚的第一桶金［J］.领导文萃，2001，（03）：71-75.

［107］张以弘.一分钱与一百元［J］.温州瞭望.2007，（Z1）：169.

［108］午赫.陈平逆袭：没爹拼什么［J］.文史天地，2022，（06）：74-76.

［109］宋立林.子思生卒及师承考述［J］.人文论丛，2018，29（01）：79-85.

［110］董燕翔.杜康与酒［J］.陕西档案，2017，（06）：18-19+17.

［111］董政.相国寺的"酒色财气诗"［J］.新长征（党建版），2017，（08）：62-63.

［112］佳节."曹鼎不可"的启示［J］.正气，2000，（09）：31.

［113］昭义.曾国藩背书［J］.高中生，2018，（19）：51.

［114］吕骥.关于公孙尼子和《乐记》作者考［J］.中国音乐学，1988，（03）：4-12.

［115］王长城.朱寿昌辞官寻母故事叙考［J］.文教资料，2018，（12）：57-58.

［116］陈正.河北孝子17年踏遍四省千村找到失踪母亲［J］.乡镇论坛，2010，（24）：18-20.

［117］一行.推敲［J］.少儿国学，2021，（14）：22-24.

［118］缪哲.孔子师老子［J］.古代墓葬美术研究，2011，（00）：65-120.

［119］李广良．老子与《老子》之"道"［J］．团结，2022，（02）：68-70.

［120］柴新竹．怀橘遗亲［J］．好家长，2011，（19）：28.

［121］李宪堂．从《管子》看管仲［J］．金融博览，2020，（11）：66-67.

［122］林升文．《管子》：倡导"礼义廉耻"阐发本原道德［N］．福建日报，2020.6.29.

［123］成语典故：一诺千金［J］．学苑创造（B版），2009，（12）：38-39.

［124］曾祥明．郭开毁赵［J］．领导文萃，1995，（04）：90-91.

［125］天一．廉颇、蔺相如：广为传颂的"将相和"［J］．月读，2020，（07）：4-15.

［126］张恒．心的性化：荀子与儒家心学初成［J］．齐鲁学刊，2022，（02）：16-24.

［127］蔡相龙．彦光易俗［J］．创造，2018，（10）：67.

［128］金敏．辩者邓析［J］．读书，2019，（04）：127-135.

［129］韩非．曾子杀猪［J］．现代语文，2003，（05）：8.

［130］揣松森．《宋子》研究综述［J］．湖北工程学院学报，2012，32（05）：51-53.

［131］大秋．张仪欺楚［J］．课外阅读，2005，（02）：20-21.

［132］周海生，刘璐．子张里籍与生平考析［J］．管子学刊，2019，（04）：115-122.

［133］齐雷杰，赵文．前赴后继的"生死救援"——记黄骅市冰河救人英雄白宝海和郑炳强［EB/OL］．http：//kejiao.cntv.cn/program/2011ddmf/ 20110802/100770.shtml.

［134］彭波．爱心接力 生死营救［N］．人民日报，2010-04-03，007版.

［135］马跃．孔子弟子冉耕系列考［J］．北方文学，2017，（24）：271.

［136］丁奕．颜回故事的流变及其原因［D/OL］．专辑：哲学与人文科学，2008年第05期．https://kns.cnki.net/kcms2/article/abstract?v=3uoqlhG8C475KOm zrgu4lQARvep2SAkAYAgqaTO4OyKkcOJ4w 0uFAmXnCT5oCaUUWGyXpB8z5giydh3gNnuMykh4Z3wjih&uniplatform=NZKPT.

［137］姚志卫．颜回拒财［J］．科技文萃，1994，（11）：152.

［138］襄阳孙金福．哲理故事："三八二十三"的故事［EB/OL］．2017-07-01，http：//www.360doc.com/content/17/0701/07/30486777_667885922.shtml.

［139］刘伟．"德行"维度分析——以颜渊、闵子骞、冉伯牛、仲弓为例［J］．孔子研究，2014，（02）：25-29.

［140］柴永昌．仲弓思想散论［J］．华夏文化，2011，（04）：10-13.

［141］梁晨．孔安国生卒时间及生平事迹考［J］．群文天地，2012，（20）：141.

［142］王欢.安贫乐道［EB/OL］.https://baike.so.com/doc/5675153-5887824.html.

［143］纪亚兰."朱买臣休妻"故事的流变［J］.青年文学家.2021,（06）：72-73.

［144］毕沅.岳飞［J］.初中生世界,2022,（Z2）：30.

［145］房连水.从"油炸桧"说起［J］.北京观察,1999,（08）：51-52.

［146］巩秋彤.刘备形象的形成、演变及叙事分析［D］.山东大学硕士论文,硕士电子期刊,2017,（02）.

［147］郑言平.刘备托孤永安宫［J］.上海集邮,1998,（07）：7.

［148］吕庙军."赵盾弑君"发微［J］.邯郸学院学报.2011,21（02）：26-30.

［149］洋洋兔.赵盾劝谏晋灵公［J］.兴趣阅读.2018,（30）：11-13.

［150］荣紫卿,张叶妹.过五关斩六将［J］.作文新天地,2022,（30）：44-45.

［151］刘雪璁.关公的传说［J］.前线,2018,（09）：98-100.

［152］石冬煤.董仲舒生平考辨［J］.保定师范专科学校学报,2003,（01）：84-86.

［153］李奎良.儒学中兴从衡水走来［J］.衡水学院学报,2022,24（2）：18-21.

［154］江增辉."儒道经营"与"爱拼会赢"——浅析徽闽商帮的文化差异［J］.福建商业高等专科学校学报,2007,（4）：3-5.

［155］郎咸平.古商帮不是好榜样［J］.商界（评论）,2010,（10）：104.

［156］陶昱明.清徽商的家庭教育［J］.科教文汇,2009,（8）：45转93.

［157］张俊英.范仲淹学术思想研究［D］.延安大学硕士论文,硕士电子期刊,2014,（01）.

［158］文苕.不为良相,当为良医［J］.养生月刊,2022,43（02）：182-183.

［159］吴秋铭.姜太公为什么钓到了周文王？［J］.大科技（百科探索）,2007,（10）：14-15.

［160］王运启."商圣白圭"的商道智慧［J］.农经,2018,（02）：72-75.

［161］郭霞.治生祖白圭经营方略新探［J］.江苏商论.2017,（09）：17-20.

［162］张守军.白圭的取予之道［J］.商业研究,1993,（07）：39-40.

［163］张麒.晋商乔致庸用对了两个人［N］.深圳特区报,2019.04.16.

［164］庖丁,宋艳君.乔致庸：他是传奇［J］.躬耕（天下豫商）,2008,（06）：10-11.

［165］武世刚.乔致庸和乔氏家族［J］.山西档案,2006,（03）：49-51.

［166］姚意克.乔致庸的家学与商道［J］.商业文化,2006,（06）：44-45.

［167］廖强.韩非生平述要［J］.重庆三峡学院学报,2003,（01）：61-64.

［168］洪晶晶.论《说难》的说服思想［J］.才智,2015,（35）：207.

［169］宁稼雨.刘伶：被曲解和低估的一代酒神［J］.文史知识，2021，（01）：29-38.

［170］陈文庆.百丈怀海及其语录［D］.福建师范大学硕士论文，硕士电子期刊，2013，（02）.

［171］曾安.曾国藩：为人处世戒多言［J］.人才资源开发，2012，（05）：99.

［172］谢清平，夏丹.唐代鸿儒孔颖达的教育思想庶谈［J］.兰台世界，2014，（09）：131-132.

［173］周一.改变中国商业史的20个关键时刻之张瑞敏砸冰箱［J］.中国企业家，2005，（24）：123.

［174］杨天宇.郑玄生平事迹考略［J］.河南大学学报（社会科学版），2001，（05）：8-12.

［175］杜钢.《太上感应篇》德育思想浅析［J］.中国道教，2005，（01）：41-42.

［176］张健.沈万三之谜［J］.江苏政协，2007，（11）：55-56.

［177］陈兆弘.江南巨富沈万三的致富与衰落［J］.苏南乡镇企业，1995，（05）：30-31.

［178］炫富的代价［J］.国学，2013，（02）：51.

［179］金湛东.明朝巨富沈万三：把握平衡法则［J］.东方企业文化，2011，（09）：64-67.

［180］杞子兰.商业始祖王亥［J］.躬耕（天下豫商）.2008，（03）：61-62.

［181］任鉴."商人"的来历［J］.东方企业家，1995，（10）：43.

［182］尹雍峦.华商始祖王亥［J］.大科技（百科新说），2013，（07）：60-61.

［183］徐丽.《孟子》"何必曰利"新解［J］.濮阳职业技术学院学报，2017，30（01）：18-21.

［184］宋可伟.近二十年包拯研究综述［J］.文教资料，2019，（18）：84-87.

［185］张在军.中外教育家评介［J］.成才之路，2013，（30）：97.

［186］林清龙，施彦军.习近平关于嘉庚精神的重要论述探析［J］.集美大学学报（哲社版），2022，25（03）：18-23.

［187］董毓林.陈嘉庚倾囊办学［J］.经济工作通讯，1989，（12）：29.

［188］关增建.从商鞅变法到秦始皇统一度量衡［J］.质量与标准化，2021，（12）：34-37.

［189］老秤为什么十六两为一斤？是从什么时候开始的？有什么文化内涵［EB/OL］.中原文化家，2019-03-08. https://www.sohu.com/a/299922281_100177711.

［190］王松兴.一饭千金［J］.小学教学研究，2015，（12）：35.

[191] 刘晔原．论商汤的英雄美［J］．民间文学论坛．1985，(06)：41-44．

[192] 常靖．刘备人性化管理的启示［J］．太原大学学报，2010，11(01)：82-83+100．

[193] 闫恩虎．张弼士与近代"客商"文化［J］．嘉应学院学报(哲学社会科学)，2006，24(2)：5-10．

[194] 张毅敏．张弼士与张裕葡萄酒［J］．中国高新区，2002，(09)：56-57．

[195] 程佳．仁者箕子其人［J］．黑龙江教育学院学报．2007，(06)：92-94．

[196] 刘勃．仁者无敌——孟子的不二法门［J］．同舟共进，2021，(05)：9-12．

[197] (明)袁了凡．了凡四训·国学经典［M］．郑州：中州古籍出版社，2010．

[198] 邓琦．《了凡四训》研究综述［J］．嘉兴学院学报，2022，34(02)：19-25．

[199] 杭州胡庆余堂集团有限公司．胡庆余堂："江南药王"的不败"秘方"［J］．中华商标，2020，(05)：6-7．

[200] 高阳．胡雪岩与胡庆余堂［J］．杭州通讯(下半月)，2008，(09)：52-53．

[201] 陈祖芬．邵逸夫的名人档案［J］．老年人，2004，(1)：20-21．

[202] 亮节．慈善大家邵逸夫［J］．人人健康，2006，(12)：10．

[203] 联名．邵逸夫达则兼善天下［J］．企业文化，2008，(8)：52-54．

[204] 成家．邵逸夫的传奇人生［J］．文史天地，2010，(5)：26-28．

[205] 夏超．邵逸夫与他的"逸夫楼"［J］．国际人才交流，2003，(7)：18-20．

[206] 孙善根．影视巨子、慈善大王邵逸夫［J］．宁波通讯，2001，(11)：46．

[207] 孙以楷．墨子生平考述［J］．唐都学刊，2001，(04)：56-59．

[208] 谭风雷．论墨子精神［J］．中国文化研究，1994，(04)：1-4+4．

[209] 吴铭．巧用"三余"［J］．素质教育博览，2009，(22)：21．

[210] 李俨．祖冲之［J］．科学大众，1956，(09)：417-419．

[211] 邹贞，左军．朱熹谈"读书三到"［J］．中学语文，2005，(04)：37．

[212] 顾宏义．赵普"夜读《论语》"传说探源［J］．宋史研究论丛，2020，(02)：205-212．

[213] 吴光．王阳明的生平及其思想主旨［J］．人文天下，2017，(13)：13-19．

[214] 赵学声．脱衣审案［J］．曲艺，2017，(08)：84-87．

[215] 周军．北宋文坛的一代宗师——欧阳修［J］．新教育，2020，(36)：31．

[216] 阿卉．欧阳修借阅典籍［J］．小学生(上旬刊)，2019，(Z2)：26．

[217] 郭晓东．程颢、程颐与宋明理学［J］．文史知识，2016，(03)：56-61．

[218] 戴青澄．一代忠烈颜真卿［J］．民间传奇故事(A卷)，2022，(05)：26-28．

[219] 晓光．颜真卿学书法［J］．中小学教师培训，1995，(X3)：5．

［220］周诗语.鲁班的传说［J］.前线，2018，（02）：98-100.

［221］吕亮.敏而好学，不耻下问［J］.群言，1998，（09）：3.

［222］郭文卿.闲话笔、墨、纸、砚［J］.中国物资再生，1995，（02）：2.

［223］王长寿，杨梦丹.蔡伦造纸的传说［J］.少年月刊，2020，（11）：40-41.

［224］洪厚甜.陆游《冬夜读书示子聿》诗［J］.文史杂志，2019，（03）：75.

［225］张利国.论"心正则笔正"的缘起与背景［J］.中国书法，2016，（10）：123-125.

［226］杨佳艺.试议陆九渊的工夫论［J］.汉字文化，2019，（02）：80-81.

［227］黄鸿山.何以为善：清代惜字会功能新探［J］.史学月刊，2019，（05）：24-37.

［228］李晓巧.清朝官员端方的"有学有术"［J］.文史天地，2021，（11）：66-70.

［229］刘绍义.漫谈我国古代图书馆［J］.月读，2020，（2）：92-94.

［230］张瑞云.浅论中国近代图书馆的起源［J］.前沿，2007，（05）：230-231.

［231］吴文俊.张衡及其数学成就［J］.语数外学习（高中版中旬），2022，（06）：60-61.

［232］刘隆有.郑板桥：岂是一个"怪"字了得！［J］.书屋，2019，（08）：24-28.

［233］李景春.成人达己，构建天元经营理念［J］.企业管理，2022，（5）：42-46.

［234］章梓良，邵红能.科学全才——沈括［J］.科学24小时，2020，（09）：44-46.

［235］张祎琛.清代善书的刊刻与传播［D］.复旦大学博士论文，博士电子期刊，2010，（11）.

［236］郭洋.百年来"武训"形象之变迁与建构［J］.深圳社会科学，2019，（01）：91-96.

［237］李伟.武训故事的阐释空间［J］.上海艺术评论，2017，（04）：30-33.

［238］李延荣，官爱华.武训兴办义学成功原因析论［J］.聊城大学学报（社会科学版），2009，（02）：152-153.

［239］杜君立.徽商的智慧［J］.同舟共进，2021，（07）：74-77.

［240］徐浩.《新安家族》论——末代徽商的历史承载与文化升华［J］.小说评论，2012，（S1）：63-66.

［241］陈艳君.从电视剧《新安家族》看徽商精神［J］.当代电影，2013，（07）：188-191.

［242］百里牛.生意经的来历［J］.财会月刊，2001，（15）：19.

［243］彭庆旨.范蠡的生意经［J］.江淮论坛，1962，（02）：69-70.

［244］王伟勇.清代两部百孝蒙书考述［G］.童蒙文化研究（第四卷），中华炎

黄文化研究会童蒙文化专业委员会专题资料汇编，2019-08：230-257.

［245］李文良.天地人和，铸就泰威精神［J］.企业管理，2022，（5）：50-53.

［246］刘兵.关于中华优秀传统文化进校园的思考——以中华创世神话为例［J］.今古文创，2022，（33）：114-116.

［247］王三堂.日日有感日日谈［M］.秦皇岛：燕山大学出版社，2019.

［248］王三堂.三堂解读《弟子规》［J］.思维与智慧·书教，2021年第5期.

［249］茅伟萍.《弟子规》是照耀心灵永恒的阳光［J］.中国校外教育，2010，（8）：49.

［250］郑秀芬.《弟子规》中的儒家文化传统及现代价值［J］.新闻爱好者，2010，（7）：124-125.

［251］李安纲.孝道与《弟子规》［J］.运城学院学报，2010，（4）：4-6.

［252］申香英.《弟子规》走进企业［J］.纺织服装周刊，2010，（11）：58.

［253］吴珊珊.《弟子规》的道德教育思想初探［J］.才智，2010，（32）：169-170.

［254］肖慧，许寒.《弟子规》成就儒商夙愿——企业家李文良传播优秀传统文化的故事［J］.经理日报，2007年5月18日（儒商·文化版）.

［255］王承进.从《弟子规》看企业道德管理［J］.人力资源，2009，（7）：23-26.

［256］赵红卫.论《弟子规》的德育思想及其当代价值［J］.管理观察，2008，（11）：116-117.

［257］任民.从《弟子规》看国学教育的情感向度［J］.河南教育学院学报（哲学社会科学版），2006，（4）：51-56.

［258］张迎春.《弟子规》的养成教育思想［J］.教学与管理，2001，（3）：9-10.

［259］邸春姝.《新弟子规》实践谈［J］.黑龙江农垦师专学报，1999，（3）：5-6.

［260］李祥熙，相从智.《弟子规》是重建中华孝文化的重要参照［J］.运城学院学报，2010，（4）：11-13.

［261］刘建军.巧借《弟子规》塑造学生高尚人格［J］.河南农业，2010，（10）：44.

［262］徐莉，戴长江.从《弟子规》看中国古代的言语交际原则［J］.安徽师范大学学报（人文社会科学），2010，（4）：612-615.

［263］秦春雨.唐山高建忠和《弟子规》［J］.中国建材，2010，（9）：104-105.

［264］邵龙宝.《弟子规》与现代家庭教育［J］.运城学院学报，2010，（4）：1-3.

［265］孔祥卫.试论《弟子规》与当今大学生的德行教育［J］.网络财富，2009，（17）：7-8.

［266］王立刚.《弟子规》的历史溯源与传播过程［J］.教育学术月刊，2017，（5）：96-105.

［267］仝建平.贾存仁与《弟子规》成书［J］.中国典籍与文化,2016,（2）：91-98.

［268］樊海源,于慧.《弟子规》是中华民族发展的价值归旨［J］.知与行,2016,（10）：19-24.

［269］张华.图说《弟子规》的理由［J］.图书情报论坛,2009,（3）：70-72.

［270］范晓秒.辩证分析《弟子规》的德育思想［J］.乐山师范学院学报,2016,（12）：123-128.

［271］沈立.对当前儿童读经运动的反思［J］.中国教育学刊,2006,（5）：18-21.

［272］东方.世界巨富的理财观［J］.价格与市场,2004,（9）：42.

［273］苗泽华.新儒商理论与实践研究［M］.北京：经济科学出版社,2011.

［274］苗泽华.中华新儒商与传统伦理（第二版）［M］.北京：经济科学出版社,2018.

［275］苗泽华,等.企业社会责任与伦理文化研究［M］.北京：企业管理出版社,2021.

［276］葛荣晋.儒家"三达德"思想与现代儒商人格塑造［J］.学术界,2007,（6）：128-137.

［277］葛荣晋.儒学与儒商［J］.河北大学学报（哲学社会科学版）,2014,29（5）：10-15.

［278］魏彦红.生活儒学对儒学与生活的意义和价值［J］.当代儒学（辑刊）,2017,（1）：405-407.

［279］刘路.先秦经济和中国经济思想史［M］.北京：新华出版社,2005.

［280］高士涛.复兴中华圣儒教实现大同梦中国［M］.儒道研究（辑刊）,2014,（12）：196-210.

［281］李振纲.中国古代哲学史论［M］.北京：中国社会科学出版社,2004.

［282］林忠军.易纬导读［M］.济南：齐鲁书社,2002.

［283］何奇,谢琼,石含英,凌彬.中外古今管理思想选粹［M］.北京：企业管理出版社,1987.

［284］黎红雷.儒家管理哲学［M］.北京：高等教育出版社,1997.

［285］黎红雷.新时代儒商气质［J］.企业管理,2022,（5）：32-36.

［286］黎红雷.儒家思想与中国企业家的责任担当［J］.中国文化与管理,2021,（2）：42-49.

［287］曾萍.企业伦理与社会责任［M］.北京：机械工业出版社,2011.

［288］唐凯麟,罗能生.契合与升华——传统儒商精神和现代中国市场理性的建构［M］.长沙：湖南人民出版社,1998.

［289］徐梓．蒙学读物的历史透视［M］．武汉：湖北教育出版社，1995．

［290］陈桂生．中国德育问题［M］．福州：福建教育出版社，2006．

［291］任海丽．优秀传统文化教育要与时俱进——从对《弟子规》的质疑谈起［J］．河北教育（德育版），2022，60（1）：55．

［292］姜士冬．与《弟子规》的一次邂逅［J］．快乐作文，2022，（Z2）：94-95．

［293］王杰．《弟子规》：蒙学经典［N］．人民政协报，2021-11-15．

［294］陈来．仁与人类共同价值［J］．国际儒学（中英文），2022，2（2）：30-31．

［295］陈来．中华优秀传统文化的传承和创新［J］．中国民族博览，2022，（8）：20-24．

［296］陈来．孔子思想的现代价值［J］．中国民族博览，2022，（10）：28-31．

［297］李涛．从人间帝王变成天帝的颛顼［J］．前线，2017，（07）：114-116．

［298］张国庆．春秋战国的"士"阶层［J］．沧桑，2009，（02）：3-4．